若林 満 監修 Wakabayashi Mitsuru
松原敏浩・渡辺直登・城戸康彰 編
Matsubara Toshihiro, Watanabe Naotaka & Kido Yasuaki

経営組織心理学

organizational
and managerial
psychology

ナカニシヤ出版

はしがき

　本書の企画のきっかけは，われわれ経営組織心理学学徒の先輩であり，恩師でもある若林満教授の病気である。若林満教授は，ある日突然脳梗塞で倒られ，言語などに深刻な障害をきたされた。しかし先生は，そうした障害を克服すべく奥様を中心としたご家族の支援のもとにリハビリに大変熱心に取り組まれた。われわれ指導生ならびに直接，間接の指導を受けた学徒が，若林満教授の回復を願って企画・刊行しようとしたのが，この『経営組織心理学』である。

　経営組織心理学は，産業心理学の一分野として発展のめざましい領域である。アメリカでは「組織行動」などとも呼ばれている。その中心的課題は「組織における人間行動の研究」であるが，その使命は経営組織心理学の発展を通して，組織と個人の理想の実現，そしてさらには社会も含めた「活力に富んだ調和ある世界の実現」にあると理解している。もちろんそのためには，他の諸科学との協同，組織現場との協同，さらには政府・地方公共団体との協同が必要になろう。そうした学・産・官の協同の中で，経営組織心理学はどのような役割を果たすべきか。

　若林満教授は以前から「創造的組織人」という概念を提案していた。この「創造的組織人」は組織に過剰適応するのでもなく，また組織から孤立するのでもなく，組織の中で個人としての主体性をもちながら，組織に貢献する人間である。それは，まさに経営組織心理学が目指す，「効率と人間尊重」を個人の側から実現する姿である。

　もちろん，組織が「効率と人間尊重」を実現するためには，個人の努力だけでは限界がある。経営方針・理念，経営システムなど組織自身からの対応が必要であろう。そして政府・地方公共団体の努力も必要であろう。こうしたシステムあるいは制度の実現のために経営心理学者の基礎的，実証的な知見が求められる。具体的には，「ダイバーシティ（人材の多様性）・マネジメント」「男女共同参画制度」「組織ストレス」，そして「人間と環境との共生」などの問題

である。

　若林満教授はこうした分野でも先駆者の一人としていくつかの業績を残している。そのひとつが「女性の労働力活用」であり，「原子力発電と住民意識」といった問題である。もちろんこれらの領域は，まだ若林教授自身も手をつけたばかりであり，それ以降の発展は，指導生や他の研究者によってもたらされてきている。

　本書の各章担当者はすべて監修者若林満教授と，親交のあった研究者であったり，直接間接の指導を受けた学徒である。各担当者は現在それぞれの分野であるものは中核的な存在であったり，あるものは新進気鋭の研究者である。この書がこの領域の基本テキストのひとつとして少しでも貢献できればと思っている。

　本書は3年前に企画された。しかしながら各執筆者が各分野の中心的な存在であるために多忙を極め，発行までに随分時間を要した。出版社のナカニシヤさんには随分無理を申し上げた。すべて編集者の責任であり，大変申し訳ない気持ちで一杯である。

　われわれが敬愛した若林教授も2006年1月他界された。まことに残念で申し訳ない気持ちで一杯である。今はただ，この書を若林教授の墓前に捧げて，著書の刊行が遅くなった点をお詫びするとともに，その冥福を祈るばかりである。

2008年1月若林教授の祥月命日
編集者一同

目　次

はしがき　*i*

第Ⅰ部　入　門

第1章　入門　経営組織心理学 ……………………………………… 3
　　第1節　経営組織心理学の課題　*3*
　　第2節　経営組織心理学の歴史　*4*
　　第3節　経営組織心理学の対象　*12*
　　第4節　経営組織心理学の方法　*14*
　　第5節　本書の構成　*17*
　　まとめ　*18*
　　演習課題　*19*
　　トピックス　タビストック研究　*19*

第Ⅱ部　組織の中の個人

第2章　個人の理解—パーソナリティと対人認知— …………… 23
　　第1節　パーソナリティと組織行動　*23*
　　第2節　組織における対人認知　*32*
　　まとめ　*39*
　　演習課題　*39*
　　トピックス　メイヤーズ・ブリッグスの性格タイプ・インデックス（MBTI）　*40*

第3章 組織成員の動機づけ ― 3次元モティベーション理論 ― ………… 42

第1節 モティベーションの強度　43
第2節 欲求系モティベーション理論　45
第3節 モティベーションの方向性　48
第4節 認知系モティベーション理論　50
第5節 モティベーションの持続性　52
第6節 報酬系モティベーション理論　54
第7節 おわりに　57
まとめ　58
演習課題　59
トピックス　集中するということ　59

第4章 組織コミットメント ……………………………………… 62

第1節 コミットメントという言葉　62
第2節 ワーク・コミットメントとその分類　63
第3節 組織コミットメントをどうとらえるか　66
第4節 組織コミットメントの測定　71
第5節 組織コミットメントの原因と結果　74
まとめ　77
演習課題　78
トピックス　日本人はアメリカ人より組織コミットメントが高いか　78

第Ⅲ部　組織と集団

第5章 経営組織と集団行動 ― チームのダイナミックス ― ……………… 83

第1節 経営組織における集団　83
第2節 集団の概念と働き　85
第3節 集団のダイナミクス　91
第4節 組織の自立化と集団　95

まとめ　99
　　　演習課題　99
　　　トピックス　日本的経営と集団　100

第6章 組織コミュニケーション ………………………………… 101
　　　第1節　コミュニケーションの基礎　101
　　　第2節　対人的コミュニケーション　103
　　　第3節　組織コミュニケーション　106
　　　第4節　組織におけるコミュニケーション障害物　110
　　　第5節　効果的なコミュニケーションのための戦略　113
　　　まとめ　117
　　　演習課題　118
　　　トピックス　松下幸之助　実践経営哲学　衆知を集めること　118

第7章 リーダーシップ …………………………………………… 121
　　　第1節　管理者の役割とリーダーシップ　121
　　　第2節　求められるリーダーの資質—特性理論—　125
　　　第3節　リーダーの影響力の背景　127
　　　第4節　リーダーシップ・スタイル論　130
　　　第5節　リーダーシップの状況理論　134
　　　まとめ　137
　　　演習課題　138
　　　トピックス　垂直的交換仮説とリーダーの育成（若林らの研究）　138

第Ⅳ部　組織と組織システム

第8章 組織文化 …………………………………………………… 143
　　　第1節　組織文化とは何か　143
　　　第2節　組織文化の生成と維持　147

第3節　組織文化の変革　*154*

まとめ　*158*

演習課題　*158*

トピックス　松下幸之助と水道哲学　*159*

第9章　人的資源管理政策・施策　*161*

第1節　人材マネジメント（HRM）の諸機能　*163*

第2節　戦略的人的資源管理（SHRM）　*169*

第3節　おわりに　*182*

まとめ　*182*

演習課題　*183*

トピックス　トヨタ自動車㈱の人事改革と戦略的人的資源管理　*184*

第10章　キャリア発達とその支援制度　*188*

第1節　経営組織におけるキャリア概念　*188*

第2節　経営組織におけるキャリア発達の理論　*192*

第3節　職場でのキャリア発達を支援する制度　*200*

まとめ　*203*

演習課題　*204*

トピックス　21世紀を生きるニューキャリア　*205*

第11章　組織ストレスとその管理　*207*

第1節　組織ストレスとは　*207*

第2節　組織ストレスの管理と対処　*217*

まとめ　*220*

演習課題　*220*

トピックス　二極化する日本の労働時間　*221*

第12章　仕事と家庭生活　*224*

第1節　仕事と家庭生活の両立　*224*

第2節　ワーク・ファミリー・コンフリクト　225
第3節　企業のファミリー・フレンドリー施策　230
第4節　仕事と家庭生活の両立のための課題　239
まとめ　240
演習課題　241
トピックス　ファミリー・フレンドリー企業の3ステージ　242

第Ⅴ部　経営組織心理学の応用分野

第13章　経営組織の国際化 …………………………………………………… 247
第1節　マネジメントとは　247
第2節　企業の国際化　250
第3節　グローバル企業戦略　252
第4節　グローバル組織設計　255
第5節　グローバル人的資源管理と国民文化　258
第6節　グローバル組織文化の創造　262
第7節　結　論　264
まとめ　265
演習課題　265
トピックス　異文化コミュニケーションのむずかしさ　266

第14章　病院組織の管理 …………………………………………………… 268
第1節　わが国の医療制度のあり方　268
第2節　医療の質の管理と医療事故対策　277
まとめ　285
演習課題　285
トピックス　EBM（科学的根拠に基づく医療）　286

第15章　福祉組織の管理 ……………………………………………… 288

　　第1節　論点の提示　*288*
　　第2節　介護労働を考える　*291*
　　第3節　マネジメントのために　*298*
　　第4節　サービスの質の評価について　*305*
　　まとめ　*309*
　　演習課題　*309*
　　トピックス　介護保険導入後……　*309*

索　引　*311*

第Ⅰ部

入　門

第1章

入門　経営組織心理学

第1節　経営組織心理学の課題

　われわれの毎日の生活を考えてみた場合，われわれと組織とはどのような関係にあるのであろうか。あるものは大学という組織に所属し，またあるものは会社という組織に所属し，その中で活動している。そこでは組織のために働き，その見返りとして報酬を受けている。仕事を終えると帰宅する。通勤はバス，電車や地下鉄などを利用する。毎日の買い物はスーパーやコンビニなどで済ませる。これらの交通機関，小売店も組織で動いている。

　このようにわれわれは自分が所属する組織だけではなく，さまざまな組織と関わりをもちながら生活している。それでは組織とは一体何なのか。ここで少し立ち止まって考えてみよう。

　人は一人では生きてはいけない。「人間は社会的動物である」というのはアリストテレスの言葉である。人は2人，3人集まって集団をつくる。友達関係，家族はその典型である。そしてその集団のあるものは，さらに発展，大きくなり，そこに明確な目標，役割分化ができ，やがてそこに規律や規則ができ上がる。われわれは通常それを組織と呼ぶ。組織は集団から発達する場合と最初から意図的に作られる場合がある。しかしながら組織は集団にはない要件を備える必要がある。それはどのような要件なのであろうか。シャインによれば組織とは「何らかの共通の明確な目的または目標を，労働・職能の分化を通じて，また権限と責任の階層を通じて達成するために人びとの活動を計画的に調整することである（p.17）」というように定義している。われわれは組織の基本要

件として，明確な目的，分業（職能分化）と統合，権限の階層を挙げたい。

次にそれでは経営組織心理学とは何であろうか。ここではひとまず「組織における人間行動を研究し，組織を効果的に運営するための知識を提供する学問」としておきたい。

現在の社会においていくつかの重要なトピックがある。「情報技術革新」「グローバル化」「男女共同参画」「ストレス」「ワーク・ライフ・バランス」「NPO経営」「企業の社会的責任」などはそれらトピックの中のひとつである。これらは，みないわゆる組織に関わる問題である。こうした問題に対して，経営組織心理学はどのように応えることができるであろうか。本書はこうした問題に対して果敢に取り組みたいと思っている。

経営組織心理学の課題は「効率と人間尊重の統合である」といわれる。効率は時には「生産性」とか「業績」と置き換えることも可能である。人間尊重は「自己実現」「生きがい」「適応」などと置き換えることも可能である。そこでの基本理念は組織がその目的ないしは目標を達成する側面と，そこで働く人間の幸せの同時達成を基本的な使命にしているということである。この課題はそれを組織の側からとらえるか，個人の側からとらえるかによって力点の置き方が異なってくる。たとえば企業経営，企業の社会的責任という場合には前者が，ストレスやワーク・ライフ・バランスという場合には後者ということになろう。しかしながらその基本姿勢・使命は共通のものである。すなわち，経営組織心理学は，こうした課題の解決のためにさまざまな知見を提供することによって組織の有効性とそこで働く人間の幸福の実現に貢献することを最終的な使命にしている。

それでは経営組織心理学の先達は，経営組織の課題にどのように取り組んできたか，経営組織心理学の歴史を紐といてみたい。

第2節　経営組織心理学の歴史

経営組織心理学は，どのような発展の経緯をたどってきたのであろうか。ここでは，それについて俯瞰したい。現在の経営組織心理学の歴史を考えると，

次の5つの考え方が重要な役割を果たしてきた。
　①ミュンスターベルグの経済心理学
　②テイラーの科学的管理法
　③適性心理学
　④ホーソン研究
　⑤組織行動論
　以下これらの点について概観したい。

（1）ミュンスターベルグの経済心理学

　経営組織心理学の歴史を考える場合，もっとも先駆的な役割を果たしたのはミュンスターベルグの経済心理学ないしは精神工学の考え方である。ミュンスターベルグ（Münsterberg, H.；1863-1916）はドイツ出身の心理学者である。彼はヴントのもとで心理学を学んだが，1891年第1回国際心理学会でアメリカの哲学者・生理学者のジェームズに出会う。それが縁となり1892年にジェームズの招きでハーバード大学心理学教授になる。彼はアメリカに帰化し，1898年にアメリカ心理学会会長にまでなるが，1916年ハーバード大学で講義中に急死する。

　ミュンスターベルグの考え方は，3つの著書，すなわち『心理学と経済生活（*Psychologie und Wirtschaftleben*）』『能率増進の心理学（*Psychology and Industrial Efficiency*）』『精神工学（*Grundzüge der Psychotechnik*）』の中にその考え方を見ることができる。ミュンスターベルグは経済心理学の領域を3つに分類している。それは①「最適の人」（適性の研究），②「最良の仕事」（能率，疲労の研究），③「最高の効果」（広告・宣伝効果の研究）である。彼はまた，心理学を日常生活に応用するという立場から「精神工学」という考え方を提案している。彼の提案した精神工学には「社会的精神工学」「医学的精神工学」「経済的精神工学」「教育的精神工学」など6領域があるが，これらの中には現在発展を続けているものが多い。産業心理学（経営組織心理学はその主要な分野）は経済的精神工学の流れを汲むものである。このようにミュンスターベルグは今日の産業心理学の基礎をつくった人物であり，「産業心理学の父」といわれている。産業心理学は1912年頃，社会科学の1分野として生まれた。

（2）テイラーの科学的管理法

テイラー（Taylor, F. W.；1856-1915）は製鉄工場の技師としての経験に基づき科学的な工場経営のための理論として1911年『科学的管理法』を世に問うた。テイラーの時代は、ずさんな、その場限りの経営管理が行なわれており、労働者と経営者との紛争も絶えなかった。

それではテイラーはこうした歴史的環境下でどのような理論を提案したのであろうか。テイラーの考え方は基本的には次の3つから成り立っている。すなわち、①従業員のエネルギーの効率的な活用に基づく職務設計、②従業員の動機づけの方法、③職場環境の改善である。このうち後世へ影響のもっとも大きかったのはいうまでもなく①の職務設計である。

テイラーの職務設計：テイラーは、作業者の動きが機械のそれに類似していることに着目し、もっとも効率的でもっとも疲労の少ない作業方法（標準作業）の考案を思い立った。そして時間・動作分析をもとにして、標準動作・標準時間の設計、設定に取り組んだのである。彼は大きな仕事を「一区切りの繰り返し作業の連続」として設計し、そこに3つのS、すなわち、①単純化（Simplification）、②標準化（Standardization）、③専門化（Specialization）の手法を導入したのである。そして一区切りの作業に要する時間（標準時間）を設定する。これにより一日の標準作業量が決まってくる。作業は、細分化され、標準化され、その作業だけを専門的に行なうことにより、仕事全体の能率は飛躍的に向上した。

科学的管理法の成果は、実践面で各方面に応用された。たとえば自動車メーカーのフォードはテイラーの技術の応用（ベルト・コンベヤーシステム）により、一台の組立時間が14時間から93分まで縮小でき、シェアも導入当時の10％から6年後には50％までに向上したという。この技術は基本的には現在でも自動車メーカーの生産システムの基礎になっている。

賃金制度：テイラーの二番目の関心は、従業員をいかに動機づけるかということであった。テイラーは「人間を仕事に動機づけるのはお金である」という認識のもとに「出来高払い賃金システム」のひとつである、「差別的出来高給制度」を提案している。そしてこの考え方の正しさを製鉄所の従業員をケースとして実証的に証明している。しかしながらテイラーの給与システムは成績優

秀者には極端に高い賃金，成績不良者には極端に低い賃金ということで労働者側から嫌われ実現しなかったという。

その他テイラーは，作業環境の改善に対してもいくつかの提案をしている。それは現在の人間工学にも近い立場である。

科学的管理法の問題点：テイラーの科学的管理法は世界の産業に取り入れられていった。しかしながら，いくつかの点で問題をもっていた。それは次のようなものである。

① 人間は機械の一部とみなされ，人間性のもつ情動的でかつ社会的な側面を見落としている。
② 人間の個人差を無視している。
③ 差別的出来高給制度は労働者の反発を買う。

このようにテイラーの科学的管理法は，その理念が「経営者と労働者双方に幸せをもたらす」というものであったにもかかわらず，その意図に反し，労働者からだけではなく，経営者の理解も得られず，その晩年は惨めなものであったといわれている。そしてとくに労働の単純化，人間疎外の問題に関しては，やがてハーズバーグらの職務再設計運動にもつながるわけである。

（3）第一次世界大戦と適性心理学

第一次世界大戦中，アメリカ陸軍は大量の兵士を必要とした。しかしながら当局は徴兵した多くの兵士を適材適所に配置するための適切なツールをもち合わせていなかった。こうしたニーズに対応してつくられたのが心理学者ヤーキーズらによる集団式知能検査（Army test）である。この検査は，従来の個人式の知能検査に比べて画期的な特徴があった。それは多くの兵士を一度にしかも短時間で検査でき，テスターに特別な知識・経験を必要としないという点であった。この検査はまた兵士の教育経験の差を考慮して言語式（アルファ式），非言語式（ベータ式）の二種類がつくられた。言語式は言語理解など国語能力を必要とするもので，学校教育などの教育経験が影響することが考えられるが，非言語式は図形や文字などを中心としてより潜在的な能力を測定しようとするものであった。この知能検査はきわめて高い評価を得たといわれる。戦争は多大な犠牲を人間および国家社会に強いるものではあるが，そうした中

で副産物としての適性検査の有効性は，第一世界大戦後の各種適性検査の開発につながるのである。そして適性検査は後に教育面では進路指導に，企業においては人事選抜に活用され職業指導および人事心理学を発展させた。

（4）ホーソン研究

　ホーソン研究というのは，電話機メーカー，ウェスタン・エレクトリック社のホーソン工場（シカゴ市）で行なわれたところからこの名がついている。ホーソン研究は従来の産業心理学に大きなパラダイム転換をもたらした画期的な研究であり，ハーバード大学のメイヨーを中心にレスリスバーガー，ホワイトヘッド，ホーマンズなどの心理学者，文化人類学者，社会学者などによって行なわれた。期間も1924年から1932年までの長きにわたるフィールド研究である。

　ホーソン研究は大きく分けて4つの段階に分けることができるといわれている。①照明実験，②休憩効果の実験，③バンク捲線作業の実験そして④面接実験である。ここでは①から③についてのべたい。

　照明実験：照明実験は全米調査審議会の委託を受け大卒エンジニアによって行なわれた実験である。その目的は，照明の変化が職場の生産性とどのような関係にあるかを検討するためのものであった。実験は，いくつかの段階を経て行なわれた。最初のテーマは照明の異なった増加量が，生産性の変化にどのように対応するかであったが，生産性はいかなる場合も増加し，明確な対応関係は見られなかった。第二段階では，統制群を設けて実験群との差を比較するなど条件をより厳密にして検討したが，結果は統制群においても同じ程度に生産性が増加して仮説を支持できなかった。さらに第三段階では，「照明を暗くする」という，いわば背水の陣を敷いたのにもかかわらず，生産性が向上するという現象が，照明を極端に暗くする（月明かり）直前まで起こったのである。研究担当者は実験の失敗は認めながら，それらの結果を説明する明確な手がかりを見つけることができなかった。

　休憩効果実験：休憩効果の実験は，全米科学協会を引き継いだハーバード学派が行なったものである。この実験では，「継電器組立」を行なう職場場面を実験的に設定し，6名の女子工員が対象になった。この実験でも，休憩時間な

ど職場の労働条件を変化させ，それらの変化が生産性にどのように影響を与えるかを検討するものであった。期間は2年間である。ただし今回は照明実験の轍を踏まないために調査員を観察者として参加させ，日誌を克明につけた。この実験においても，照明実験と同様，休憩時間は，増加だけでなく，減少させても生産性が上昇するという現象が起こった。彼らはこの実験の結果の解釈を調査員の日誌に求めた。それによると，次の2つの点が重要であるとしている。

　①女子工員は自分たちが特別に選ばれ，会社からも注目されていると認識していること。
　②集団としての一体感が強く，より満足度の高い状況下で作業をしていたこと。

したがってこのような高い仕事への意欲が，環境条件の悪化にもかかわらず生産性の向上をもたらしたと推測されたのである。

このように実験結果が，「実験条件の変化」でなく，「実験をされているという意識の変化」によって影響される現象は，その後「ホーソン効果」と呼ばれ，その後のフィールド研究のあり方に警鐘をならした。

バンク捲線作業実験：第三段階はバンク捲線作業である（バンク捲線作業についてはp.87も参照）。この実験では，対象は捲線工と溶接工から成る3つの公式集団である。この実験は，ありのままの状況を明らかにするために状況の変化は行なわず，代わりに研究者の一人を見習工として働かせ，その仕事のかたわら，従業員の行動を観察させるという参加観察法を用いた。実験は6ヶ月半行なわれた。

実験の結果は，職場の人間関係の中で3つの公式集団とは別に2つの仲間集団（非公式集団）ができ，それが職場の集団規範をつくりあげた。すなわち，職場の公式の標準作業量の他に，従業員間で非公式の標準作業量を設けて，それを守るように仲間に強制しているのである。彼らの規範は，①働きすぎるな，②怠けるな，③仲間に不利になるようなことは上司に言うな，④公式的な役割に徹しすぎるな，というものであった。

ホーソン研究の意義：ホーソン研究は次のような貢献をしたといわれている。
　①人間関係の重要性を指摘し，人間関係の満足，不満足が生産性に影響す

る。
②人間の働く動機は経済的欲求よりも社会的欲求である。
③非公式集団が存在し，それがメンバーの行動に重要な影響を与える。

ホーソン研究は，従業員のモラールの重要性などを指摘した。しかし公式組織や労働組合との関係などいくつかの限界も指摘されていることも確かである。

（5）組織心理学・組織行動

1960年代になると組織における人間行動の研究は，人間関係論から組織心理学的アプローチに変化する。若林（1984）はその理由として次の3つを指摘する。

①人間関係論は上からの管理技法である。
②モラールと生産性との間には一貫した関係は見られない。
③人間関係論には体系的な理論が欠如している。

組織心理学では，組織を公式組織・非公式組織から成る社会システムとして定義する。そして組織における人間行動をこのシステムとの依存関係としてとらえる。その例をわれわれはタビストック研究（トピックス参照）に見ることができる。

1960年代から70年代にかけてマズローのパーソナリティ理論，マックレランドの達成動機研究，ハーズバーグの動機づけ二要因論，そしてマグレガーのX理論，Y理論などの優れた研究が相次いで発表され，この領域の理論的な体系化を促した。そこでの基本的な仮説は科学的管理法が問題とする「合理的経済人」，ホーソン研究が問題とした「組織的社会人」のいずれでもなく，仕事の中に生きがい，ないしは自己実現を求める労働者の姿である。シャインはこれを「自己実現人」と称している。このように人間の高度な欲求，成長欲求に着目した新しい人間観の思想がこの時期の思想家の基本的な理念である。

また，この時期になされたリッカートらのシステム4についての研究も見逃すわけにはいかない。リッカートは経営管理のタイプをシステム1からシステム4までの4タイプに分類している。システム1は独断的専制型，システム2は温情的専制型，システム3は相談型，そしてシステム4は集団参画型であ

る。彼らはこれらの経営管理の型と企業業績との関係を実証的データで検討した結果，システム4がもっとも優れ，システム1にいくにつれて企業業績が低下するとしている。そしてその理由として「部下の提案の支持（支持的原理）」「集団参画型意思決定」，そして「高い業績目標」の3つを挙げている。これらは組織として部下を重要な人間として扱うことにより，部下の組織コミットメントを引き出すだけではなく，自らが参画して決定した高い業績目標の達成のためには自分にむち打って働くというY理論の精神が実現されているのである。

リービットとバスの『組織心理学』も1964年に出版された。

現在の組織心理学は，心理学だけでなく，社会学，文化人類学なども参加して学際的になり，むしろ「組織心理学」というより，「組織行動」という独立した学問分野の色彩が強くなってきている。

（6）日本における経営組織心理学の発展

日本における経営組織心理学の歴史を考える場合，欧米の場合と同様その範囲を広くとらえて産業心理学の歴史という視点から検討したい。初期の研究は，何らかの形で経営組織心理学に影響を与えているためである。

日本におけるテイラーの『科学的管理法』の翻訳は原著出版の翌年（1912年）に行なわれた。また，ミュンスターベルグの『心理学と産業能率』の翻訳は1915年に行なわれた。このように著名な著書に対する対応はきわめて迅速であった。

しかしながら産業心理学の研究は，適性研究，能率研究から始まった。その中心的な関心は，①適性検査に関するもの，②技能の有効な訓練法に関するもの，③作業環境条件の能率に及ぼす影響などであった。代表的なものとして上野陽一の「人及事業・能率の心理」，田中寛一の「人間工学」などがある。

こうした能率増進運動に対して労働福祉の立場からいくつかの研究が倉敷労働科学研究所を中心にして成される。たとえば野村禎一は欧米から導入された織機が日本の女子工員の体格に適合しておらず，そうした条件での長期労働が腰痛などの職業病を発生させることを指摘した。これらの研究は人間尊重という基本的な立場が研究の基本姿勢になっている。

戦前の研究として特筆されているのが桐原葆見（1938）の『産業心理学』と

淡路円治郎（1938）の『人事管理』である。これらの著書は産業心理学および人事管理を一つの学際領域としてとらえ，心理学や社会学を中心としながら経営学などの援助を受けながら発達する学問であると位置づけている。

戦後産業心理学の研究において大きな影響を与えたものに三隅二不二らの集団力学の研究がある。彼らは集団のダイナミックスが集団の有効性に与える影響を研究している。その代表的な研究が集団参加とリーダーシップの研究である。彼らは集団のメンバーが意思決定に参加することによって，食習慣の態度が変化することや事故の減少が実現することを実践的な研究を通して明らかにしている。三隅らのPM式リーダーシップの研究は戦後の日本の代表的な研究といえよう。

第3節　経営組織心理学の対象

（1）経営組織心理学の分野

それでは本書が扱う経営組織心理学の分野とはどのようなものであろうか。本書が研究対象とする経営組織心理学とは，組織，とりわけ経営組織における人間行動を心理学的なアプローチを用いて研究する学問である。それではこの領域はどのような問題を研究するのか。いくつかの考え方を紹介したい。まず，ミュンスターベルグの流れを汲むドイツの経済心理学では，どうであろうか。図1-1は1961年のヘルヴィヒによる経済心理学の体系である（安藤，1975）。

これによれば，経済心理学（広義）は「生産人」を研究する「経営心理学」と「消費人」を研究する「経済心理学（狭義）」に分けられる。経営心理学は「経営社会心理学」と「労働心理学」に，経済心理学は「販売心理学」「広告・宣伝心理学」「購買心理学」に分類されている。

アメリカでは伝統的に経済心理学ではなく，産業心理学（industrial psychology）という名称が用いられてきているが，アメリカ心理学会が産業心理学から「産業・組織心理学」という名称に変更したことから，現在は産業・組織心理学という名称が一般的である。1976年にダネットらによって『産業組織心理学ハンドブック』が刊行され，さらに2001年にアンダーソンらに

第3節 経営組織心理学の対象　　13

```
                    経済心理学(広義)
                         ↓
                         人
          ┌──────────────┴──────────────┐
         生産人                          消費人
        経営心理学                    経済心理学(狭義)
      ┌─────┴─────┐              ┌──────┼──────┐
   労働心理学  経営社会心理学
   ┌───┴───┐      │
  作業⇄作業者  経営管理と人事
              管理の心理学
  ┌──┐ ┌──┐    │
作業形態 適性・訓練 人間関係      販売心理学  広告・宣伝  購買心理学
作業構成                        市場調査    心理学
                                    └──────┬──────┘
                                      動機づけの研究
                                         P.R.
```

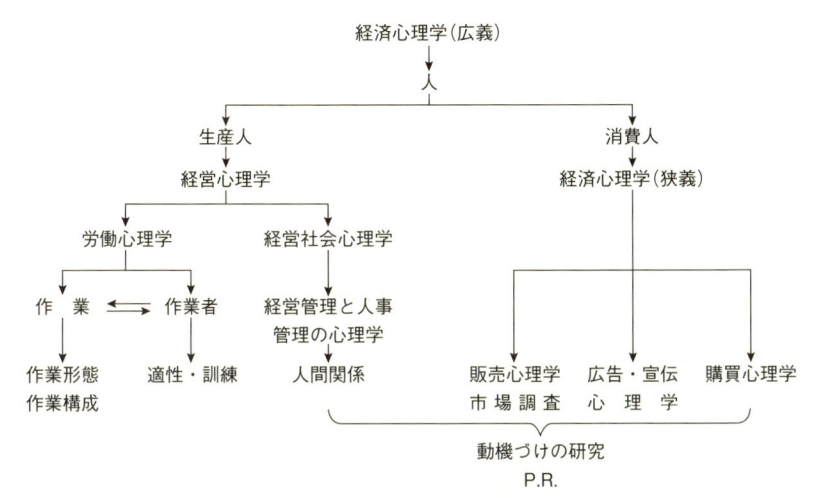

図1-1　経済心理学の体系(安藤, 1975)

よって *Handbook of Industrial, Work and Organizational Psychology* が刊行されている。アンダーソンらは全体を2巻として第1巻を Personnel Psychology（人事心理学）とし「人事選抜と配置」「能力開発」「人事考課」および「ヒューマン・エラー」の諸問題を取り扱い，そして第2巻を Organizational Psychology（組織心理学）として「ワークモティベーション」「リーダーシップ」「コミュニケーション」などの問題を研究領域としている。彼らはこのハンドブックが，アメリカの産業・組織心理学（industrial-organizational psychology）だけでなくヨーロッパを含めた領域までもカバーするものとしている。

日本では日本グループ・ダイナミック学会が1949年に設立された。この学会は産業心理学会と同一ではないが，産業・組織部門をその主要な領域のひとつとしている。産業・組織心理学会は1985年に設立されている。産業・組織心理学会は，「人事」「組織行動」「作業」「市場」の4部門から構成されている。この構成はまさにアメリカの人事および組織を中心とした考え方よりも，市場を考慮したドイツの経済心理学と同様の立場をとっている。

それでは本書が問題とする経営組織心理学はどうであろうか。本書が問題とする分野はドイツの経営心理学の中から労働心理学を除いたもの，アンダーソンらでいえば organizational psychology（組織心理学）を中心としたもの，日

本の産業・組織心理学会でいえば4部門のうち組織行動部門を中心としながらそれに人事部門を加えたものとして考えたい。

(2) 関連領域との関係

それでは，経営組織心理学と他の関連分野はどのようになっているのか。関連分野としてもっとも関係あるのが，「人的資源管理」と「組織行動」であろう。人的資源管理は日本では労務管理といわれてきたが，現在では人的資源管理と呼ばれることが多い。領域も人事心理学（Personnel Psychology）をその中心のひとつにおいている。

一方，「組織行動（Organizational behavior）」は「組織における行動を研究する学問」であるが，これはきわめて組織心理学（organizational psychology）に近く，組織行動は組織心理学と同義に使われることもある。本書では，人事心理学および組織心理学を基礎領域としてとらえ，「人的資源管理」「組織行動」をそれらの応用領域としてとらえる。したがって人的資源管理は心理学以外の領域，たとえば経営学，社会学，法律学の参加も可能であり，日本労務学会はこれら関連分野の研究者が参加している。同様に組織行動は，心理学の他，経営学，社会学，文化人類学などの研究者が参加している。1989年に若林満らによって創立された経営行動科学学会は心理学，経営学，法学，経済学関連の研究者が参加している。

第4節　経営組織心理学の方法

次に経営組織心理学の方法を考えてみたい。ここではトシら（Tosi et al., 1996）やシャーマーホーン（Schermerhorn et al., 2005）を参考にしながら述べたい。

(1) 研究のプロセス

一般に社会科学の学問体系の発達は，①理論的概念の開発，②仮説の検証，③知識の蓄積というプロセスを通して発達する。このプロセスを通して理論は

図1-2　研究のプロセス

（知識の体系）← 仮説の検証 ← 理論的概念の開発 ← 経営組織心理学の課題

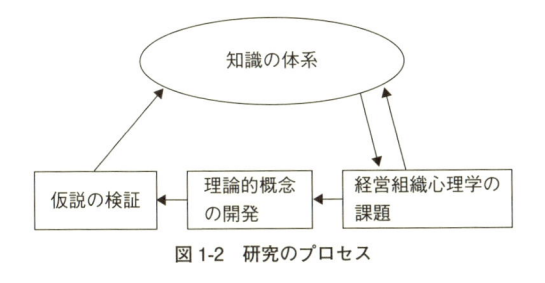

定式化され，知識の体系ができあがっていく。それは図1-2に示されるようなものである。

　理論的概念の開発：概念はある現象についての注意深い観察に基づいて形成されるメンタルなイメージである。リーダーシップ，生産性，職務満足感などは代表的な概念である。これらの概念は組織現象の実態，あるいは組織環境の変化などについての研究者の深い洞察から得られたものであるが，そのきっかけは隣接科学の発達であったり，社会状況の変化などによって研究者の意識に顕在化される。概念は他の概念と関連づけられる。これが仮説である。たとえば「管理者のリーダーシップは職場の生産性とプラスの相関がある」などである。

　仮説の検証：仮説は検証されなければならない。通常，概念は測定され，実証的なデータが収集され，それをもとに仮説は受容および拒絶される。たとえば上の例でいえば「リーダーシップ」「職場の生産性」が測定され，両者の関係が数値化され，それによって仮説が支持，あるいは棄却される。

　知識体系の蓄積：仮説が検証された場合は，知識体系の中に蓄積される。一方，検証されなかった理論は，修正・改訂される。こうして学問の体系ができあがっていくが，現代社会の変化が新しい概念の必要性をもたらし，ときには従来の知識体系が新しい視点から見直され再編成されることもある。これは社会科学の宿命ともいえる問題である。これをパラダイム転換ということがある。最近の問題でいえば，「情報技術革新」，労働市場の多様化による「ダイバーシティ」の問題，「経営のグローバル化と日本的経営の見直し」，企業の不祥事を通して顕在化してきた「企業倫理」などの問題がある。

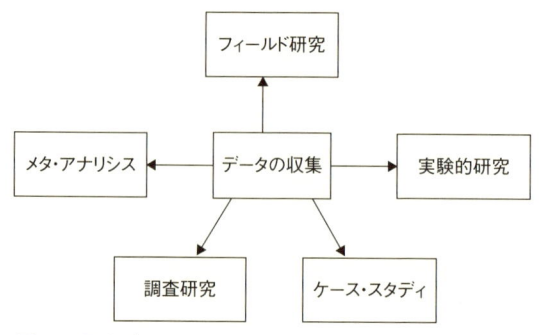

図1-3　研究データの収集法(Schermerhorn *et al.*, 2005 を参考)

(2) 実証データの収集法

経営組織心理学のデータの収集法は図1-3に示すような方法が考えられる。

調査研究は，主として質問紙調査法を用いたもっとも典型的なデータ収集法である。また，これらの質問紙を実施するうえでのアイデアを得るために，またはデータを補完するために面接法を加えることもある。ケース・スタディはある特定の企業，集団，ないしは個人に注目し，時間的にも長く，対象を深く研究する方法である。今までにない研究の洞察を提供できるところから，重要な研究法である。実験的方法は，ホーソン研究の照明実験に見られるようなデータの収集法で，条件が統制されているので，もっとも精度の高いデータが得られる。ただ，現実の組織では実験を行なう状況設定場面をつくりにくい。むしろ今後はバーチャルの世界での研究の進展が期待される。フィールド研究は現実場面を研究者自らがメンバーの一人になったりして，組織における人間行動を長期的に観察するもので，参加的観察法などがとられる。最後のメタ・アナリシスは今までの研究結果をまとめるもので文献レビューに相当する。メタ・アナリシスにはハンターとシュミット (Hunter & Schmidt, 1990) らの統計的な手法がある。

(2) 分析単位

研究を進めるにあたって分析単位のレベルをどこに置くかの問題がある。分析単位がもっとも小さいのが個人レベルで個人のパーソナリティ，個人のモラールなどが研究対象になる。次のレベルが二者関係，これはリーダー・メン

バー関係などが問題になる。さらに単位が大きくなると，集団レベル，組織システムのレベルなどが分析単位になる。たとえば「課長のリーダーシップが職場の業績にどのように影響するか」をテーマにした「集団単位分析」を想定しよう。その場合，個々の課長のリーダーシップを複数の部下に評定させ，その平均を一人の課長のリーダーシップ得点（集団レベル）として，複数の課長のリーダーシップ得点とその職場の業績を比較する場合である。

第5節　本書の構成

　本書は全部で4つの部分より構成されている。ここでは佐野・若林（1984）およびロビンズ（Robbins, 1998）などを参考に経営組織の問題領域を4つの重層構造で表してみたい。それが図1-4に示したものである。
　まずⅠはもっともミクロなレベルで組織の中での個人の行動である。ここでは組織の中における個人の欲求・動機づけが個人レベルの行動にどのような影響を与えるかが問題にされる。本書ではこれを第Ⅱ部『組織の中の個人』として「個人の理解」（第2章），「組織成員の動機づけ」（第3章），「組織コミットメント」（第4章）の問題が取り上げられている。

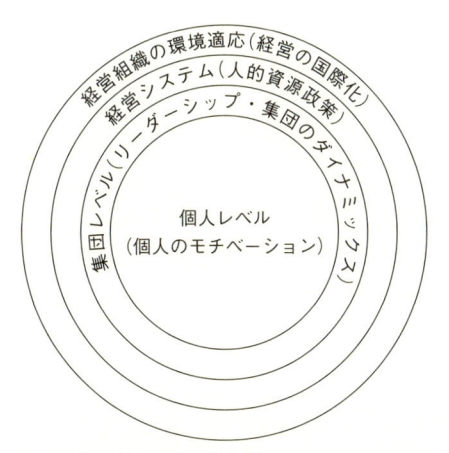

図1-4　経営組織心理学の諸領域（佐野・若林, 1984 を参考）

Ⅱは組織と集団の問題である。ここでは組織と職場集団との関係，職場集団内の対人関係，コミュニケーション，リーダーシップが問題となる領域である。本書ではこれを第Ⅲ部『組織と集団』として「経営組織と集団行動」(第5章)，「組織コミュニケーション」(第6章)，「リーダーシップ」(第7章)を取り上げている。

Ⅲは組織と経営システムとの関係を問題とする。いわば組織の諸施策，管理システムとその効果を問題とする領域である。具体的に組織構造およびデザイン，組織文化，人的資源の諸施策が企業業績，従業員の幸せをもたらすか否かを検討する領域である。本書ではこれを第Ⅳ部『組織と組織システム』として「組織文化」(第8章)，「人的資源管理政策・実践」(第9章)，「キャリア発達とその支援制度」(第10章)，「組織ストレスとその管理」(第11章)，さらには「仕事と家庭生活」(第12章)から構成した。

Ⅳは経営組織の環境適応領域である。これらの領域はこれまではあまり問題にされなかった領域である。時代の変化と共に新しく誕生した領域でもある。そのもっとも典型的な領域が経営のグローバル化である。本書ではこの領域に新しく問題になっている非営利組織なども加えて第Ⅴ部『経営組織心理学の応用分野』とした。そして前者の問題は「経営組織の国際化」(第13章)，後者は，「病院組織の管理」(第14章)と「福祉組織の管理」(第15章)とした。

本書はこのような構成のもとに各分野の専門家が執筆を担当している。

まとめ

- 経営組織心理学は組織の中での人間行動を研究する学問である。
- 経営組織心理学の歴史はミュンスターベルグに始まるといわれる。
- テイラーの科学的管理法は企業経営の革新をもたらした。
- 第一次世界大戦を契機として適性検査の研究が発達した。
- ホーソン研究は経営組織心理学にもっとも大きな影響を与えた。
- マズローらは人間の可能性，自己実現などを重視する経営の必要性を強調した。
- 経営組織心理学は産業・組織心理学の中で組織行動部門を中心にし，これに人事心理学を加えたものである。

・経営組織心理学は実証的科学で「理論的概念の開発」「仮説の検証」「知識体系の蓄積」をサイクルとする研究プロセスを通して発展してきた。

演習課題
1．科学的管理法が現在に与えた影響を考えてみよう。
2．ホーソン研究が現在の経営組織心理学に与えた影響を考えてみよう。
3．経営行動科学のデータ収集法について例を挙げてまとめてみよう。
4．経営組織心理学の諸領域を具体的に挙げてみよう。

―― トピックス　タビストック研究 ――

　ここでいうタビストック研究とはタビストック研究所が行なったイギリスの石炭産業における技術的変更の効果に関する研究である。
　イギリスの炭坑会社では従来は2人～8人の小グループからなる請負集団によって石炭の採掘がなされていた。チームの構成は熟練労働者1人にその協力者および炭車に石炭を積み込む数名の労働者から成り立っていた。各チームは自治的で，互いに協調的であった。これは一般に短壁法と呼ばれている。
　これに対して炭鉱会社は生産性向上のために切炭機とコンベヤによる技術革新を行なった。会社側の計算では生産性は10倍以上の向上が見込まれた。この方法は長壁法と呼ばれている。長壁法は従来の作業方式を大きく変えた。すなわち，この新しい作業方式は3交代制で，労働者は，幅2m，高さ1mのトンネルの中で約40～50人が散らばり1人の監督者指揮下で働くことになった。また賃金システムも職務給に変わった。
　この新しいシステムは，集団内のメンバー間に軋轢を産み，また効果的なコミュニケーションおよび監督ができなくしてしまった。こうしてメンバー間の協調性の欠如，監督指揮の低下，そして作業に伴う危険性などと相まって，労働者の間に生産性を低めようとする規範が生まれたのである。その結果生産性は従来の短壁法に比べても低下するという予想だにしなかった結果が出現したのである。
　相談を受けたタビストック研究所のトリストらは，この結果を「相互依存的な社会―技術システム」という新しい概念を提出して，この枠組みから解釈した。彼らによれば技術革新による「技術システム」の変化は相互依存関係にある社会システムの変化ももたらす。そして技術システムの最適化が社会システムに不適切な障害を起こした場合にはシステム全体の向上は望めない。したがってシステム全体が向上するためには「技術システム」と「社会

システム」の「同時最適化」が求められるのである。炭鉱会社はこの点で問題をもっていた。
　炭坑会社はトリストらの指導の下に技術システムと社会システムの同時最適化を実現すべく，新しいシステム「混成的長壁法」という作業形態を開発した。これによって新しい技術システムの恩恵を受けると同時に短壁法のもつ良い点を残しておくことが可能になった。これによってより大きな生産性，より低いコスト，はるかに少ない無断欠勤者，従業員の高い満足感をもたらしたという。

文　献

Anderson, N., Ones, D. S., Sinangil, H. K., & Viswesvaran, C.　2001　*Handbook of industrial, work and organizational psychology.*　Thousand Oaks, CA: Sage.
安藤瑞夫　1975　産業心理学　新曜社
Hunter, J. E., & Schmidt, F. L.　1990　*Method of meta-analysis: Correcting error and bias in research findings.*　Newbury Park, CA: Sage.
正田　亘　1992　産業・組織心理学　恒星社厚生閣
岡村一成　1994　産業・組織心理学入門（第2版）　福村出版
Pugh, D. S., & Hikson, D. J.　2000　*Great writers on organization.*（北野利信訳　2003　現代組織学説の偉人たち　有斐閣）
Robbins, S. P.　1998　*Organizational behavior* (8th ed.) Upper Saddle River, NJ: Prentice-Hall.
佐野　守・若林　満　1984　経営の心理　福村出版
Schermerhorn, J. R. Jr., Hunt, J. G., & Osborn, R. N.　2005　*Organizational behavior* (9th ed.) Hoboken, NJ: John Wiley & Sons.
Schein, E. H.　1980　*Organizational psychology* (3rd ed.) Englewood Cliff, NJ: Prentice Hall.（松井賚夫訳　1981　組織心理学　岩波書店）
Tosi, H. L., Rizo, J. R., & Carrol, S. J.　1986　*Managing organizational behavior.* Boston, MA: Pitman.
若林　満・松原敏浩　1988　組織心理学　福村出版

第Ⅱ部

組織の中の個人

第2章

個人の理解
―パーソナリティと対人認知―

　人は，それぞれの遺伝的素因と独自の生活経験に根ざした個性を有する存在として，組織活動に参画している。したがって，組織における人間行動は，組織機構や制度，経営方針，職務の特性，さらには職場の人間関係などの組織環境に関する諸要因ばかりでなく，能力，性格，態度，欲求といった個人がもつ諸要因によっても大きく左右される。職務適性や職場適応の概念は，これら両要因間の適合や調和性を問題にしている。また，組織における管理機能の重要な側面は，成員の行動を組織目標に適合した形に調整していくことにあるが，そのためには，教育訓練によって個人の能力や態度を変化・向上させるとともに，人を活かす方向での組織環境の改善をはかっていくことが不可欠となる。
　本章では，組織における個人の理解に関して，パーソナリティならびに対人認知の視座から概説する。

第1節　パーソナリティと組織行動

（1）パーソナリティの構造

　「十人十色」といわれるように，人はそれぞれ個性をもち，たとえ同じ状況に置かれてもそこで生起する行動には人によって違いが認められる。パーソナリティ（personality）とは，こうした人の行動様式に見られる個人差を表す概念であり，「個人の内側にあって，その人に特徴的な行動や思考を規定する，精神・身体的体系の力動的体制である（Allport, 1961）」と定義される。パーソナリティを問題とする場合，これを次のような点からとらえていく必要があ

る。

①独自性：パーソナリティは，その人独自の個性として理解すべき性質のものである。

②全体性：パーソナリティは，人の行動様式や，その背後にある精神機能の全体的特徴を表す概念である。ここでは，気質，性格，興味，態度などの情意的側面のみならず，知能や創造性といった知的側面も含まれる。

③統一性：パーソナリティを構成する諸特質は，その個人の中で相互に関連しており，全体として統一のとれたダイナミックな体系を成している。

④可変性：パーソナリティは固定した不変のものではなく，つねに変化し，発達していく可能性を含んだものである。

⑤適応性：パーソナリティは，その個人の環境への適応過程と密接な関連をもっている。

図2-1は，パーソナリティが個人の職務への対応の仕方に及ぼす影響を示したものである。以下，この図にそって，パーソナリティを構成する主要な側面について述べることにする。

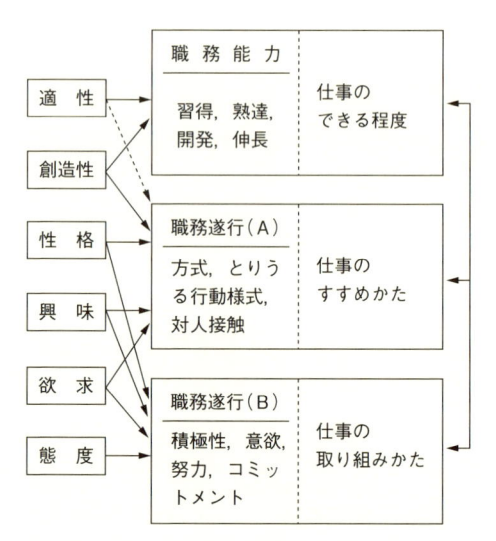

図2-1 パーソナリティと職務への対応(廣井, 1981)

1) 適性 適性（aptitude）とは，ある活動を適切かつ効果的に遂行しうる個人の潜在的な能力や資質のことを指す。スーパー（Super, 1957）は，適性を獲得された能力に対する可能性としての能力として位置づけ，「適性とはひとつひとつは比較的安定した独立的な因子で，いろいろな職業における成功にそれぞれ違った度合で寄与する心理的な諸因子である」としている。これまでの研究によれば，たとえば管理職の適性は，性格的強靱性，主導性（支配性），決断性，社交性などの因子から構成されることが知られている。

適性は，パーソナリティを主に能力の側面から見た個人差変数であるが，これと密接に関連した概念に知能（intelligence）や創造性（creativity）がある。

知能とは個人の潜在的な知的能力を指し，ここでは人が環境に適応していく能力，学習していく能力，抽象的な思考能力といったことが問題にされる。スピアマン（Spearman, 1904）は，知能にはあらゆる知的活動に共通して作用する一般知能因子と，特定の知的活動に固有な特殊知能因子の2つが区別できるとして，知能構造の2因子説を唱えた。また，サーストン（Thurstone, 1938）は，知能を構成する因子として，言語的理解，言語の流暢性，空間把握能力，数的処理能力，記憶能力，推理能力，知覚能力の7つを挙げている。こうした知能構造に関する研究に基づいて，現在までに各種の知能検査が開発されている。

創造性も，特殊知能の一部と考えられなくもない。しかし，ギルフォード（Guilford, 1959）によれば，知能の高さは推理・洞察といった収束的思考能力を表すのに対して，斬新で価値ある着想を生み出す能力としての創造性は拡散的思考能力に関わるものとされる。

2) 性格 性格（character）は，パーソナリティにおける感情・意志的側面に見られる個人差を強調した概念である。たとえば，情緒不安定，攻撃的，意志薄弱，協調性の欠如といった性格的特徴は，組織内における個人の行動にマイナスに作用すると考えられる。

従来，人の性格的特徴を把握する方法として，基本的に2つのアプローチがとられてきた。すなわち，何らかの原理に基づいて典型的な性格を設定し，それによって現実の多様な性格を分類して個人を理解していこうとする立場は，類型論と呼ばれる。ユング（Jung, 1923）の内向・外向に基づく類型論は，こうしたアプローチの代表的な例である。他方，性格はいくつかの構成要素（特

性）から成り立っており，ある人の性格を理解するには，その個人が各特性をどの程度もち合わせているかを測定すればよいという考え方がある。このような立場は，特性論と呼ばれる。

　特性論的アプローチに基づく理論として，近年，人の性格を構成している多様な側面は大きく5つの因子に大別できると主張する「ビッグ・ファイブ（特性5因子モデル）」が注目を集めている。ここでいう「ビッグ・ファイブ」の内容には，研究者によって若干の相違があるが，基本的に以下に示す5次元のことをいう。

　①外向性：社交的，話し好き，独断的
　②協調性（人当たりの良さ）：気だてがよい，協力的，人を信頼する
　③誠実性：責任感が強い，頼りになる，不屈，完璧主義
　④情緒安定性：冷静，熱心，緊張に動じない
　⑤経験への開放性：想像力が豊か，芸術的感覚に富む，知的

　特性5因子モデルの視点から個人の職務行動を検討したバリックとマウント（Barrick & Mount, 1993）の研究では，《誠実性》は職務成績との間で，《経験への開放性》は教育訓練に際しての熟達度との間で，それぞれ有意な関連をもつことが明らかにされている。また《外向性》が職務成績に及ぼす影響については，職務の種類によって違いがあり，管理職や営業マンにおける職務成績との間には密接な関連が認められている。

　3）態度　　態度（attitude）とは，人が社会的対象に対してもつ反応の構えや準備状態のことを指す。クレッチら（Krech *et al.*, 1962）は，態度を「対象に対するポジティブあるいはネガティブな認知・感情・行動傾向の持続的なシステム」と定義している。「私は自分の仕事が気に入ってる」と人がいう場合，仕事に対する自分の態度を表明していることになる。職務満足感とは，人が自分の職務に対してもつ全体的な態度のことである。また，組織コミットメント（組織に対する忠誠心や一体感）も，人が所属する組織に対してもつ態度としてとらえることができる。

（2）性格の診断

　人の性格は主に行動を通して推論されるものである。上司は，部下が職場で

示す広範な行動の観察を通して相手を理解しようとするが、この場合、観察された行動のもつ意味を、その行動が生起した場面（状況）との関連で把握していくことが大切になる（本章の第2節を参照）。

面接も、性格診断の方法として広く用いられている。とりわけ、直接には観察できない過去の行動や人の生活史（life history）に関した情報を得るのに、この方法は有効である。

さらに、性格診断のための道具として、性格検査が用いられることも多い。性格検査には、矢田部・ギルフォード性格検査のような目録法、内田・クレペリン検査に代表される作業検査法、さらには TAT（主題統覚検査）のような投映法によるものなどがある。これらは知能検査と並んで、広義の適性検査として採用選抜や人事配置において活用されている。

アメリカ合衆国では、軍隊や警察隊、企業などの人事選抜において、MMPI（Minnesota Multiphasic Personality Inventory）、CPI（California Personality Inventory）、ABLE（Assessment of Background and Life Experiences）などの目録法検査が、職務に適さない者を特定するためのスクリーニングとして広く用いられている。このうち ABLE は、米軍のプロジェクトの一環として開発されたもので、激しやすさ、適応性、快活性、依存性、知性、親和性の6つの構成要素を測定する。

(3) パーソナリティと職業適性

パーソナリティと職場環境との間の適合性を扱った理論として、ホランド（Holland, 1985）の6角形モデルがよく知られている。

このモデルによれば、人のパーソナリティと環境はいずれも、図2-2 に示した6つのタイプに分類できる。そして、人は自分のパーソナリティ類型に適合した環境を求めるため、職場組織における満足感は当人のパーソナリティが職場環境とどの程度合致しているかによって左右される、とされる。

ホランドは、このモデルに基づいた職業興味検査（Vocational Preference Inventory；VPI）を作成しているが、表2-1 は、その内容を示したものである。

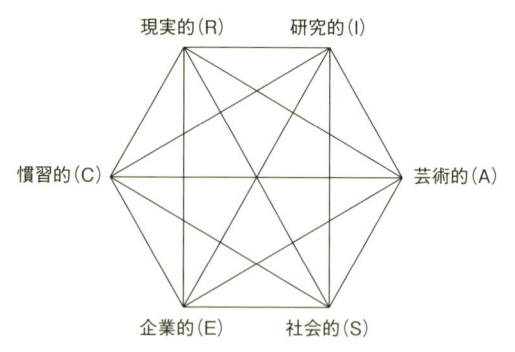

図 2-2　ホランドの6角形モデル(Holland, 1985)

表 2-1　VPI の興味領域尺度（「VPI 職業興味検査結果の見方」より）

R（現実的）尺度		機械や物を対象とする具体的で実際的な仕事や活動に対する好みや関心の強さを示す。
I（研究的）尺度		研究や調査などのような研究的,探索的な仕事や活動に対する好みや関心の強さを示す。
S（社会的）尺度		人に接したり,奉仕したりする仕事や活動に対する好みや関心の強さを示す。
C（慣習的）尺度		定まった方式や規則に従って行動するような仕事や活動に対する好みや関心の強さを示す。
E（企業的）尺度		企画や組織運営,経営などのような仕事や活動に対する好みや関心の強さを示す。
A（芸術的）尺度		音楽,美術,文芸など芸術的領域での仕事や活動に対する好みや関心の強さを示す。

（4）組織行動とパーソナリティ特性

既に述べたように,組織における人間行動は,個人がもつ諸要因ばかりでなく,組織風土,職務特性,人間関係といった組織環境に関する諸要因によっても大きく左右されるため,動機づけ,生産性,教育訓練可能性といった職務関連行動に見られる個人差を説明したり予測したりするうえでのパーソナリティ要因のウェイトはそれほど大きくはない。すなわち,現在までの数多くの研究結果によれば,何らかの職務関連行動とパーソナリティ特性との間に有意な相関が認められた場合でも,その値はせいぜい $r = 0.3$ 程度（説明率で 10% 未満）であり,パーソナリティ検査は「0.3 の壁」を破ることができていない。

表 2-2 は,わが国で実施された性格適性検査と人事評価との相関を見たもの

表 2-2 性格適性テストと人事評価との相関（企業別職種別）（二村，1998）

性格特性尺度		機械A社（営業）46名	電機B社（設計）43名	スーパーストアC社（店舗）38名	ソフトウェアD社（SE）38名
行動的側面	社会的内向性	−.13	−.17	−.01	.21
	内省性	.17	−.07	.13	.21
	身体活動性	−.05	.21	−.08	−.31
	持続性	−.08	−.08	.14	−.02
	慎重性	.12	−.10	.23	−.15
意欲的側面	達成意欲	.07	.08	.08	.23
	活動意欲	−.03	.21	−.09	.03
情緒的側面	敏感性	.00	−.11	−..02	.01
	自責性	−.06	−.26	.07	.14
	気分性	−.28	−.01	.02	.05
	独自性	.25	−.05	−.07	.28
	自信性	.20	.05	−.05	.13
	高揚性	.03	.24	.01	−.60
性格類型	内向・外向	−.01	.09	−.06	−.28
	直観・感覚	−.27	−.14	−.12	−.23
	感情・思考	.28	.05	.00	.21
	知覚・判断	.15	−.14	.25	−.15

・人事評価は「経営幹部の将来性評価」の評定による
・性格適性テストは総合検査 SPI の一部（人事測定研究所）

であるが，ここでも，各社に共通して認められる一貫した関連性を見出すことはできない。

以下では，組織行動との関連で問題にされているパーソナリティ特性のいくつかを見ておく。

1) ローカス・オブ・コントロール（locus of control） 内的統制型と外的統制型とに区別される。前者は，自らの運命は自分でコントロールでき，自己の内部に自分の行動の決定の源泉があると考えやすい傾向をもった人間である。それに対して後者は，自分の運命は外部の者にコントロールされており，わが身に起こることは運命や偶然によって左右されることが大きいと考えている。

従来の研究結果によれば，外的統制型の人は，仕事への満足度が概して低く，職務成績の評価が悪いと，それを上司の偏見のせいにしたり，自分でコントロールできない外部要因のせいにしたりする傾向が強い，とされている。

2) 権威主義的性格　この性格の強い人は，上司には敬意を払うが，部下には手厳しい。また，権威主義的な人間は，複雑で変化に富んだ状況に適応していく能力が求められるような仕事には向かないという指摘がある。さらに，権威主義的な人は，あらゆる事柄に首を突っ込み，それらを自分でコントロールしようとする傾向が強く，このような管理者がいる職場では，部下の動機づけが阻害され，消極的な態度が助長されやすい。

権威主義と密接な関わりをもつものに，マキャベリズムがある。マキャベリズム的傾向の強い人は功利的で，目的のためには手段を選ばない。「うまくいくものは，利用すべきだ」というのが，こうした人に一貫して見られる態度である。

3) タイプA性格　タイプA行動とは，心筋梗塞や狭心症など冠状動脈性心臓疾患の危険因子のひとつとして指摘される個人の行動パターンで，極端な精力的活動，時間的切迫感，競争心，強い達成意欲，攻撃性などを特徴とする。タイプA性格と職務行動との関係については，働き中毒・仕事中毒と訳されるワーカホリック（workaholic）の側面からの検討が進められている。すなわち，タイプA性格の人の要求水準は現実の達成水準よりも高く，仕事に挑戦的に取り組んで成功しているときは自信や満足を感じ，過度の仕事への傾倒に陥りやすい。反面，仕事に失敗したり，仕事を失った場合には，適応への不安を抱き，ときには人生の目標までも失ってしまい，うつ状態に陥る危険性が高いことが指摘されている。

4) 感情傾向　職務満足感に影響を及ぼす個人差要因として，これまで多くの研究者によって注目されている特性である。肯定的感情傾向は，喜びや信頼を感じやすい傾向で，快刺激に対する感受性の強さを反映していると考えられている。他方，否定的感情傾向は，不安や疑いをもちやすい傾向で，神経症傾向とも関係が深い。これら2つの傾向は，必ずしも反対の特性ではなく，それぞれが職務満足に影響することが実証されている。

5) 社会的スキル　何らかの目的の実現に向けた効果的な社会的行動を可能とする能力で，他者との相互作用の仕方（ふるまい方，ものの言い方など）で必要とされるスキルのほか，相手の気持ちを正確に理解して受けとめることができる共感能力などが含まれる。

(5) パーソナリティの変化と適応

　パーソナリティは，環境との相互作用における個人の経験を通して，絶えず変化し発達し続けるものである。こうしたパーソナリティの変化を，人の職業生活との関連で見ていくのが，職業的発達（vocational development）の視点である。

　スーパー（Super, 1953）によれば，「職業的発達の過程は，本質的には，人が自己概念を発展させ，それを実現していく過程である」とされる。ここで自己概念（self concept）とは，人が自分自身に対して抱いている価値的認知体系のことで，自己像とも呼ばれる。スーパー（Super, 1957）は，人の職業的発達を大きく，成長段階（誕生〜14歳），探索段階（15歳〜24歳），確立段階（25歳〜44歳），維持段階（45歳〜64歳），下降段階（65歳以上）の5段階に区分し，それぞれの時期における職業的発達課題について考察している。

　また，ハーシェンソン（Hershenson, 1968）は，自我心理学の立場にたつエリクソン（Erikson, 1959）の考え方を取り入れた職業的発達理論を提唱している。彼によれば，成人期全体を通しての職業的発達課題は「自分にとって仕事はどういう意味をもつのか」という問いに答えることである。

　ところで，勤労者の職業的発達は，これまで主として職業的適応の観点から問題にされてきた。適応（adjustment）とは，人と環境との間に調和のとれた満足すべき関係が保たれている状態をいう。したがって，職業的適応といった場合には，①ある人が職務の要請に応じた行動がとれており，②職場での活動がその個人の欲求の充足につながっているような状態を指す。

　図2-3は，ロフキストとデイヴィス（Lofquist & Dawis, 1969）による職業的適応についての図式である。図中のsatisfactorinessは，上記①の側面に関したもので，個人の能力と職務要件との合致による組織環境側の満足を表す。すなわち，生産性や能率の点で満足すべき状態か否かによって，次の昇進や配置転換が方向づけられる。また，satisfactionは②の側面に関したもので，職務遂行によって個人にもたらされる満足感を指す。こうして，組織環境側と個人側の双方に満足が得られているときに，職業的適応が達成されるとするのである。

　近年，人間と仕事を取り巻く環境はますますその変化の速度を早めており，

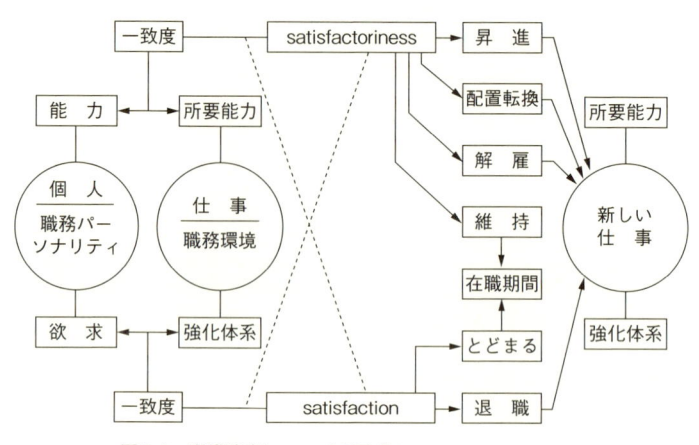

図 2-3　労働適応についての図式(Lofquist & Dawis, 1969)

職場環境への適応の問題も複雑さを増している。このような状況下で，生涯にわたる職場適応を維持・促進させていくためには，個人の職業的発達に見合った教育訓練や能力開発が組織的・計画的に進められる必要がある。

第2節　組織における対人認知

(1) 対人認知とは

　人を判断することは，組織の人間なら誰しも日常的にやっていることである。人に関した種々の情報を手がかりにして，パーソナリティ，情動，意図，態度，あるいは対人関係といった他者の内面的特性や心理過程を推論する働きは，対人認知（person perception）と呼ばれる。ここでいう認知とは，人が情報を取捨選択的に取り込み，自己を取り巻く環境に意味を与えることである。同じものを見ても，受け取り方や感じ方は人によって異なる。しかし，われわれは，自分の目や頭を通して認知したもの（見たもの解釈したもの）を，客観的な現実であるかのように思い込んでしまう。

　人の行動や性格について正確な判断をすることは容易でない。その理由のひとつは，人は相手に関するあらゆる情報を入手できるわけではないからであ

る。また，対人認知の過程においては，認知者（判断する主体）のもつ態度，欲求，過去の経験，期待などがフィルターとして作用し，相手の人物に関した情報が選択的に取り込まれることに注意を向ける必要がある。こうした選択的な認知によって，われわれは相手を即座に判断することが可能となるが，他方で相手を誤って認知してしまうリスクがつねに伴う。

いずれにせよ，われわれは，他者に対する自分なりの認知に基づいて，相手の行動を理解したり将来の行動を予測し，その人物に対する対応の仕方を決めていく。対人認知は，日常生活のさまざまな場面における他者との相互作用のあり方や人間関係に深く関わっているのである。

（2）パーソナリティの認知

限られた情報に基づいて他者のパーソナリティを認知する過程を，印象形成（impression formation）という。採用面接の場面などが，この例に当てはまる。

採用面接において，応募者Aについて担当者Xと担当者Yとが面接した場合，面接した時間も場面も同じであるにもかかわらず，印象評価が大幅に食い違うことがある。Xが"意志が強い"と評したことをYは"融通性に欠ける"と判断し，Xが"積極的"と判断したことをYは"あつかましい"と見る。ここで挙げた例は，他者に対する全体的な好意印象が，その人物の特定の側面に関する見方や解釈・表現の仕方に強く影響を及ぼすことを示している。

また，他者に対する判断を歪める原因となる認知バイアスとして，次のようなものが指摘されている。

①ハロー効果：人がある側面で好ましい（もしくは好ましくない）特徴をもっていると，その人物の他の特徴までも不当に高く（もしくは低く）評価してしまう傾向。採用面接において，応募者の出身校や身なりが他の側面での評価に影響したりするのが，この例である。

②寛大化傾向：人事考課などで，身内の部下に対する評価がついつい甘くなってしまうように，他者の好ましい特徴については高く評価し，好ましくない特徴については控え目に判断する傾向。

③ステレオタイプ化：他者がある集団に属するという理由から，その集団が

一般的にもつとされる特徴をそのまま相手に当てはめて，他者を紋切り型的に見てしまう傾向。血液型に基づく性格判断などは，こうした例である。

④仮定された類似性（assumed similarity）の傾向：自分が好意を抱いている他者を，実際以上に自分と似ているかのように錯覚して見てしまう傾向。

採用面接や人事考課など，他者を評価する立場に置かれる人間は，上記のような認知バイアスに十分な注意を払う必要がある。

ところで，前述のように，対人認知に際しては，判断の手がかりとして何に着目するか，そこからどのような推論を働かせるかという点で，認知者がもつ要因が認知内容を大きく規定するが，こうした認知者の個人差要因のひとつとして，ビエリ（Bieri, 1955）は，「他者を多次元的に認知できる能力」と定義される認知的複雑性（cognitive complexity）の概念を提唱している。この能力の高い者は，他者に関した，多様で，ときには相互に矛盾するような情報をも適切な形で統合していくことができると考えられる。逆に認知的に単純な者は，他者に対して，「良いか悪いか」「白か黒か」といった一面に偏った認知をしやすい。

また，われわれは，自分の過去の経験を通して身につけた，人のパーソナリティについての"素朴な理論"（人を見る際に無意識的に用いている「眼鏡」）をもっており，その理論に従って他者を判断している。このような"素朴な理論"のことを，暗黙のパーソナリティ観（implicit personality theory, IPT）と呼ぶ。IPT は，他者に関した限られた情報から相手の内面的特性や状態を推論していくうえで重要な機能を果たしている。反面，これが人に対する正しい理解を歪める原因にもなっている。

（3）人事考課と対人認知

人事考課（personnel appraisal）とは，昇進，昇給，職場配置，能力開発などに関した公平な人事・労務管理を目的として，従業員の業績，能力，性格などを組織的・科学的に評価することである。人事考課の対象となる主な側面には，次のようなものがある。

①業績（職務上の実績とその内容）
②勤務態度（仕事への取り組み姿勢，意欲，勤務状況など）

③職務遂行能力（専門的知識，技術，管理能力など）
④性格（積極性，協調性，責任感，情緒安定性など）

人事考課に際しては，人が人を評価するという側面を回避することは不可能であり，そこでは対人認知（とりわけ認知の歪み）の問題が必然的に深く関わってくる。この点に関して，コレットとファーンハム（Collett & Furnham, 1995）は，管理職による部下の業績評価に，個人的な好悪感情（好き嫌い）が強く影響することを指摘している。こうした一例として，一般的に外向的な営業マンの方が内向的な人間よりも高い業績評価を得る傾向があるが，これは外向的な営業マンの方が管理職から好まれやすいことから生じた間接的な効果であるという。

また，同じくコレットらは，"ご機嫌とり"のような取り入り（ingratiation）や自己宣伝（self-promotion）に関した行動が，業績評価を歪めることに注目している。職場での取り入り行動には，以下のようなものが含まれる。

①職務に焦点づけられた取り入り：自分の業績を過度に主張する，自分のものではない業績を主張するなど。

②上司に焦点づけられた取り入り：上司の機嫌をとる，必要以上に上司の手助けをするなど。

③自己に焦点づけられた取り入り：有能な人間，礼儀正しい人間といったような評価を引き出すための自己提示（self presentation）や自己宣伝。

人事考課に際しては，評価する側の人間の独断や評定の歪みを極力避けるような工夫が必要となることはいうまでもない。そのための方法のひとつとして，業績評価を，本人を含めて，上司，同僚，部下など多くの周囲の眼からとらえようとする「360度フィードバック」などが用いられている。また，人事考課の結果を本人にフィードバックすることも，評価の公平性や客観性を維持し，上司と部下との信頼関係を促進させるうえで重要である。こうしたフィードバックは，アメリカの企業組織では一般的になっているが，日本では，評価結果が部下に知らされることはあまり多くない。

（4）帰属過程

われわれは他者の行動を見ると，その人がなぜそのように行動したかの原因

を探ろうとする。原因が不明な場合には，その行動の意味が正しく理解できず，また当人が別の場面でとる行動の予測も困難となるからである。このような，因果関係の認知を通して自己を取り巻く社会的環境内に生じた事象の意味を解釈する過程を，帰属過程（attribution process）という。この問題は，ハイダー（Heider, 1958）によって研究の糸口が与えられた。

　帰属の研究は，人が因果的推論を行なう際の情報処理の過程を扱う。ここでの主な着眼点は，人がどのような場合に，行動の原因を行為者の性格や能力などの内的要因にあるとみなすか（内部帰属），あるいは周囲の状況や外部からの圧力などの外的要因にあるとみなすか（外部帰属）という点にある。たとえば，人がある行動を意図的に行ない，しかも，その行動の結果を引き起こす能力があると考えられる場合，その行動を観察した人は行動の原因を行為者そのものに帰属しやすい。

　ケリー（Kelley, 1967）は，人は，「ある事象が生起したときに存在し，生起しなかったときには存在しない」というような事象と連動して変動する要因に着目した原因帰属をしやすい，とする共変動理論を提唱している。この理論によれば，次の3つの基準によって原因帰属のされ方が左右されることになる。

　①一貫性：ある人Aの対象Xに対する行動の仕方や結果は，状況によらず一貫しているか。

　②一致性：ある人Aの対象Xに対する行動の仕方や結果は，他の人びとの場合と一致しているか。

　③弁別性：ある人Aの対象Xに対する行動の仕方や結果は，対象Yの場合には別のものとなるのか。

　ここで，上記の3つの基準がすべて満たされる場合には，観察された行動の原因は外的なものに帰属されやすい。たとえば，ある部下Aがある課題Xでいつも失敗しており（一貫性），他の部下たちも課題Xの達成がなかなかできず（一致性），部下Aは課題Yでは成功している（弁別性）とすると，その原因は部下Aの能力不足にあるのではなく，課題の困難さにあると推測されやすい。他方，一致性と弁別性が低く一貫性のみが高い場合には，行為者の内部に原因があると判断されやすい。

　帰属の過程においては，既に述べたパーソナリティ認知の場合と同様，さま

ざまな認知バイアスが働くことが知られている。

　まず，われわれは，他者の行動に及ぼす状況などの外的要因を軽視して，行動が本人のもつ属性や性質によって引き起こされたものと思い込みやすい傾向をもっており，これを基本的な帰属の過誤（fundamental attribution error）と呼ぶ。ちなみに，観察者は行動の原因を行為者の内的要因に求めやすいのに対して，行為者自身は自分の行動の原因を外的要因に求める傾向が強いことも指摘されている。

　また，人が何かで成功した場合，当事者はその原因を自分の内部（能力の高さや努力）に求めやすいのに対して，失敗した場合にはその原因を外部に求めやすいといったような，利己的帰属バイアスと呼ばれるものもある。

　さらには，行為者と観察者の関係（地位や役割，好悪感情など）が帰属過程に影響することもある。たとえば，部下がある仕事で失敗した場合，その部下に対して日頃から高い評価を下している上司は，失敗の原因を外的な要因（運の悪さなど）に求めやすいのに対して，その部下に対して否定的な評価を抱いている上司は，原因を当事者の能力や努力の不足によるものと考えやすい。

（5）成功－失敗の原因帰属

　人が何らかの課題で成功や失敗をした場合，その原因にはさまざまなものがあり得るが，能力，努力，課題のむずかしさ，運の4つを主要な原因として想定することができる。そしてワイナー（Weiner, 1974）によれば，これら4つの原因は表2-3に示したように，原因の所在（内的－外的）と安定性（安定－不安定）といった2次元から分類することが可能である。すなわち，能力と努力は成功－失敗に関した行為者内部の要因であり，能力と課題のむずかしさは比較的変化しにくい安定した要因である。

　自分や他者の成功－失敗の原因を，これら4要因のいずれに帰属するかによって，そこで生起する種々の判断や感情，あるいは将来の行動に対する期待などが異なってくる。たとえば，自分の失敗の原因が能力の不足にあると考えられる場合には，強い落胆が生じ，自己評価も低下する。それに対して，自分の努力不足が原因だと考えた場合には，努力次第で次の成功も見込め，自己評価に及ぼすダメージはそれほど大きくないであろう。

表 2-3 成功－失敗に関する原因の分類

安定性 \ 原因の所在	内 的	外 的
安 定	能 力	課題のむずかしさ
不安定	努 力	運

　ミッチェルら（Green & Mitchell, 1979 ; Mitchell & Wood, 1980）は，職場における上司の部下に対するリーダーシップ行動を，帰属理論の枠組みから問題にしている。図2-4に示した理論モデルによれば，部下の行動（何らかの業績上の失敗）の原因を上司がどの要因に帰属するかによって，その後の部下への対応の仕方が異なってくる。たとえば，部下の失敗の原因が十分な能力を有するにもかかわらず努力不足によると判断される場合には，その部下に対する上司の対応（制裁の与え方）はより厳しいものになりやすい。

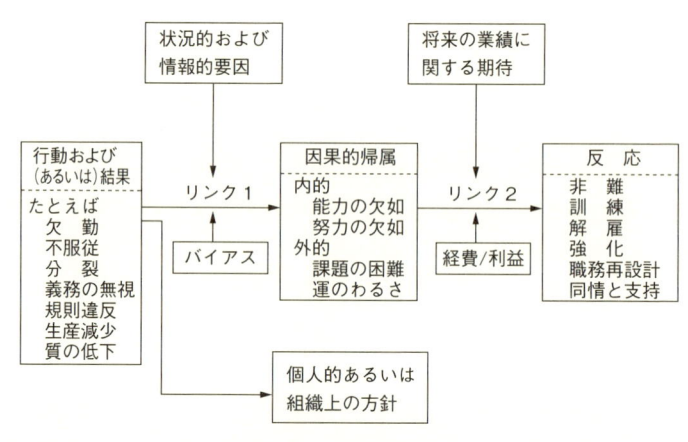

図 2-4　リーダーシップ行動に関する帰属過程モデル（Mitchell & Wood, 1980）

まとめ

- 組織における個人の行動は，組織環境に関する諸要因だけでなく，個人差要因によっても大きく影響される。
- パーソナリティとは，性格，適性，知能，態度などを含んだ個人の全体的特徴の個人差を問題とする心理学的概念である。
- パーソナリティは，組織における人間行動にさまざまな影響を及ぼすが，ある行動の人による違いがパーソナリティ変数だけで説明できる割合はそれほど大きくない。
- 対人認知は，日常生活の中で人が他者に対してとる行動や人間関係などの問題を考えるうえで非常に重要な側面のひとつである。
- 対人認知に際しては，さまざまな認知の歪みが混入することが多く，また認知者の判断枠組み，過去経験，期待などによって認知の内容が大きな影響を受ける。
- 帰属過程は，他者に対するパーソナリティ認知の問題とも絡んで，人間行動を理解したり予測したりしていく場合の有効な視点となる。

演習課題

1. 組織における個人の行動が，組織環境に関する諸要因ばかりでなく，個人差要因によっても大きく影響されることを，いろいろな具体例で考えてみよう。
2. パーソナリティとは何か，また，それをどのように把握したらよいかについて考えてみよう。
3. 組織における個人の行動に影響を及ぼすパーソナリティ要因として，本章で取り上げたもの以外にどんなものが考えられるか。
4. 職場組織で人が他者に対してとる行動に，対人認知（パーソナリティの認知，帰属過程）がどのように関わっているかについて考えてみよう。
5. 成功－失敗の原因帰属に関して，どのような場面でどのような帰属がなされやすいか，また，帰属の仕方にどのような個人差があるかについて，日常生活の具体的場面で考えてみよう。

―― トピックス　メイヤーズ・ブリッグスの性格タイプ・インデックス（MBTI）――

　米国の企業組織でよく利用されている目録法形式の性格検査として，メイヤーズ・ブリッグスの性格タイプ・インデックス（Myers - Briggs Type Indicator；MBTI）と呼ばれるものがある。この検査では，さまざまな状況における個人の行動や感情に関した100の質問項目に対する回答が求められる。そして，得られた回答パターンから，個人を，《外向的 vs. 内向的》，《感覚的 vs. 直感的》，《思考的 vs. 感情的》，《知覚に訴える vs. 判断力に訴える》の4次元の組合せによって16種類にタイプ分けする。

　たとえば，"内向的－直感的－思考的－判断力に訴える"タイプの個人は，独創的で，意志が強く，頑固といった特徴をもつ。ちなみに，ある調査によれば，マイクロソフト，ソニー，フェデラル・エクスプレスなどの有名企業の創業者は，いずれも直感的－思考的なタイプの人間であるとされる（Robbins, 1997）。また，"外向的－感覚的－思考的－判断力に訴える"に分類される人は，組織の運営や実践的な職務に向いている。さらに，"外向的－直感的－思考的－知覚に訴える"タイプの人は，理解や説明力に優れ，難しい問題解決の際に能力を発揮することが多いが，ルーチンな仕事はなおざりにしがちである。

　MBTIは，アップル・コンピュータ，AT＆T，エクソン，GEなどの企業のほか，教育機関，病院，軍隊などの多くの組織で利用されており，アメリカだけで年間200万人以上の人がこの検査を受けているという。

文　献

Allport, G. W.　1961　*Pattern and growth in personality*. New York: Rinehart and Winston.（今田　恵監訳　1968　人格心理学　上・下　誠信書房）

Barrick, M. R., & Mount, M. K.　1993　Autonomy as a moderator of the relationships between the Big Five personality dimensions and job performance. *Journal of Applied Psychology*, **78**, 111-118.

Bieri, J.　1955　Cognitive complexity-simplicity and predictive behavior. *Journal of Abnormal and Social Psychology*, **51**, 263-268.

Collett, P., & Furnham, A.　1995　*Social psychology at work*. London: Routledge.（長田雅喜・平林　進訳編　2001　仕事の社会心理学　ナカニシヤ出版）

Erikson, E. H.　1959　*Identity and the life cycle*. New York: International Universities Press.（小此木啓吾訳編　1973　自我同一性　誠信書房）

Green, S. G., & Mitchell, T. R.　1979　Attribution process of leader in leader-member interactions. *Organizational Behavior and Human Performance*, **23**, 429-458.

Guilford, J. P.　1959　Traits of creativity. In H. H. Anderson (Ed.), *Creativity and its cultivation*. New York: Harper.

Heider, F.　1958　*The psychology of interpersonal relations*. New York: Wiley.（大橋政夫訳　1978　対人関係の心理学　誠信書房）

Hershenson, D. B.　1968　Life-stage vocational development system. *Journal of Counseling Psychology*, **15**, 23-30.

廣井　甫　1981　経営における人間の科学　中央経済社

Holland, J. L.　1985　*Making vocational choices* (2nd ed.) New York: Prentice-Hall.

Jung, C. G.　1923　*Psychological types*. (Translated by H. G. Baynes, 1950) London: Routledge & Kegan Paul.

Kelley, H. H.　1967　Attribution theory in social psychology. In D. Levine (Ed.), *Nebraska symposium on motivation*. Vol.15. Lincoln, NE: University of Nebraska Press. pp.192-238.

Krech, D., Crutchfield, R. S., & Ballachey, E. L.　1962　*Individual in society*. New York: McGraw-Hill.

Lofquist, L. H., & Dawis, R. V.　1969　*Adjustment to work*. New York: Appleton-Century-Crofts.

Mitchell, T. R., & Wood, R. E.　1980　Supervisor's responses to subordinate poor performance: A test of an attributional model. *Organizational Behavior and Human Performance*, **25**, 123-138.

二村英幸　1998　人事アセスメントの科学　産能大学出版部

Robbins, A. P.　1997　*Essentials of organizational behavior* (5th ed.) New York: Prentice-Hall.（高木晴夫監訳　1997　組織行動のマネジメント　ダイヤモンド社）

Spearman, C.　1904　"General intelligence" objectively determined and measured. *American Journal of Psychology*, **15**, 201-292.

Super, D. E.　1953　A theory of vocational development. *American Psychologist*, **8**, 185-190.

Super, D. E.　1957　*The psychology of careers*. New York: Harper.（日本職業指導学会訳　1960　職業生活の心理学　誠信書房）

Thurstone, L. L.　1988　Primary mental abilities. *Psychometric Monograph*, **1**.

Weiner, B.　1974　*Achievement motivation and attribution theory*. Morristown, NJ: General Learning Press.

第3章

組織成員の動機づけ
―3次元モティベーション理論―

　モティベーション（あるいは動機づけ）とは何か。別の問いかけをしてみよう。自分はどれほどの情熱家といえるか。気持ちはどこを向いているのか，何にやる気を感じているか。どれほど根気よく努力を続けられるか。これらの質問は，さまざまな面でわれわれのモティベーションを取り上げるものである。モティベーションの語源は,「動かすこと」を意味するラテン語 *mobere*（モベーレ）である。いわゆる「やる気」や「情熱」「努力」「根気」などの言葉でとらえようとしているものであり，スポーツや格闘技などでは,「闘争心」という言葉も使われている。この概念を定義するとすれば,「個人の内部もしくは外部から派生し，特定の行動の強度，方向，持続性を規定する活動力」ということができる（Pinder, 1984）。

　現代におけるモティベーションの概念は，定義にも明らかなように，①エネルギー強度，②方向性，③持続性の3次元からとらえるのがよい（Campbell *et al.*, 1970；Franken, 2002；Kanfer, 1991；Nicholson, 1998）。その3次元の中

表3-1　モティベーションの3次元

①強度（エネルギー強度）
・行動へと突き動かしていく内なる力がどれほど強いか
・喚起される動機がどの程度の強度をもつか
・「ハングリー精神」「メンタルの強さ」
②方向性
・どの方向に力を集中させていくか
・「集中力」
③持続性
・行動の源となる力をどれほど持続してもち続けられるのか
・「根気」「持久力」

身を整理したのが表3-1である。モティベーションは研究や学説も多く，多様な議論が展開されているので，その内容をきちんと理解するためには，何らかの枠組みがいる。本章では，この3次元を手がかりとして，モティベーションについての理解を深めていきたいと思う。

第1節　モティベーションの強度

　第1のモティベーションの強度（あるいはエネルギー強度）とは，われわれをある行動へと突き動かしていく内なる力がどれほど強いか，喚起される動機がどの程度の強度をもつかを示す。要するに，動機の強さである。スポーツでは，「ハングリー精神」や「（勝ちたいという）気持ち」「メンタルの強さ」が大切だとよくいわれるが，第1の次元はそれに近い。しかしながら，動機の強さと一言でいっても，実際に強度を測定しにくいので，心理学の伝統では，2つのモティベーション——接近動機と回避動機——を区別し，動機の強度を理解しようとしてきた（Higgins, 1997）。

　前者の接近動機（approach motivation）は，何らかの対象を欲し，必要とするがためにそれに接近しようとする現象を意味する。後者の回避動機（avoidant motivation）は，何らかの対象を嫌悪し，忌避しようとする現象を意味する。過度の単純化の批判を恐れずにいえば，われわれの気持ちや行動が，前進と後進のどちらにどの程度向いているかである。

　接近と回避の2つのモティベーションは，感情と密接に結びついている。すなわち，われわれは喜びや楽しみ，希望，愛情といった肯定的感情（positive affect）を体験する事象に対しては接近しようとし，悲しみや恐れ，不安，怒り，ストレスといった否定的感情（negative affect）を体験する事象に対しては回避しようとする。とくに，恐れや不安という否定的感情は，差し迫った脅威を感じたときに起こる内的反応であり，人間が生物として生存を求めるときにきわめて重要な働きをなす本能的反応である（LeDoux, 1996）。たとえば，われわれがヘビを見てぞっとする嫌悪感や，高い所に登って感じる恐怖心などを考えてほしい。これらの対象や事象は，われわれの生命を奪ってしまう可能

性があるので,「ヘビは怖いもの」とか「高い所に登ったら危ない」などと親や学校から教わらなくても（学習しなくても），生得的に否定的感情を感じることが多い。反対に，学習を通じて，嫌悪感や恐怖心を克服できるようになるのである。感情は，いうなれば，太古の昔から人類の生存に適するように組み込まれた「遺伝子の声」であり（Buck, 1999），環境への適応や生命の維持に欠かせない反応なのである。また，近年の大脳生理学の研究成果から，これらの感情が架空の抽象概念ではなく，脳内の生理的・電気的反応として実際に観察される事象であることがわかっている（Zuckerman, 1994）。

　接近動機・回避動機のうち，強度がより大きいのは回避動機のほうである。回避動機の原因となる対象が眼前に現れた場合には，不安になるとか落ち着かないという軽度の反応だけではなく，その対象が意識から離れず何事も手につかなくなったり，現場から逃避するというような，より切迫した忌避反応さえ起こる。たとえば，ムカデがとても嫌いな人がムカデを見てしまうと，その途端に悲鳴を上げたり，立ちすくんだり，逃げ出してしまうなどということが起こる。それほど回避動機は強力だ。また，回避動機の原因がはっきりしない場合もあるため，対処がむずかしくなる。たとえば，華やかなパーティに出席して不安になったり，尊敬する口やかましい上司に小言をいわれて不安を感じたりすると，本人がその理由をはっきりと意識できないで，なんとなく引っ込み思案になったり，当惑してすくんでしまったりする。さらに，多くの経験を積んで守るべきものが出てきたり，維持したい立場や変えたくない自分のやり方などがあると，若いときには怖いもの知らずでできていたことでも，臆病になり躊躇する気持ちが働いたりもする。

　一方，接近動機に関していえば，人間は環境に十分に適応できるだけの能力を発達させて生まれてくるわけではないため，その能力を発達させようとする動機が備わっていると考えられている（Dember & Earl, 1957 ; White, 1959）。われわれ人間は，生後1年ほどの間，親の世話がなければ生きられないほど無力な存在である。そして（親を含めた）外環境にうまく働きかけ，適応していくために，環境からの情報を処理し，外界に適切に対処・反応するスキルを獲得しなければならない。しかし，外環境は個人にとって脅威であって，たえず緊張をもたらすため，その緊張を克服して新たな探索を行なったり，外界に好

奇心をもって接することが，本人にとって喜びとなるような経験を積んでいかなければならない。

接近動機も回避動機も，われわれが環境に適応するための試みである。現代のモティベーション理論では，その適応的行動の起源として，環境を自分で統御し支配したいと思う支配志向動機（mastery-oriented motivation）と，環境に適応して生存を願う自我志向動機（ego-oriented motivation）の2つを想定している（Nicholls, 1984 ; White, 1959）。この2つが，接近動機と回避動機と密接に関連していることは言を待たない。さらに，接近動機と回避動機のもち方には個人差がある。遺伝の働きが作用していると考えれば当然だが，学習による作用も大きい。たとえば，成長の過程で何らかの脅威や不安にさらされ続けていると，人は身の安全に結びつくごく限られたことしか学習しない自我志向性をもつ。一方で，安全で支援的な環境（親の暖かい愛情）のもとで健全な発達をすると，好奇心を満たそうと新奇性を求めて外界を探索し，環境に積極的に働きかけていく支配志向性を獲得できるようになる。要するに，学習と発達の過程で，安全な環境と劣悪な環境の影響を受け，それへの対処の仕方を自然に身につけていく学習の働きも大きく作用しているのである。

第2節　欲求系モティベーション理論

　モティベーションの強度を検討しようとする学説を展望していこう。これは，欲求という構成概念を中心にすえた理論群である。欲求はモティベーションのもっとも基礎的な要素であると考えられてきた。すなわち，人間は常に個体内に生まれる何らかの欲求を満たそうと外界に働きかけるものであり，それを実現するために生まれる活力がモティベーションであると考えられたのである。そのため，モティベーションの実態もしくは内容として，さまざまな欲求が取り上げられてきた。しかし，欲求理論が特定している欲求には，単に前進・後進の動力が強いというのではなく，さまざまな方向性を既に内包させているので，強度と方向性を切り分けて理解するのを困難にさせている。以下では，代表的な欲求理論を展望する。

（1）欲求理論（need theory）

われわれが保持するであろう欲求として，マレー（Murray, 1938）は，屈従欲求，達成欲求，親和欲求，攻撃欲求，自律欲求，中和欲求，防衛欲求，恭順欲求，支配欲求，顕示欲求，傷害回避欲求，屈辱回避欲求，養護欲求，秩序欲求，遊戯欲求，拒絶欲求，感性欲求，性欲求，求護欲求，理解欲求の20もの欲求を先験的に見出している。マレーによれば，人間はこれらの欲求のうちで，特定の行動を動機づけるものを，状況に応じて顕在化させる。言い換えれば，特定の欲求を満足させることのできる環境のもとでは，その欲求を満足させる行動をとるが，環境からの刺激がない場合には，欲求は潜在化されたままで，行動にはつながらないのである。

（2）欲求階層理論（need hierarchy theory）

欲求の観点からモティベーションをとらえる理論として，おそらくもっとも有名なのが欲求階層理論（Maslow, 1954）である。マズローはこの理論の中で，人間がもつ5つの基本的欲求を仮定した。すなわち，①生理的欲求：食物，水，空気，温度，休養，性的欲求など，生理的体系としての自己を維持しようとする欲求，②安全欲求：健康の維持，危険回避，住居の確保，安定した仕事など，安全な状況を希求したり，不確実な状況を回避しようとする欲求，③所属・愛情欲求：集団への所属を希求したり，友情や愛情を希求する欲求，④尊厳欲求：他人からの尊敬や承認を得たり，名誉ある地位を求める欲求，⑤自己実現欲求：自己の成長や発展の機会を求めたり，自己独自の能力の発揮および潜在能力の実現を希求する欲求である。

そして，欲求間に以下の関係性を仮定した。すなわち，①人間は本性として欲求満足を求めるが，欲求は一度に1つだけが優勢となり満足化されること（単一欲求満足化），②満足化行動が最低次欲求から最高次欲求へと，逐次的・段階的に移行すること（階層性の仮定），③低次欲求が満足されるとその欲求の重要性は低下し，1段階上位の欲求の重要性が増加し，その欲求の満足化行動が生じること（満足進歩の仮定），④自己実現欲求だけは，それが満足されても重要性は減少せずに，逆に増加すること（自己実現欲求の特殊性）である。これらが欲求階層理論の独自性を形作ったといえる。

(3) ERG理論 (ERG theory)

　ERG理論 (Alderfer, 1972) では，マズローの欲求階層理論を修正・拡張し，以下の3つの基本的欲求を仮定する。すなわち，①生存欲求 (existence)：生きるために必要なさまざまな生理的欲求と安全欲求，②関係欲求 (relatedness)：対人的な面での安全や他者からの尊敬などを希求する適切かつ有意義な人間関係を保とうとする欲求，③成長欲求 (growth)：自己を発展・成長させるとともに自己を取り巻く環境に対して創造的に働きかけようとする欲求である。さらに，欲求階層理論と同様，この3欲求の間に階層構造を仮定している。

(4) X理論-Y理論 (theory X and theory Y)

　人間がもつ本性を相異なる2つの理論として対比させたのが，マグレガー (McGregor, 1960) によるX理論-Y理論である。X理論では，人間は生来働くことを好まず，責任を回避したがり，大志をもたず，何よりも安全を希求するものであり，したがって，組織目標の達成のためには，命令や強制を行ない，また処罰の脅威を与えなければならないと考える。人間がその本性として低次欲求に依拠しており，働くことに動機づけられることはないとする悲観的人間観がX理論に示されている。反対にY理論では，仕事で心身を使うのは人間の本性であり，尊敬や自己実現といった報酬が与えられる場合には，組織目標達成のために献身し，自己統制を行ない，積極的に責任をとり，創意工夫を行なうと考える。人間が高次欲求に動機づけられ，仕事を通じた自己実現や尊敬を本来求めるものであるとする楽観的人間観をY理論は示している。

　これらの欲求間の相互の関係については，欲求に階層性を仮定する理論からの示唆を受け，生命の維持と生存に関わる低次の欲求と，人間の社会性と成長に働きかける高次欲求に分けて考えられることがある。この2元論による科学的倹約性を受け入れれば，生存に関わる低次欲求と成長に関わる高次欲求の両者が，先に挙げた回避・接近の両者のモティベーションとおおよそ対応していることは納得がいくだろう (Franken, 2002)。この2系統のモティベーションの間では，X理論，屈辱回避欲求，安全欲求，生存欲求などの回避モティベー

ションのほうがベーシックであり，Y理論，自己実現欲求，尊厳欲求，成長欲求などに代表される接近モティベーションに優先する。言い換えれば，回避の動機は接近の動機を，ときとして凌駕するのである。

　職業場面では，これまで，自己実現欲求を究極にすえた，外界に積極的に関わろうとする接近モティベーションばかりに焦点を当ててきた。人間能力を最大限に開発・発揮することを目指した前向きの，美しい世界だけに目を向けてきた。そして，恐れや不安を避けたい，退きたいという後向きの動機を臨床心理に押しつけ，半ば無視してきた。しかし，心的エネルギーの観点で考えれば，接近モティベーションと回避モティベーションは一蓮托生，コインの表裏の関係であり，切り離して考えることができないのである。当初はその活動に強い魅力とやる気を感じ，のめり込んでいったのに，失敗や挫折などの何らかの契機によって，逃げたい，避けたいという強い回避の感情が芽生え，回避の欲求に任せていざ活動から遠ざかってみると，また活動を続けたいという意欲が湧いてくる。そういった，接近と回避の波がある。モチベーションにはアップダウンがある。やりたいけど止めたい，避けたいのに気になるといった複雑（コンプレックス）な心の動きが通常だ。そして，接近と回避では，回避モティベーションのほうが強力であるということを考えれば，この動機をうまく制御できることがより大切である。周りの動きに動じずに，自己を見つめ，気持ちをコントロールできることが肝心である。進むにしても退くにしても，それがきちんと自己コントロールできること，これがモティベーション・マネジメントの基本だろう。

第3節　モティベーションの方向性

　第2のモティベーションの方向性とは，どの方向にわれわれの力を集中させていくかを示すものである。スポーツでいえば「集中力」にあたる。方向性が定まらなければ，いかに活力に満ちていたとしても，力が拡散してしまう。たくさんの可能性や選択肢の中から1つ，もしくは少数に焦点を当てていくことが，適応的行動のためには必要となる。

欲求理論では，欲求が行動を方向づけるとする。ある欲求が喚起されれば，ほぼ自動的にその方向に動かされると考えられている。しかし，方向性に関して，この欲求ベースのモティベーションの考え方は妥当ではない。たとえば，生存欲求に関しても，われわれは自己の生命を守りたい，死ぬのは怖いと思う一方で，精神的興奮だけを求めて生命を投げ打つほどの大きな賭けやリスクを負うこともあるし，自己の尊厳のために自死を選ぶ人もいる。したがって，現代のモティベーション理論では，欲求に決定論的位置づけを与えるのは適当ではなく，特定の行動に力を与え，方向を示唆する傾向性（disposition）としてとらえるのがよい。逆にいえば，モティベーションの方向性には，遺伝的傾向が強い欲求よりは，ものの考え方（認知の働き）が大きく影響していると考えるのがよいのである。

　認知の働きに関していえば，われわれが形成する心的表象（惹起されたイメージ）が行動を方向づける中心的役割を担っている。頭で考えたこと，描いたイメージが，行動の方向を決めるということだ。スポーツにおいて，イメージングやメンタル・リハーサル（自分が活躍しているシーンをイメージとして何度も繰り返し思い浮かべること）の重要性が指摘されているが，その働きに近い。

　とくにワーク・モティベーションに関連して重要となる心的表象としては，期待（期待理論：Vroom, 1964）や公平性（衡平理論：Adams, 1963）が挙げられるだろう。第1の期待とは，ある行動の結果に対する価値判断であり，過去の経験を通じて形成されるものである。行動に伴って望ましい結果がもたらされる経験を多くすれば，期待が膨らむ。その結果に対し価値（魅力度）を付与する。人々は自分がとり得る行動レパートリーの中から，それぞれの期待と価値を同時に判断し，行動を選択するのである。認知の働きということだから，直感とか第六感の働きではない。われわれが合理的に判断を行ない，合理的に意思決定するメカニズムについて焦点を合わせている。

　もう1つの心的表象である公平性とは，自分が果たした貢献に報酬が見合っているか，他者と比べて釣り合いがとれているかに関わる正当性・公平感である。自分の得た果報と比較対象となる他者の果報が釣り合っていれば公平であると感じ，心理的安寧がもたらされる。それがゆえに，強い気持ちの揺れや応

報のための動機をもたらすことはない。逆にいえば，現状に満足してしまうと進歩はないということかもしれない。他方，自分の果報と他者の果報が食い違っている場合には，不公平感を抱く。ずるをされたり不利を被ったりしたときに感じる不正義に対する憤りや怒りの感情に近い心理的緊張が，認知的不協和をもたらすがゆえに，この緊張を低減させようと強い動機が働くのである。

　一方，心的表象とは別に，目標が行動の方向性を決めると考えることもできる。目標設定理論（Locke, 1968）では，目標がわれわれの注意を喚起し，努力を集中させ，努力の継続を促し，目標達成のための戦略を形成すると考える。目標がわれわれを動機づけ，妥当な行動や戦略に集中させるというわけだ。そもそも目標とは，行為が向かう最終的対象や目当てと定義されるものであり，方向性の観念を内包している。したがって，目標がモティベーションの方向性を規定すると考えることは自然なことなのである。

第4節　認知系モティベーション理論

　モティベーションの方向性を検討しようとする学説は，認知の働きを中心にすえた理論群である。以下では，代表的な認知系モティベーション理論を展望する。

（1）期待理論（expectancy theory）
　期待理論（あるいはVIE理論：Vroom, 1964）では，われわれが抱く期待，手段性，誘意性という3つの主観的判断が心理的に作用して動機づけられると考える。この理論が特徴的であるのは，個人が利益を最大化するために合理的計算に基づいて主観的判断を行なうという合理性を仮定している点である。その結果，さまざまな行動選択肢の中から，個人がどのようにして特定の行動を選択するかを説明できる。期待理論では，ある特定の行動を行なおうとする心理的活力（force: F）の水準は，①期待（expectancy: E）：努力によって成果が得られるという本人の主観的確率，②手段性（instrumentality: I）：達成した成果が，さまざまな報酬・結果に結びつくと感じる本人の主観的確率，③誘意性

(valence: V)：本人にとっての結果の魅力度という3つの要素の積で規定できると考え，次式で示される。

$$F=E\sum_{i=1}^{n} I_i V_i$$

ただし，実際の意思決定は，理論どおりにはいかないかもしれない。たとえば，羽生善治棋士によれば，将棋における意思決定では，すべての選択肢（候補手）をやみくもに検討するのではなく，直感や勘に頼って候補となる選択肢を3つ程度に絞り込み，絞られた選択肢の結果を精査する（手を読む）という。選択にあたっては，候補手間にはっきりとした優劣がつかず，確信をもてないまま判断することも少なくない（羽生, 2005）。論理的思考ゲームと思われている将棋であっても，意思決定で合理性が制限されており，感性の働きが左右するというのは驚きである。

（2）衡平理論（equity theory）

衡平理論（Adams, 1963）では，自分の置かれた状況と他者の同様の状況とを比べ，衡平であるかどうか（釣り合いがとれているか）という認識から派生する主観的公平感・不公平感が，動機づけの基礎となると考える。ここでは，組織に対する自己のインプット（職務成果・努力・年齢・勤続年数・学歴・経験などの自分の貢献度：I_S）と，対価として得る自己のアウトカム（給与・ボーナス・昇進・満足感などの報酬：O_S）の比率と，他者のインプット（I_O）とアウトカム（O_O）の比率を比較する。

$$\frac{O_S}{I_S} = \frac{O_o}{I_o}$$

上の等式のように，この2つの比率が均衡している場合には，個人は自分の置かれた状況を公平であると感じ，現状を維持しようと動機づけられる。すなわち，公平感は現状維持のモティベーションを生むのである。一方，自己の比率が他者の比率より高い場合には，不当に高く評価されていると感じ，罪悪感

を抱く。反対に，自己の比率が他者の比率より低い場合，不当に低く評価されていると感じて不公平感を抱き，状況を改革しようと動機づけられる。

（3）目標設定理論（goal setting theory）

目標設定理論（Locke, 1968）では，合目的的行動に着眼し，意識的かつ適切な目標の設定が個人を動機づけると考える。この理論によれば，以下の4つの要素が職務成果に影響を及ぼす。すなわち，①目標の困難性：困難で挑戦的な目標は高い成果を生むこと，②目標の具体性：数値目標や期間などを示した具体的な目標は，「最善をつくせ」というような漠然とした目標より高い成果を生むこと，③目標の受容：目標は個人が主体的に設定するか，少なくとも個人によって受け入れられる必要があること，④フィードバック：目標達成の過程で成果の水準が適宜フィードバックされる必要があることである。

期待理論にせよ衡平理論にせよ，想定しているのが，期待や公平性といったわれわれが頭で考えるイメージ（心的表象）であり，それが方向性を左右する重要な要素なのである。方向性を問題にするとすれば，行動の舵取りにあたって，見取り図や地図・海図のようなものが要り，それを見ながら知的に判断することが必要となる。その認知的判断基準となるのが，期待や公平といった観念なのである。

第5節　モティベーションの持続性

第3のモティベーションの持続性とは，行動の源となる力をどれほど持続してもち続けられるのかを示すものである。スポーツでいえば「根気」や「持久力」のようなものだろう。モティベーションの3次元の中で，持続性は，実はもっとも大切な要素かもしれない。というのは，行動の持続性・継続性は，人生におけるさまざまな成功の主要な決定因だからである（Seligman, 1990）。たとえば，学業的到達度を見ても，知能が高いことよりも，地道にコツコツと努力することのほうが，学業成績に及ぼす影響が大きいことは知られている。「継

続は力」なのである。

　モティベーションの持続に大きな影響を与えるのが、報酬（reward）の役割である。伝統的学習理論では、喜びや満足をもたらす行動をわれわれは繰り返そうとし（正の強化：positive reinforcement）、それはやがて習慣化する。だから行動が持続する。反対に、嫌悪や不快をもたらす行動は回避され、継続されることはない（罰：punishment）。また、行動を習慣化するためには、そのたびごとにたえず報酬を与えるのではなく、不定期に報酬が与えられることのほうが、効果が大きいこともわかっている。つねに小さい喜びが与えられても飽きてしまうが、賭け事のように、たまに大きな報酬が与えられると（部分強化：partial reinforcement）ハマリやすいのだ。反対に、いつまでも報酬を与えないで放っておくと、習慣化した行動パターンでさえ失われてくる（消去：extinction）。せっかく習慣化した行動も、無視してそのまま放っておくと失われてしまう。要するに、経験のプロセスでときどきに与えられる報酬が、持続性に大きな役割を果たしているといえそうである。

　報酬を考えていくときには、金銭による経済的報酬、名誉や賞賛、謝意など、人と人との接触から生じる社会的報酬、成長や自己充足に関わる内発的報酬を分けて考えることがある。金銭的報酬が努力に対して及ぼす効果を端的にモデル化しているのが、経済的モティベーション理論（インセンティブ理論）である。心理学をベースにしたモティベーション理論には、お金のもたらす動機づけ効果についての考察は多くないが、お金の影響は無視できない。だからこそ、学際的アプローチをとり、経済学理論を視野に入れておく必要がある。

　また、欲求階層理論や ERG 理論などに端的に見られるように、対人接触や人間関係から、謝意、友愛、親和、承認、尊敬、名誉といった大きな報酬を、われわれは得ている。このような社会性を帯びた褒賞は、ごく身近な人間関係から与えられることが多いので、喜びの程度が強い。たとえば、医者や看護師が患者からたいへん感謝されたり、営業スタッフが顧客の役に立ち喜んでもらえたりすると、それまでの苦労がすべて吹っ飛び、これからもまた続けようという気持ちになるものだ。

　他方、内発的報酬としては、達成感や自己成長感、有能感（コンピテンシー）などを考えることができる。モティベーションの持続性に関してもっとも興味

深い事象は,明白な外的報酬がないにもかかわらず,行動が継続するという現象をどう説明するかである。初期の考え方では,思ったような結果が得られないとき,あるいは目標が達成されたにもかかわらず報酬が得られないときに感じるフラストレーションが,行動反復を誘導するとされた (Amsel, 1962)。フラストレーションというと仰々しいが,要するに「悔しさ」や「無念」に近い感情である。行動の結果に伴って感じる悔しさは,次によい結果が得られること,将来に大きな報酬が得られることを期待させ,行為者をその行動に固執させる。子どもが碁や将棋などの勝負事やスポーツにのめり込むのは,勝つ喜びだけでなく,負ける悔しさがあってこそである。

一方,内発的動機づけ理論 (Deci, 1975) は,明白な経済的・社会的報酬がない場合であっても,活動自体によって動機づけられることを,実験結果から実証した。動機の源泉となるのは,自己の有能感を発揮させたという感覚であったり,その行動を通して成長したという感覚である。これは内からこみ上げてくるような喜びや充実感であり,悔しさのような否定的感情ではない。また,知的活動の充実感でいえば,偶然の発見 (serendipity) や思いつきから「わかった」という喜びを感じること,「目から鱗が落ちる」経験をすることが挙げられるかもしれない。これらの体験は内発的な報酬であるがために,これを介して起こる行動は,長く持続する傾向がある。

第6節 報酬系モティベーション理論

モティベーションの持続性を検討しようとする学説は,報酬の働きを中心にすえているといえる。以下では,経済学的モティベーション理論と内発的動機づけ理論を展望し,外的報酬と内的報酬の役割について見ていく。

(1) 経済的インセンティブ理論 (economic incentive theories)

外的報酬でもっとも強力なのは,経済的報酬だろう。経済学の文脈では,もっぱらお金が人を動かす経済的インセンティブについて論じられており,経済的報酬が及ぼすモティベーション効果について,4つの特長を整理すること

ができる。

　第1に，個人が欲求をもっており，それがモティベーションの原点であることは心理学理論と同じだが，欲求が効用関数という経済的関数で示される。第2に，人間が効用の最大化に対してきわめて合理的に行動すると考えている。また，効用最大化という私利の追求のためには，各人は欺瞞的・機会主義的行動も全くいとわないと考えている。第3に，私利私欲に走りがちな個人の行動を方向づけるためには，正確なモニタリングによって，行動をつねに監視する必要がある。個人には道徳心が欠落している（モラルハザードが起こる）ために，行動をモニターできなければ全く規制が働かず，従業員がズルや怠慢を行なったり，不完全なコミットメントによって契約がうまく履行されなくなることがある。そして第4に，経済的モチベーションの根幹に関わる部分であるが，そもそも個人をつねに監視し続けることはできないので，代わりに，魅力のある金銭的インセンティブを与え，よくない行動に走る意欲を抑えていくことが必要だとする。

　この理論の代表としては，たとえば，他の企業より高い賃金を支払えば，仕事をサボらずまじめに働くよう動機づけられるという「効率性賃金理論」（Shapiro & Stiglitz, 1984）や，企業における昇進レースにおいて，勝者と第2位との間に大きな報酬の格差をつければ，レースに勝ちたいために従業員が必死に努力するメカニズムを説明する「トーナメント理論」（Lazear & Rosen, 1981）などを挙げることができる。

（2）内発的動機づけ理論（intrinsic motivation theory）

　内発的動機づけとは，何らかの物質的・経済的報酬や対人的・社会的報酬を得るためではなく，趣味や遊びなどのように，活動それ自身が動機づけの源泉となる場合を指す（Deci, 1975）。このモティベーションは，個人が自己の有能感（コンピテンシー）と自己責任の感覚を求めていこうとする場合に，個人の内部に強く発生すると考えられる。

　モティベーションの概念は，意志（will, or volition）と区別する必要がある。意志とは，物事を成し遂げようとする精神の働きであり，「意欲」や「志」と

して高く位置づけられている。そして，意志の力を強調することよって，自己の運命を切り開き，不可能を可能にするような精神論が展開されることもある。他方，モティベーションは行動のための生理的・学習的・認知的過程であり，遺伝や学習，思考の影響を考慮する科学的知見に基づいている。モティベーションには，それを形成するための学習能力や思考力には限界があるため，意志に付与されるような万能感はない。たとえば，練習と努力によって，人はある程度は長く走れたり，速く泳げたりするようになる。が，天賦の身体能力がゆえに，なりたいと思っても誰もがオリンピックに出場するマラソン選手や水泳選手になれるわけではない。その意味では，人間の有限性に基づいてやる気を考えていくモティベーションの理論は現実的である。

　モティベーションの持続性・継続性を問題にすると，ときとして，意志の働きが顔をもたげてくる。挫折しないで最後までやり抜くことを求めようとした場合，「精神一到何事か成らざらん」というように，意志の力が強調される傾向がある。ところが実際には，継続や持続を実践していく過程では，辛いことに耐え，困難にもめげない根性ではなく，喜びや充実感を折にふれて感じることが鍵になっている。いわゆる，報酬を通じた学習のメカニズムがより有効なのである。

　ただし，報酬だけが継続を促すわけではないこともわれわれは知っている。たとえば，目標とは呼べないほどの大きな夢とロマンがわれわれを動かす。経験的に実証されたわけではないが，夢が与えるモティベーションの効果が，「夢理論」（金井・髙橋，2004）としてまとめられている。また，自己を超えたより大きな存在に対して献身する「使命感」によって，努力が持続することも知っている。このような心的プロセスについては，科学的探究が進んでいるとはいえない。しかし，日常では，半ば常識的に夢や使命感がやる気をもたらすと信じられているし，たとえばNHK『プロジェクトX』や『プロフェッショナル』で語られた偉業や感動秘話を見れば，夢や使命感が及ぼすモティベーション効果が無視できないものであることもわかるだろう。

第7節　おわりに

　モティベーションについての理論は百家争鳴であるが，①強度，②方向性，③持続性の3次元でとらえなおしていくと，理解はずっと深まるだろう。人生は航海にたとえられる。ときには嵐にあい，ときには動きのとれない凪が訪れながら，自分のもてる知恵と力と勇気を総動員して，乗り切っていこうとする。最後にまとめとして，人生という長い航海を託す船を思い描いて，モティベーションを考え直してみよう。

　第1に，船の推進力を決めていくのは内燃機関（エンジン）であるが，これを十分にコントロールできる能力がまず必要である。エンジンにはさまざまな方式（蒸気機関やディーゼル機関，原子力など）があり，出力（馬力）が異なるが，いずれであっても前後に推進する。要はエンジンを発動させ，うまく制御し，前進と後進のどちらにどの程度の動力を伝達するかを，意識的にコントロールすることが大切なのだ。われわれはいつも前向きではない。接近モティベーションと回避モティベーションの相対的強さでいえば，リスク回避の後向きの気持ちが常態であるかもしれない。それを上手にセルフ・コントロールして，いくらかでも前向きにとらえられればよしとすべきだろう。

　第2に，船の方向性を決める舵取りについては，たくさんの可能な航路の中から1つを選んでいく，選択と集中に関わる認知的メカニズムである。そのためには，操作する舵の向きだけでなく，航路全体を見渡すための海図と，現在位置をとらえるGPS（全地球測位システム）の役割を合わせて考えることが大切である。操舵は，状況認識と意思決定のプロセスなのだ。ただし，人生における活動では，大航海時代のように，大まかな海図と羅針盤による不正確な測位に頼ったあいまいな意思決定を迫られることも多い。だから，行く先もわからず途方にくれ，潮に流され大海原で漂流するようなことがないよう，ことあるごとに集中して方向を決めていくことが必要なのである。

　第3に，長い航海を成し遂げる持続性については，航海の途中でときどきに寄港し食料と燃料を補給するように，中間地点でたびたび喜びを感じ，緊張をほぐし，気力をもちなおす経験が大切である。集中すれば物事が一気に解決す

るということは起こりにくい。気張ってみても，普段以上の力が発揮できることはそう多くはないし，高い成果は日々の積み上げで達成されることが多いので，長い目で地道にやっていくのがよい。地道な活動は，精神的高揚の少ない，しかし苦痛や辛抱も少ない地味で平坦な経験の連続である。それを継続するためには，日々の活動から得られる小さな報酬や充実感を感じることが大切である。また，対人関係から得られる喜びが役に立つかもしれない。それはたとえば，仕事が終わって飲む一杯のビールかもしれないし，「ありがとう」という誰かの一言なのかもしれない。

　最後に一言付け加えれば，現代の組織やチームにあっては，モティベーションを自己管理することがなにより大切だ。モティベーションは多くの要素が相互に作用する複雑なプロセスであるから，単純には割り切れないかもしれないが，ただし，そこに３つの次元があることを理解すれば，自己の情熱や努力，根気などをよりよくセルフ・マネジメントできるようになるだろう。すなわち，①気持ちの強さと向きを自分自身で意識的にコントロールでき，②静かな環境の下で集中力を高め，③日々の喜びを感じて努力を継続していくことが，モティベーション・マネジメントの要諦なのである。簡単ではないかもしれないが，それができれば，モティベーションを鍛える手段を手に入れることができるのだ。

まとめ

- モティベーション（動機づけ）とは，いわゆる「やる気」「情熱」「努力」「根気」などを指す心理的概念である。
- モティベーションにはいろいろな考え方と理論があるが，①エネルギーの強度，②方向性，③持続性の３つの次元で考えるのがよい。
- エネルギーの強度については，行動へと突き動かしていく内なる力がどれほど強いかを指しており，接近と回避に向かう強さを示している。
- 動機の強さを知るためには，欲求系モティベーション理論の助けを借りる必要がある。
- モティベーションの方向性とは，どの方向に力を集中させていくかを指している。

・方向性には，ものの見方（認知の働き）が影響しているため，認知系モティベーション理論を理解することが必要である。
・モティベーションの持続性は，行動の源となる力をどれほど持続してもち続けられるのかを指している。
・モティベーションの持続には，報酬が大切な役割を担っているため，報酬系モティベーション理論を知ることが大切である。

演習課題

1. 仕事や勉強，スポーツなどでモチベーションが上がったときのことを思い浮かべて，そのとき，なぜモチベーションが高揚したのかについて，自分ならではの考えをまとめてみよう。
2. やる気が出ずおっくうになっている後輩にたいして，どうすればやる気が引き出されるのかについて，アドバイスする必要がでてきた。やる気を出すコツを，子どもでもわかるようにかみ砕いて説明してみよう。

トピックス　集中するということ

集中力はモティベーションのひとつの次元を表している。それでは，真に集中するということはどういうことか。羽生善治棋士は，「深く集中するときは，スキンダイビングでゆっくりと，水圧に体を慣らしながら，海に深く潜っていく感覚と似ている」と形容している（羽生，2005）。深い集中域に達するためには，ゆっくりと決まった手続き（ルーチン）を守って集中力をだんだんと高めていかなければならないようだ。集中は，血がたぎり肉体が躍り，浮き立つようなお祭り騒ぎとは対極をなす。だから，集中できる（主観的に）静寂な環境と，集中に至るルーチン・プロセスを大切にする必要がある。そして，その深い集中域に達すると，①意識と行為が溶け合い，②注意が1点に集中し，③自己という意識が喪失し，④場を支配している感覚があり，⑤行為が流れ（フロー）のように首尾一貫し，⑥行為自体が目的化するような経験がなされることがある。このような現象を，チクセントミハイ（Csikszentmihalyi, 1990）はフロー体験と呼んだ。集中力の極度に高められた状態は，スポーツでは「ゾーンに入る」といわれる現象であり，あまりに深く集中していて「自分の周りが真っ白になり，外の音は何も聞こえてこなかった（清水宏保選手）」とか，「インが空いてそこが光って見えた（武豊騎手）」，「ボールが止まって見える（川上哲治選手）」というような，特殊な経験をす

ることがある。めったに起こらないが，このきわめて特殊な経験をした喜びは，なににも代え難いという。ただし，フロー状態に至る前に，集中力が切れてしまうこともままある。そのときには，中途半端に意識が乱され，注意が散漫になるためミスが出やすい。緩んだときに落とし穴があるものだ。

　そこで，集中力を維持するために大切なのが，気持ちの切り替えである。認知のあり方を転換することによって，それまでコミットしてきた選択肢を捨て，次の選択肢に集中し直すのである。たとえばタイガー・ウッズ選手は，ショットが狙った所からそれてしまった場合，2秒間だけ怒り悔しがり，すぐに切り替えて次に集中することができる。起こってしまったことを悔いて引きずるのではなく，認知を切り替えるのが，集中を切らさないコツであるようだ。

文　献

Adams, J. S.　1963　Toward an understanding of inequity. *Journal of Abnormal and Social Psychology*, **67**, 422-436.

Alderfer, C. P.　1972　*Existence, relatedness, and growth*. New York: Free Press.

Amsel, A.　1962　Frustrative nonreward in partial reinforcement and discrimination learning: Some recent history and a theoretical extension. *Psychological Review*, **69**, 306-328.

Buck, R.　1999　The biological affects: A typology. *Psychological Review*, **106**, 301-336.

Campbell, J. P., Dunnette, M. D., Lawler, E. E., III., & Weick, K. E., Jr.　1970　*Managerial behavior, performance, and effectiveness*. New York: McGraw-Hill.

Csikszentmihalyi, M.　1990　*Flow: The psychology of optimal experience*. New York: Harper & Row.（今村浩明訳　1996　フロー体験—喜びの現象学　世界思想社）

Deci, E.L.　1975　*Intrinsic motivation*. New York: Plenum.（安藤延男・石田梅男訳　1980　内発的動機づけ　誠信書房）

Dember, W. N., & Earl, R. W.　1957　Analysis of exploratory, manipulatory, and curiosity behaviors. *Psychological Review*, **64**, 91-96.

Franken, R. E.　2002　*Human motivation* (5th ed.) Belmont, CA: Wadsworth.

羽生善治　2005　決断力　角川 one テーマ 21

Higgins, E. T.　1997　Beyond pleasure and pain. *American Psychologist*, **52**, 1280-1300.

金井壽宏・髙橋潔　2004　組織行動の考え方　東洋経済新報社

Kanfer, R.　1991　Motivation theory and industrial and organizational psychology. In: M.D. Dunnette & L. M. Hough (Eds.), *Handbook of industrial and organizational psychology* (2nd ed.), vol.1. Palo Alto, CA: Consulting Psychologists Press. pp.75-170.

Lazear, E., & Rosen, S.　1981　Rank order tournaments as optimal labor contracts. *Journal of Political Economy*, **89**, 841-864.

LeDoux, J.　1996　*The emotional brain: The mysterious underpinning of emotional life*. New York: Simon & Shuster.

Locke, E. A.　1968　Toward a theory of task motivation and incentives. *Organizational Behavior and Human Performance*, **3**, 157-189.

Maslow, A. H.　1954　*Motivation and personality*. New York: Harper & Row.（小口忠彦監訳　1971　人間性の心理学　産業能率大学出版部）

McGregor, D. M.　1960　*The human side of enterprise*. New York: McGraw-Hill.（高橋達男訳　1970　企業の人間的側面　産業能率大学出版部）

Murray, H. A.　1938　*Explorations in personality*. New York: Oxford University Press.

Nicholls, J. G.　1984　Achievement motivation: Conceptions of ability, subjective experience, task choice, and performance. *Psychological Review*, **91**, 328-346.

Nicholson, N.　1998　*Blackwell encyclopedic dictionary of organizational behavior*. Blackwell.

Pinder, C. C.　1984　*Work motivation: Theory, issues, and applications*. Glenview, IL: Scott, Foresman.

Seligman, M. E. P.　1990　*Learned optimism*. New York: Knopf.

Shapiro, C., & Stiglitz, J.　1984　Equilibrium unemployment as a worker discipline device. *American Economic Review*, **74**, 433-444.

Vroom, V. H.　1964　*Work and motivation*. New York: Wiley.（坂下昭宣・榊原清則・小松陽一・城戸康彰訳　1982　仕事とモティベーション　千倉書房）

White, R. W.　1959　Motivation reconsidered: The concept of competence. *Psychological Review*, **66**, 297-333.

Zuckerman, M.　1994　*Behavioral expressions and biosocial bases of sensation seeking*. New York: Cambridge University Press.

第4章
組織コミットメント

第1節　コミットメントという言葉

　コミットメント（commitment）という概念は多義的で，日本語への翻訳が大変難しい言葉である。敢えて翻訳すると，「○○への献身」「○○への傾倒」「○○に対する義務」「○○との約束」などとなる。

　コミットメントは，法律の分野では「投獄・拘留」「犯行」や「支払義務」を意味し，政治の分野では「委託」や「委任」を意味する言葉として用いられている。一方，心理学の分野では一般に「"対象"に対する献身や傾倒・没頭」を意味する。「対象（object）」には，周囲の人びと，従事している職業，所属している集団や組織，などの外的な実体の他，その人がもつ個人的な目標や信条・価値・倫理といった内的な目に見えないものも含まれる。

　さらに詳しく見てゆくと，コミットメントは態度的（attitudinal）なものと行動的（behavioral）なものに分けることができる。態度的なコミットメントとは，対象に対する心理的な状態を意味するもので，愛着（attachment）や同一視（identification），一体感（oneness）を意味する。「○○なくして私は無い」とか「○○と私とは一体だ」といった強い気持ちがその例である。一方，行動的なコミットメントとは，対象に対して一貫した活動や行為をとり続けることを意味する。「○○の催しには全部出席している」とか「生涯一度も転職せず○○会社を勤め上げた」など，対象から離れずに一定の行動をとり続けることを意味する。

　いうまでもないことであるが，人はコミットする対象をいくつももってい

る。たとえば経営組織で働く成人を例にとれば，外的な対象としては，所属する会社，職場，家族，地域コミュニティ，などがあるし，内的な対象としては，人生観やキャリア目標などがある。そしてそれらの対象に対してどのような態度的，行動的コミットメントをするかによって，その人の心理的な状態や行動の傾向が特徴づけられる。つまり，複数の対象に対して，どの程度の強さの，またどのような質のコミットメントを行なうかには，大げさにいえばその人の「生き方」が反映されている。

　また，キャリアの発達段階によって，主たるコミットメントの対象も異なってくる。学業を終えて職業世界に参入したての若者にとっては，初めての職場や仕事は主たるコミットの対象となる。仕事を覚え，先輩や仲間と交流し，職場のルールを守り，要求された仕事をきちんとこなすことは，職場や仕事へのコミットメントに他ならない。結婚をし，子供に恵まれた初期キャリアにある若者にとって，家庭は大きなコミットメントの対象となる。一家を構え，子供を育て上げることに傾倒するからである。中期キャリアに差しかかり，会社の中で責任のある地位を任される時期になると，所属組織へのコミットメントが高まる。会社を背負っているという感覚が生まれ，会社への献身が生まれる。後期キャリアでは，自らが歩んできた人生を振り返り，自らの経験や知恵を伝えるために，後進を育てることにコミットメントする人が多い。

　このように，どの時期に，どのような対象に対して，どんなコミットメントを行なうかは，その人の「生き方」を示す指標となるのである。

第2節　ワーク・コミットメントとその分類

　心理学の分野でコミットメントの概念がもっともよく用いられ，そして，もっとも精力的に研究が行なわれて来た領域は，「働くこと」に関する領域である。その理由は，「働く」という文脈には多くのコミットメントの対象があり，それが個人のキャリア発達と不可分に結びついているからである。ざっと考えただけでも，職業，職務，職場，会社組織，労働組合，経営，職業倫理，働きがい，などがコミットメントの対象として挙げられる。こうした働く

文脈と関連するコミットメントをまとめて，ワーク・コミットメント（work commitment）あるいは仕事関連コミットメント（work-related commitment）と呼んでいる。

　経営組織心理学においてワーク・コミットメントの概念がとりわけ重要である理由は，それが個人や組織の業績，従業員の職務満足，離転職行動や離転職意思と結びついているのではないかという仮説があるからである。職務や職場にコミットしている，すなわち職務遂行のため献身的に働き，職場に一体感をもっている人は，高い業績をあげ，与えられた職務に満足し，会社を辞めたいと思ったり転職をしたりしないであろうという素朴な仮説である。もし，この仮説が正しければ，経営組織は，従業員のワーク・コミットメントを高めるマネジメントをすることで，企業の基本的な目標である「利潤の追求と企業の存続」を達成する一助とできる。

　今日，ワーク・コミットメントは多様な下位概念を含むものとされている。下位概念の中には，コミットメントという言葉を用いていないものがあったり，下位概念どうしが非常に似ていたり，あるいは他の下位概念との対比で用いられるものもある。

　こうした混乱を整理するために行なわれた試みとしては，古くはグールドナー（Gouldner, 1957）による「組織コミットメント（organizational commitment）」と「職業的コミットメント（occupational commitment）」とを区別して論じようという提言がある。彼は，組織コミットメントが高く，職業的コミットメントが低い人をローカルと呼び，逆に職業的コミットメントが高く，組織コミットメントが低い人をコスモポリタンと呼んだ。コスモポリタンとは，自らのアイデンティティを職業人としての自分に求め，キャリアの進展のために組織を渡り歩くことをいとわない人である。つまりどこでも通用する，市場価値のある技術や知識をもち，組織を渡り歩く職人や技術者はコスモポリタンの典型である。一方，特定の組織の中でキャリアを進展させていこうとする人がローカルである。

　もう1つの整理の仕方は，スタグナー（Stagner, 1954）が行なった，人は同時に複数の対象に対して，態度的に，また行動的にコミットしているという二重忠誠（dual allegiance）という主張である。たとえば，会社と労働組合とい

う2つの対象に対して,「労働組合の言い分に共感しているものの,組合の会合には出席しない。労働組合の言い分を聞かない会社の方針には賛成できないものの,毎日休まずに会社に出勤している」といった人は,2つの対象に対して相互に矛盾するコミットメントの仕方をしていることになる。このように,コミットメントをとらえるときには,その複雑な諸相を認識すべきであるというのが彼の主張である。

時代が下って,モロー(Morrow, 1993)はワーク・コミットメントを構成する概念を以下の5つに分類している。すなわち,①職務関与(job involvement),②情動的組織コミットメント(affective organizational commitment),③継続的組織コミットメント(continuous organizational commitment),④キャリア・コミットメント(career commitment),⑤労働倫理観(work ethic endorsement),である。彼女の功績は,それまでに意味上の重複があったり,

表4-1 ワーク・コミットメントの分類と下位次元 (Cooper-Hakim & Viswesvaran, 2005 より作成)

ワーク・コミットメントの主次元	ワーク・コミットメントの下位次元
組織コミットメント	打算的組織コミットメント
	態度的組織コミットメント
	継続的組織コミットメント
	情動的組織コミットメント
	規範的組織コミットメント
職務関与	
キャリア・コミットメント	専門職コミットメント
	職業的コミットメント
	キャリア中心性
	キャリア関与
	専門家気質
	情動的職業コミットメント
	継続的職業コミットメント
	規範的職業コミットメント
労働倫理観	プロテスタント的労働倫理観
	労働倫理
	労働関与
	雇用コミットメント
労働組合コミットメント	労働組合への忠誠心
	労働組合への責任感
	労働組合への献身
	労働組合主義

異同を指摘することが難しかったワーク・コミットメントという概念を，この5つの次元によって整理したことにある。

　モローの仕事の後を受けてクーパー・ハキムとヴィスヴェスヴァラン（Cooper-Hakim & Viswesvaran, 2005）は，これまでに行なわれたワーク・コミットメントに関する研究に関する綿密な文献調査を行なった。その結果，ワーク・コミットメントは，以下の5つの下位概念に分類できることを提唱している。すなわち，①組織コミットメント（organizational commitment），②職務関与（job involvement），③キャリア・コミットメント（career commitment），④労働倫理観（work ethic endorsement），⑤労働組合コミットメント（union commitment），である。彼らは，これら5つの概念の下に，さらに表4-1に示す下位次元があると提唱している。これらの主要な5つの概念のうち，もっとも研究史が長く，豊富な知見が蓄積されているのが「組織コミットメント」である。

第3節　組織コミットメントをどうとらえるか

　先述したように，「働く」という文脈におけるコミットメント，すなわちワーク・コミットメントの中でも組織コミットメントに関しては，これまでとりわけ多くの研究がなされてきた。その理由は，組織とそこで働く個人との関係を描写するときに，「忠誠心」「帰属意識」「一体感」「所属感」などの言葉が日常，頻繁に使われているからと考えられる。「日本人はアメリカ人よりも会社に対する忠誠心が高い」「新入社員が会社との一体感をもつために何をすればよいか」「男性は女性より会社への帰属意識が高い」，などの言葉は日常よく使われており，それらの言葉のすべてが組織コミットメントの一側面を表している。

　では，「忠誠心」「帰属意識」「一体感」「所属感」といった日常用語が正確にはどういうことを意味しているのだろうか。これについては，使っている本人も，またそれを聞いている周囲の人も即座には答えられない。組織コミットメント研究の1つの流れは，こうした日常用語に含まれる意味を，組織コミットメントという言葉の中でいかに定義づけるかを目指してきた。

(1) 組織コミットメントに関する精神分析学的視点

　近代以降，組織コミットメントについて初めて心理学的な考察を行なったのはジグムント・フロイト（Freud, S.）であるといわれている。フロイトは1921年に発表した論文の中で教会と軍隊組織に強いコミットメント（彼は，同一化 identification という用語を使っている）を示す人びとの精神分析を行なった。成人になって教会や軍隊組織に過度なコミットメント（同一化）を行なう人は，彼らが幼児期に経験した原光景を巨大で力強い組織に投影していたり，脆弱な自我を支える手段として社会的に認知された組織である教会や軍隊への同一視を行なっていると述べた。

　フロイトのこの考え方は，ロンドンのタビストック研究所に受け継がれた。タビストック研究所では，第2次世界大戦を挟んでメラニー・クライン（Klein, M.）を創始とする精神分析の一学派である対象関係論に基づき，個人の自我と対象との間に成立する関係性が考察された。それまで対象関係論で扱われてきた「対象（object）」とは主として「人」であったが，タビストックの研究者たちは対象の範囲を「組織」や「集団」に広げ，組織や集団の中で生きる個人がいかに無意識の欲望や不安を対象（組織や職場集団）に投影したり，内面化したりするかについて精査したのである。その成果として，個人の自我と対象（組織や集団）との関係性を表す概念としてウィルフレッド・ビヨン（Bion, W.）が提唱する，闘争／逃避型（組織の内部または外部に敵がいるという想念），依存型（組織のリーダーに守って欲しいという欲求），ペアリング型（組織の救世主がいつか現れるという想念），の3つの関係性が同定された。

　こうした精神分析的な観点からの組織コミットメントに関する考察は，米国の精神分析学的自我心理学へと引き継がれた。エーリッヒ・フロム（Fromm, E.）はその著『自由からの逃走』の中で，人は有り余る自由を享受すると逆に不安を覚え，組織など権威ある対象に服従することで心理的安定を得ると述べている。また，カレン・ホーナイ（Horney, K.）は，女性は組織の中で成功することで自らの女性性を失うのではないかという不安（成功への不安）を感じ，有能な女性であっても組織によって懐柔されるとしている。

　このように，組織コミットメントに関する精神分析学的な考察は，圧倒的な強制力と権威をもつ組織という社会的装置に対し，個人は無力な存在であり，

せいぜい自我機能を意識的，無意識的に用いて適応してゆくしかないという虚無的な見方が基本となっている。

（2）組織コミットメントに関する功利的視点

1960年代になると，精神分析で語られるような非力な個人を強調するのではなく，組織と対等にわたり合う人間に焦点を当てた新しい組織コミットメントのとらえ方が現れた。すなわち，個人と組織とは社会的交換（social exchange）関係にあるというものである。社会的交換とは人間の行動を対象との報酬の交換過程から説明するもので，その過程には費用と報酬が伴い，個人は自分が支払う費用と受け取る報酬，そして自らのもつ社会的資産（名誉や地位など）との均衡を考えて行動するというものである。

社会学者のベッカー（Becker, 1960）は，個人と組織との交換関係をサイド・ベット（side bets）という概念を用いて説明している。サイド・ベットとは，もし個人が今行なっている行動をやめたら重要な何かが剥奪されるという理由によって，今の行動をし続けることを意味する。これを組織コミットメントの文脈に適用すると，「たとえ会社に不満であっても，今の会社を去ったら現在得ている報酬や社会的地位が剥奪され，これまで支払ってきた費用が回収できない。それゆえに今の組織に居続ける」ということになる。つまりサイド・ベットとは，個人が組織に所属する過程で行なってきた時間，努力，資金など費用の投資の累積と考えることができる。個人はこれまで支払った費用（投資）と，現在受け取っている，またこれから受け取るであろう報酬との均衡を考えて，組織と社会的な交換を行なっていると考えるのである。

こうした組織コミットメントのあり方は，その動機が損得勘定を基礎としているため，功利的コミットメントとか打算的コミットメントと呼ばれている。ベッカーのサイド・ベットの考え方に類する功利的コミットメント概念としては，エツィオーニ（Etzioni, 1961）の計算的関与（calculative involvement），カンター（Kanter, 1968）の存続的コミットメント（continuance commitment）がある。両概念ともに，投資に見合うものを組織が与えてくれるかどうかで，個人の組織へのコミットメントが左右されるという視点である。

（3）組織コミットメントに関する情動的視点

　これに対し，心理学者たちは社会的交換の視点からのみ個人と組織との関係を見ることに疑問を呈した。一般に「忠誠心」「帰属意識」「一体感」といった言葉で表される概念を，組織コミットメントという言葉で表現するならば，その言葉のもつ意味を，個人の組織に対する功利的な姿勢や行動の側面だけで語るのは手落ちがあるというのである。これらの素朴な言葉には損得勘定では語れない情緒的な意味が内包されている。この点に注目したのが，情動的視点から組織コミットメントをとらえようという一群の心理学者たちである。

　ポーターら（Porter *et al*., 1974）は組織コミットメントを「組織の目標・規範・価値の受容，組織のために積極的に働きたいという意欲，組織に留まりたいという強い願望によって特徴づけられる情緒的愛着」と定義している。また，マウディー（Mowday *et al*., 1982）は，今日組織コミットメント研究のマイルストーンと目されている本の中で，「特定の組織に対する個人の同一化および関与の相対的な強さ」という定義を与えている。

　このように，情動的視点から見た組織コミットメントには，「同一化」「愛着」「意欲」などの心理学用語が多く使われている。「会社が好き」「会社の役に立ちたい」「会社は私の一部だ」などの感覚は，情動的コミットメントを表しているといえよう。こうした感覚は，先に述べた功利的視点から組織コミットメントをとらえるのと一線を画している。功利的視点では，個人と組織との距離が遠く，打算的な関係性を取り上げているのに対し，情動的視点では，個人と組織との距離が近く，信頼や愛着の関係の深さに焦点を当てている。

（4）態度的コミットメントと行動的コミットメント

　情動的視点と功利的視点からとらえるという考え方はその後，組織コミットメントを「態度的なもの」と「行動的なもの」に分けて考えることへと発展していった（Mowday *et al*., 1982；Salancik, 1977，など）。

　マウディーら（Mowday *et al*., 1982）は以下のように述べている。「態度的コミットメントとは，人びとがその所属する組織との関係をどう考えるかのプロセスに焦点を当てている。すなわち，人びとがもつ，自分の価値や目標が組織の目指す価値や目標とどのくらい一致しているかについての心的な構えであ

る。一方，行動的コミットメントとは，個人が特定の組織にどのようにして取り込まれるかのプロセス，そして取り込まれている事実をどうとらえているかに関することと関連している」。

ここに見られるように，態度的コミットメントは，個人と組織との心理的な関係性に焦点を当て，行動的コミットメントは，人びとが組織と出会い，定着し，残留する行動がいかに生起するかのプロセスに焦点を当てている。そこには，情動的－功利的といった狭い見方ではなく，一段抽象度の高い観点から組織コミットメントをとらえようという方向性が見える。

「忠誠心」という言葉について考えてみよう。忠誠心を態度的コミットメントの視点から見ると，自分の価値や目標が組織の価値や目標と一致し，あたかも組織という存在と自分という存在が同一であるような感覚をもつことである。一方，忠誠心を行動的コミットメントの視点から見ると，自分と組織は一体で，組織がたとえ消滅の危機に陥っても最後まで組織を離れないという行動になぞらえることができる。

ただ，組織に対する「態度」と「行動」は完全に分離して考えることはむずかしい。態度は行動に影響を及ぼし，行動は態度に影響を及ぼしていることはよくあるからである。たとえば，「今の会社が嫌い」であっても，一定の収入が定期的に得られるという理由で「会社に居続ける」人もいるし，「今の会社が好き」であってももっと条件のよい会社から誘いがあれば「転職したい」と思っている人もいる。また，会社に長年居続けることで，会社に対する愛着が湧いてくることもある。

（5）組織コミットメントの3要素モデル

功利的－情動的，態度的－行動的という視点を統合・展開して，組織コミットメントを3つの要素からなると提唱したのがカナダの組織心理学者のマイヤーとアレンである（Meyer & Allen, 1991, 1997）。彼らは過去に発表された研究文献を幅広く渉猟し，組織コミットメントは，①情動的コミットメント（affective commitment），②継続的コミットメント（continuance commitment），③規範的コミットメント（normative commitment）の3つに分類するのが妥当であると提唱した。これを，組織コミットメントの3要素モデ

ル (three-component conceptualization of organizational commitment) と呼ぶ。

情動的コミットメントとは,「組織の一員であることの喜びとともに, 組織との同一化および組織への関与の強さによって特徴づけられる, 個人が組織に対して抱く情動的な親密感」と定義される。継続的コミットメントとは,「個人が組織の中で行なった投資から得られる利益を放棄するコストのために組織に留まり続ける必要性」を意味する。規範的コミットメントとは,「個人が組織に対して抱いている義務感や恩義によって感じる組織との親密感」である (Bergman, 2006)。マイヤーとアレンはこれら3つの要素は, 組織に所属する誰でもが有しており, その程度の強弱によって個人の組織に対するコミットメントの様相が異なるとしている。

より平易にいえば, 情動的コミットメントは「組織に所属したいという願望」, すなわち"wanting to stay"を表し, 継続的コミットメントは「組織を去るとコストがかかるという気持ち」, すなわち"needing to stay"を意味し, 規範的コミットメントは「組織に対する義務感や恩義」, すなわち"being obliged to stay"を意味している。

この組織コミットメント3要素モデルは, それまでに議論されてきた, 功利的－情動的, 態度的－行動的の2次元モデルを整理・統合した上に, 規範的コミットメントという職業倫理に関する要素を取り入れた点で優れており, 現在もっとも説得力のある組織コミットメントを説明するモデルとして認知されている。ただ批判がないわけではない。主たる批判は, ①質問紙調査を使った実証研究では, 情動的コミットメントと規範的コミットメントが理論でいうほどうまく分かれないこと, ②人びとが組織に対する規範的コミットメントをいかにして醸成するのかが明らかになっておらず, 情動的コミットメントとの因果関係も明らかではないこと, である。

第4節 組織コミットメントの測定

以上見てきたように, 組織コミットメント概念のとらえ方には長い歴史があり, そこには多様な考え方が錯綜して存在してきた。概念定義をめぐる複雑な

議論があった割には,人びとの組織コミットメントの強さを測定する方法は意外に単純な方法に依存している。すなわち,質問紙法による測定である。

これまでに多くの質問項目が考えられてきたが,今日もっとも広く使われているものは,ポーターら(Porter et al., 1974)が考案した「組織コミットメント質問紙(OCQ:Organizational Commitment Questionnaire)」と,アレンとマイヤー(Allen & Meyer, 1990)が提唱する「3次元コミットメント尺度(Three-Component Commitment Scale)」の2つである。

(1) 組織コミットメント質問紙 (OCQ) の特徴

OCQ は,態度的コミットメントを測定する尺度の嚆矢として位置づけることができる。尺度を構成する下位概念として,①組織の目標と価値に対する強い信念とその受容,②組織のために努力を惜しまないという強い気持ち,③組織のメンバーであり続けたいという強い願望,の3つが含まれている。尺度は15項目からなり,7点法のリッカート・タイプの反応尺度で回答を求めるというものである。OCQ は3つの下位概念を含んでいるものの,その尺度得点は15項目の総合点で計算される。OCQ の信頼性と妥当性の高さについては,米国のみならず日本でも確認されている(Mowday et al., 1979;花田,1980;渡辺ら,1990)。表4-2 は,OCQ の項目例である。

OCQ は,1980年代には組織コミットメント研究の代名詞といわれるまでに普及した。しかし,①項目はすべて態度的なコミットメントに関係したもので,行動的な項目が明確には含まれていないこと,②3つの下位概念を想定していながら,組織コミットメントの強さは全体得点1つだけで表され,他の変数との複雑な関係性を見ることができない,などの批判があり,後に登場する3次元コミットメント尺度にその地位を譲り渡すことになった。

表 4-2 組織コミットメント質問紙 (OCQ) の項目例 (若林・松原,1988)

この会社で働き続けるためであればどのような仕事も引き受ける。
この会社の一員であるということをほかの人に誇りをもっていうことができる。
この会社は働くにはとても良い会社だと友人に話すことができる。
この会社を成功させるためであれば普通以上の努力をすることをいとわない。
この会社がさきゆきどうなっていくかということがとても気になる。

（2）3次元コミットメント尺度の特徴

アレンとマイヤーの3次元コミットメント尺度は，彼らの提唱する「組織コミットメントの3要素モデル」を実証するために作成されたものである。彼らはまず，OCQ の 15 項目を含む 66 項目の項目群を作成し，それを多数の被験者に施行したデータをもとに因子分析を行なった。その結果，「情動的」「継続的」「規範的」の3つのコミットメント次元が同定され，それぞれの次元について各8項目，計24項目からなる尺度を完成させた（Allen & Meyer, 1990）。その後，各次元6項目，計 18 項目からなる改訂版が作成されている（Meyer et al., 1993）。

このマイヤーたちの3次元コミットメント尺度の優れた点は，①組織コミットメント概念をめぐる豊富な論争のひとつの理論的到達点に依拠していること，②態度項目のみならず行動的項目も含まれていること，③3つの異なる次元ごとに人びとの組織コミットメントの強さが測定できること，にある。3次元コミットメント尺度は，それが発表された1990年代から今日に至るまで多くの研究で用いられており，OCQ に替わる尺度として確固たる地位を築いてきた。表4-3 はその項目例である。

3次元コミットメント尺度の信頼性と妥当性は多くの研究で実証されている。しかし批判がないわけではない。それらは，①「情動的−規範的」尺度間の相関が他の組み合わせに比べて高いこと。すなわち，過去の研究結果を総合的に評価するメタ分析という手法によると，情動的−規範的間の相関係数は相当に高い値（0.63）を示すこと，②初版の規範的コミットメントを測定する項

表4-3 アレンとマイヤーの3次元コミットメント尺度の項目例（宗方・渡辺，2002）

［情動的コミットメント］
私の仕事生活（キャリア）の残りを今の会社で過ごせたら，とても幸せだ。
私はこの会社の問題をまるで自分自身の問題であるかのように感じている。
［継続的コミットメント］
この会社に今までこんなに尽くしてこなかったなら，他で働くことも考えるだろう。
この会社を辞めてもひどい結果にはならないだろうが，代わりの勤め先が少なくて困ることになるかもしれない。
［規範的コミットメント］
いまの会社を辞めてしまったら，罪の意識を感じるだろう。
この会社は私が忠誠を尽くすに値する会社だ。

目は，回答者の一般的な組織への忠誠心を測定しているだけだと批判を受けたため，改訂版では個人の組織への義務感を反映したものに変えられた。しかし，その改訂は功を奏さず，むしろ情動的－規範的間の相関を高める結果となっていること，などである。3次元コミットメントの考え方を基礎とした尺度の研究は日本でも行なわれており，その信頼性，妥当性の吟味が行なわれている（高橋，1997；高尾，1998；田尾，1997など）。

第5節 組織コミットメントの原因と結果

　組織コミットメントは何が原因で生じ，いかに維持され，そして強化されるのだろうか。また，組織コミットメントはどのような結果を個人や職場，さらには組織に及ぼすのであろうか。こうした疑問は，多くの研究者と実務家の関心を引き続けてきた。もし組織コミットメントが個人や経営組織に肯定的な影響を及ぼすのであれば，それを高めるマネジメントを行なうことが経営にとって重要である。またもし，過剰な組織コミットメントが個人や経営組織に否定的な影響を及ぼすのであれば，それを抑制するマネジメントを考えなければならない。

　レヴィ（Levy, 2005）は，これまでの組織コミットメント研究の結果を踏まえ，その先行要因と結果要因を時系列的に図示したモデルを示している（図4-1参照）。以下ではこの図に沿いながら説明をする。

（1）組織コミットメントの原因

　人びとの組織コミットメントは何が原因で生じるのか，つまりどういう先行要因があってそれが生じるのであろうか。これまでの研究から，組織コミットメントの先行要因には，大きくは「組織のメカニズム」「個人の特徴」「社会的要因」の3つがあるとされてきた。

　「組織のメカニズム」とは組織が制度的に従業員にあるいは社会に提供しているさまざまな施策である。会社の社歌，社章，ロゴマークは暗黙のうちに従業員のコミットメントを増加させる。会社のテレビ・コマーシャル，ホームページ，広報誌，などは従業員が自分の会社を認識する格好の情報を提供す

第5節 組織コミットメントの原因と結果

先行要因

組織のメカニズム
1. 社会化戦略
2. ロゴ,社章,家族プログラム
3. 会社広報（新聞など）
4. 報酬制度

個人の特徴
1. 年齢
2. 職位
3. ストレス

社会的要因
1. 同僚との関係
2. 社会的相互作用
3. 役割
4. 上司との関係

→ 組織コミットメント →

結果要因

パフォーマンス
1. タスク
2. 組織市民行動

退却的行動
1. 欠勤
2. 遅刻
3. 離転職

非生産的行動
1. 盗み
2. 妨害
3. 攻撃

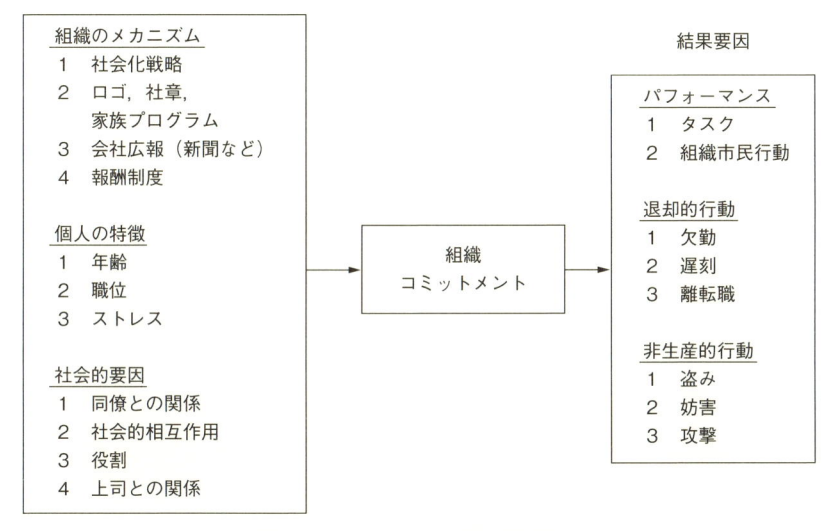

図4-1 組織コミットメントの先行要因,結果要因(Levy, 2005)

る。また，永年勤続表彰制度や，貢献の大きかった従業員に対する表彰制度（社長賞など）なども組織コミットメントを増加させる。さらに，終身雇用制度，給与体系，一時金支給制度なども先行要因として重要である。

「個人の特徴」の主なものとしては，年齢と職位が挙げられる。一般的に従業員の組織コミットメントは，入社したばかりの社員は高く，入社数年目の若手社員で低くなり，その後年齢と地位が上がるにつれ徐々に上昇してゆくとされている。ただし，中年期になって会社以外の別のキャリアを考え出す時期になると組織コミットメントは低くなる傾向があるとされる。年齢はとくに情動的コミットメントと高い相関があることが明らかになっている（Mathieu & Zajac, 1990）。一方，職位については，継続的コミットメントとより強い関係にある。これは高い職位についている人ほどサイド・ベット，すなわち長年にわたる投資を，高い地位から得られるさまざまな報酬によって回収しようとするからであると考えられる。

ストレスも組織コミットメントの強さに影響を及ぼす。ストレスには，仕事上の負荷から心身が不安定な状態に陥るディストレス（distress）と，挑戦的

で重要な仕事に従事することで充実感を得るユーストレス（eustress）の2つに分けることができるが，一般に，ディストレスは組織コミットメントを弱め，ユーストレスは組織コミットメントを強めるといわれている。

「社会的要因」には職場の同僚との関係や，仕事仲間との交友関係や親しさ（社会的相互作用），組織の中での役割の性質，上司との関係性がある。同僚や仕事仲間と望ましい関係性ができ上がっているほど組織コミットメントは高くなり，逆にその関係性が希薄であったり，トラブルを抱えていると組織コミットメントは低くなる。興味深いのは，個人の規範的コミットメントの水準は，彼あるいは彼女の同僚の規範的コミットメントの水準と相関関係にあることである。これは，同僚の態度・信念・価値がある程度個人に影響していることを意味する（Dunham *et al*., 1994）。また，会社の中の役割や上司との人間関係も先行要因として重要である。組織のメンバーに範をたれる役割を担っていたり，上司との関係が良好な場合は一般に組織コミットメントは高くなる。

（2）組織コミットメントの結果

組織コミットメントは人びとの行動をどのように特徴づけるのか，すなわち組織コミットメントは結果として人びとのどんな行動を生起させるのだろうか。組織コミットメントがもたらす結果要因については，大きくは「パフォーマンス」「退却的行動」「非生産的行動」の3つが同定されている。

「パフォーマンス」とは，遂行や業績を意味する概念である。その定義や測定を行なうことはきわめてむずかしいが，今日では一般に，課業の遂行（タスク・パフォーマンス）と組織市民行動（OCB: Organizational Citizenship Behavior）とに分けて論じられている。課業の遂行とは，組織から公式に与えられた仕事をどのくらいきちんとこなしたかを意味する。一方，組織市民行動とは，組織から公式に与えられた仕事ではないが，組織にとって有益な行動をボランタリーに行なうことを意味する。たとえば，「忙しくしている人を手伝う」，「職場で不用意にうわさ話をしない」，などの行動を含んでいる。これまでの研究から，組織コミットメントとタスク・パフォーマンスとの関係は決して強いものではないことが明らかになっている。情動的コミットメントとタスク・パフォーマンスとの関係は相関係数で 0.15 程度（Allen & Meyer, 1996）

といわれている。一方，組織コミットメントと組織市民行動との関係には，弱いか中程度の相関（$r=0.30$）が認められている（Organ & Ryan, 1995）。とくに，情動的コミットメントと組織市民行動の結びつきは強い。このように，高い組織コミットメントは，パフォーマンスとある程度関係しているが，その関連性はタスク・パフォーマンスよりも組織市民行動との間で強い。

「退却的行動」には欠勤，遅刻，離転職などがある。欠勤行動と情動的コミットメントの間には小さいが統計的に有意な負の関係性が認められている。ところが，継続的コミットメントとの間にはほとんど相関が認められていない。

離転職行動には，実際に会社を辞めるという行動と，今の仕事以外の新しい仕事を探す行動がある。組織コミットメントは，前者の，実際に会社を辞めるという行動とは比較的関係性が弱く，後者の代替する仕事を探すという行動との間には比較的強い負の相関関係がある（Allen & Meyer, 1996）。より詳細にいえば，情動的コミットメントと規範的コミットメントの高い人は，転職を考えたり，実際に転職することが少ない傾向にある。

「非生産的行動」には，会社の資材・商品・情報を盗んだり外部に持ち出したりする窃盗，他の人の仕事を邪魔する妨害，特定の人に対するいじめやハラスメントを行なうなどの攻撃が含まれている。組織コミットメントと，これらの非生産的行動との関係について調査した研究例はまだほとんどないが，今後は組織コミットメントをそうした非生産的行動を防止する要因として位置づけ，その関係性を探ることが重要であろう。

まとめ

- コミットメントという言葉は，さまざまな分野，いろいろな状況で使われる，大変に多義的な言葉である。
- 経営組織心理学の分野では，ワークコミットメント，組織コミットメント，職業的コミットメントなどの概念で多くの研究が積み重ねられてきた。中でも組織コミットメントについては多くの研究が蓄積されている。
- 組織コミットメントのとらえ方には大きく分けて，①精神分析的な視点，②社会学的な視点，③心理学的な視点，によるものがある。
- 現在もっとも支持されている組織コミットメントのモデルとして，社会学的

視点と心理学的視点を統合した「組織コミットメントの3要素モデル」がある。
・組織コミットメントの測定には，伝統的に質問紙法がよく用いられてきた。その代表的なものが，OCQと3次元コミットメント尺度である。
・人びとの高い組織コミットメントや低い組織コミットメントを生み出す原因としては，①組織の要因，②個人の特徴，③個人を取り巻く社会的要因，がある。一方，高い，あるいは低い組織コミットメントがもたらす結果として，①課業遂行や組織市民行動といったパフォーマンス，②欠勤・離転職などの退却的行動，③窃盗・妨害・ハラスメントなどの非生産的行動がある。

演習課題
1. あなたが今もっともコミットしている対象は何かを考えてみよう。
2. 経営組織が従業員のコミットメントを高めるためにやっていることを挙げてみよう。
3. 組織コミットメントの弊害について考えてみよう。
4. 二重コミットメント（二重忠誠）の例を挙げてみよう。
5. 正規従業員と非正規従業員(パート，アルバイト，派遣社員，など)とで，情動的，継続的，規範的コミットメントがどう異なるか考えてみよう。

トピックス　日本人はアメリカ人より組織コミットメントが高いか

1970～80年代，アメリカで「日本的経営」が注目を集めていた頃，日本の勤労者とアメリカの勤労者の組織コミットメントの国際比較調査が盛んに行なわれた。その結果明らかになったのは，日本の勤労者の組織コミットメントは，アメリカの勤労者と比べて相当に低いというものであった。たとえば，コール（Cole, 1979）やリンカーンとカレバーグ（Lincoln & Kalleberg, 1990）の行なった周到な日米比較でも，日本人の方がアメリカ人よりも組織コミットメントが低いということが示されている。

「日本の勤労者は簡単には転職せず，会社に対して高い忠誠心をもっている。それゆえ日本企業は高い生産性を上げてきた」という常識が広く行き渡っていた当時，日本人が示すこの低い組織コミットメントをめぐってさまざまな解釈が行なわれた。それらは，①日本の低い失業率が日本人の勤労者を安心させ，会社へのコミットメントを低くしている，②日本人勤労者は終

身雇用で守られており，組織にコミットメントしなくても会社に居続けることができるのでその必要性がない，③日本人は質問紙調査で会社に対するコミットメントの程度（忠誠心）を尋ねられても，気恥ずかしくて正直にはそうとは答えない，④アメリカでつくられた質問項目と日本語に翻訳された質問項目間に文化的・言語的なバイアスがあり，両国の勤労者に等価な質問となっていない，などであった。

こうした疑問に対し，組織コミットメントの3次元モデルと項目反応理論が解答を与えることになった。3次元モデルを用いた筆者たちの国際比較研究によると，日本人の場合「継続的コミットメント」は高いが「情動的コミットメント」は低く，「規範的コミットメント」はアメリカ人とほぼ同じ程度，という結果が出ている。日本人の「継続的コミットメント」が高い理由は，日本ではまだ年功制や終身雇用制が人事管理の基本になっており，アメリカ以上に「辞めると損をする」条件が存在するからであろう。このように，より詳細に見ることにより「意外な」研究結果も適切に解釈できる。

一方，項目反応理論という新しい心理測定論を使って既存の研究データを筆者たちが再解析した結果，英語の質問紙と翻訳された日本語の質問紙のいくつかには特異項目機能（DIF）と呼ばれる不等価な特徴をもつ項目が存在することが明らかとなった。そうした項目を除いて結果を精査すると，日本人とアメリカ人の勤労者の間には，組織コミットメントに関し統計的に有意な差がないことがわかった。

(渡辺・野口，1999)

文　献

Allen, N. J., & Meyer, J. P.　1990　The measurement and antecedents of affective, continuance, and normative commitment. *Journal of Occupational Psychology*, **63**, 1-18.

Allen, N. J., & Meyer, J. P.　1996　Affective, continuance, and normative commitment to the organization: An examination of construct validity. *Journal of Vocational Behavior*, **49**, 252-276.

Becker, H. S.　1960　Notes on the concept of commitment. *American Journal of Sociology*, **66**, 32-42.

Bergman, M. E.　2006　The relationship between affective and normative commitment: Review and research agenda. *Journal of Organizational Behavior*, **27**, 645-663.

Cooper-Hakim, A., & Viswesvaran, C.　2005　The construct of work commitment: Testing an integrative framework. *Psychological Bulletin*, **131**, 241-259.

Dunham, R. B., Grube, J. A., & Castaneda, M. B.　1994　Organizational commitment: The utility of an integrative definition. *Journal of Applied Psychology*, **79**, 370-380.

Etzioni, A.　1961　*A comparative analysis of complex organizations*. New York: Free Press.

Gouldner, A. W.　1957　Cosmopolitans and locals: Toward an analysis of latent social roles-I. *Administrative Science Quarterly*, **2**, 281-306.

花田光世　1980　日本的経営における従業員の帰属意識―現実と研究水準の狭間で―　産業能率大学研究所季報，**5**, 2-13.

Kanter, R.　1968　Commitment and social organization: A study of commitment mechanism in utopian communities. *American Sociological Review*, **33**, 499-517.

Levy, P. E.　2005　*Industrial/Organizational psychology: Understanding the workplace*（2nd ed.）Boston, MA: Houghton Mifflin.

Mathieu, J. E., & Zajac, D.　1990　A review and meta-analysis of the antecedents, correlates, and consequences of organizational commitment. *Psychological Bulletin*, **108**, 171-194.

Meyer, J. P., & Allen, N. J.　1991　A three-component conceptualization of organizational commitment. *Human Resource Management Review*, **1**, 61-89.

Meyer, J. P., & Allen, N. J.　1997　*Commitment in the workplace: Theory, research, and application*. Thousand Oaks, CA: Sage.

Meyer, J. P., & Allen, N. J., & Smith, C. A.　1993　Commitment to organizations and occupations: Extension and test of a three-component conceptualization. *Journal of Applied Psychology*, **78**, 538-551.

Morrow, P. C.　1993　*The theory and measurement of work commitment*. Greenwich, CT: JAI.

Mowday, R. T., Porter, L. W., & Steers, R. M.　1982　*Employee-organizational linkages: The psychology of commitment, absenteeism, and turnover*. New York: Academic Press.

宗方比佐子・渡辺直登（編著）　2002　キャリア発達の心理学　川島書店

Organ, D. W., & Ryan, K.　1995　A meta-analytic review of attitudinal and dispositional predictors of organizational citizenship behavior. *Personnel Psychology*, **48**, 775-802.

Porter, L. W., Steers, R. M., Mowday, R. T., & Boulian, P. V.　1974　Organizational commitment, job satisfaction, and turnover among psychiatric technicians. *Journal of Applied Psychology*, **59**, 603-609.

Salancik, G.　1977　Commitment and the control of organizational behavior and belief. In B. Staw & G. Salancik（Eds.）, *New direction in organizational behavior*. Chicago, IL: St. Clair. pp.1-54.

Stagner, R.　1954　Dual allegiance as a problem of modern society. *Personnel Psychology*, **7**, 41-46.

高橋弘司　1997　組織コミットメント尺度の項目特性―3次元コミットメント尺度を用いて―　経営行動科学，**11**, 123-136.

高尾尚二郎　1998　組織コミットメントの多次元性―日本におけるシステムエンジニアの組織コミットメントの先行要因とその結果に関する分析―　組織研究シリーズNo.1　慶應義塾大学産業研究所

田尾雅夫（編著）　1997　「会社人間」の研究―組織コミットメントの理論と実際　京都大学学術出版会

若林　満・松原敏浩（編）　1988　組織心理学　福村出版

渡辺直登・水井正明・野崎嗣政　1990　人材派遣会社従業員のストレス，組織コミットメント，キャリアプラン　経営行動科学，**5**, 75-83.

渡辺直登・野口裕之（編著）　1999　組織心理測定論　白桃書房

第Ⅲ部

組織と集団

第5章

経営組織と集団行動
―チームのダイナミックス―

第1節　経営組織における集団

（1）集団・組織・個人

　個人が集まり形成される集団は，チケットを求める行列のように単なる人の集合体とは異なる。集団とは，次のような特性をもつ集合体であるからである。①集団のメンバーは互いに影響を与え合い依存し合う関係にある，②メンバーの活動を方向づける共通の目標や規範がある，③他の集団と自分たちの集団を区別する役割や人間関係のネットワークがある。このような特性があるため，集団にはメンバーの意志や行動の単純な総和や平均とは異なる独自の集合的な性格，つまり個人に還元しては説明できない性格が生まれる。そして，この集合的な性格がメンバーの行動や態度を統制したり方向づけたりする。そのために，個人は集団に所属すると，一人でいるときとは異なる行動をとるのである。集団の集団らしさは，まさにこの集合的な性格にあるといえる。

　では，経営組織にある集団は，どういった働きをするのであろう。集団は個人の集まったものであり，組織は集団が集まったものという見方ができる。そうすると，集団は組織と個人の間に存在し，組織と個人の働きを支援し，また両者をうまく結合する働きがあるといえる。

　個人は，集団に所属すると，まず集団のもつ魅力を獲得できる。ロビンス（Robbins, 1997）は，個人が集団に参加する理由として，安心感を得られること，ステータスを得られること，自尊心を満たせること，人と親密な関係をもてること，個人ではできない力を得られること，一人ではできない仕事ができ

ること，を挙げている。これらは，集団に所属することから一般的に得られるものである。集団の個人に対する働きの第2は，スキルや知識の習得を援助することである。OJT（On the Job Training：職場内教育）に代表されるように，新人や経験の浅い人は，仕事をしながら職場の先輩や上司からマンツーマンで仕事の基本やコツを教えてもらう。日本では，職場集団の中で仕事を覚えていくことが成長の主要な手段になっている。第3に，個人が組織にうまく順応することを助けてくれる。組織には独自の価値観や考え方，行動のパターンがある。組織の中で効果的に行動したり，個人が重視する報酬を獲得するには，これらの価値観などを早く学習・習得することである。この学習や習得は，主に他のメンバーとの接触，相互作用を通してなされ，直接的には所属集団を通して学習されるといえる。

　以上からわかるように，個人は，職場集団にうまく溶け込むことにより，集団への所属の欲求を満たせるし，効果的に組織生活を送る方法を習得することができるのである。

　では，組織にとってはどのような働きをするのであろう。第1に，まとまりのある集団は，組織の目標や方針を受容すると，集団をあげて目標の達成に努力することになる。職場集団で一致団結して仕事や改善活動に取り組むと，相互に協力したり競争したりして，あるいは一緒に知恵を出し合い工夫することにより相乗効果が生まれ，個人の総和以上の力が発揮される。第2には，企業の価値観や理念，文化といったものを成員に伝達して，組織の安定性を維持，強化していく働きがある。優良企業には，代々受け継がれているその組織の独自性や強みに関係している企業遺伝子（DNA）といったものがある。これを組織の新メンバーに伝承，強化していくのは，やはりいつも直接接触している職場集団の力が大きい。

（2）集団のタイプ

　組織内の集団といってもさまざまのタイプが存在する。まず，公式集団と非公式集団という分類ができる。公式集団とは，組織図の部門編成に表現されるように組織の特定の目標や仕事群を遂行するために編成された集団である。個人はその集団に配属という形で加わり，管理者の指示・命令の下で組織目標の

達成に向けて行動することになる。一方，非公式集団は，成員間で仲が良いとか社交的な関係の中から自然発生的に形成される集団である。職場内で非公式集団は形成されることもあるが，公式の部門編成とは関係なく，人間関係を軸に自由に形成される特徴がある。

　公式集団の中には，特定のプロジェクト，課題，仕事（タスク）を遂行するために編成される集団もある。この集団の特徴は，プロジェクトや課題の適任者が組織内から集められ編成されること，臨時的に編成されるものでプロジェクトや課題が終了すれば解散されることにある。プロジェクト・チームは，この集団の代表例である。次節で詳細に述べるが，日産自動車では，カルロス・ゴーンの指揮のもとリバイバル・プラン作成のために，事業の発展，購買，製造・物流といったクロス・ファンクショナル・チームが部門横断的に編成された。各チームは，それぞれ担当の再生計画の策定を行ない，役割が終わると解散したが，これはプロジェクト・チームの例である。

　集団を分類するとき，集団に与えられている権限の大きさや編成の柔軟さで見ることもできる。通常の公式集団は，管理者の権限のもと，あるいはより上位の集団や管理者の決定したことに従い行動する。近年では，当該集団に大幅に権限委譲（エンパワーメントという言葉が使われることもある）をして集団の自立性を高め柔軟な集団編成をする傾向が強まっている。意思決定や仕事のスピードを高めたり，現場にある知識や情報を最大限に活用してよい解決策を顧客に提供できるようにするためである。組織の階層を減らすフラット化を実施して，下の層により権限を与えたり，部門内で課制を廃止して柔軟な人員配置で課題にのぞめるようにチーム制を敷いたりする動きである。この新しいタイプの集団の活動内容については，最後の節で扱われる。

第2節　集団の概念と働き

（1）規範と社会的圧力

　集団やその働きを理解するうえで，重要な概念のひとつが規範である。集団が一定期間活動を続けていると，メンバーの間に共通の行動の決まりごとや考

え方が生まれ、それが集団の標準となってくる。この標準は、それに従うことが当該集団での望ましいことであり、それから逸脱することは好ましくないことを指し示し、メンバーの行動を統制することになる。パソコン事業への対応が遅れ業績悪化したIBMの再建のため外部から招聘されたガースナー（Gerstner, 2002）は、最初に本社の経営会議に出席したときの様子を次のように述べている。50人くらいいた経営幹部のうち男性役員は全員白のワイシャツを着ていた。ブルーのワイシャツを着ていたのは、ガースナーだけであった。ブルーのワイシャツを着ることは、IBMの役員としては、常識を大きく逸脱する服装であったのである。

　このように服装や使用する言葉、行動の仕方などについて集団内に存在する標準を「規範（norm）」という。つまり、規範とは、「集団メンバーの行動を規定し秩序立てるために集団が採用する非公式のルール」（Feldman, 1984, p.47）を指す。規範は、書き記されたり、公然と口に出されることはほとんどないが、集団メンバーの行動に強力で一貫した影響を及ぼすものである。

　フェルドマン（Feldman, 1984）は、規範が発生する理由として次のようなものを挙げている。

①他の集団からの邪魔や介入から自分たちの集団を守る境界を規範は示し、それにより集団を守り、維持するため。

②どのような行動がメンバーには期待されているかを単純に示し、またメンバーの行動を予測できるようにするため。

③メンバーはそれぞれ体面をもっており、それが内部のやっかいな対人関係により壊れるのを避けるため。

④集団での活動に社会的正当性を与えたり、集団のアイデンティティを明確にするため。

　規範の特徴は、一度形成されるとその規範にそって行動するよう社会的な圧力がメンバーにかかってくることである。この圧力は、斉一性（uniformity）とか同調性（conformity）の力と呼ばれる。現実的には、規範に従うか否かには報酬や罰が伴っており、これにより規範は強化されたり、維持されることになる。規範に従っていると、集団の一員として受け入れられている。しかし、規範に背くと、軽蔑や無視という制裁が加えられ、ひどいときには追放という

こともあり得るのである。

（2）ホーソン実験
　集団の規範の存在や働きを初めて劇的に世の中に知らしめたのはホーソン実験である。ホーソン実験は，1924年に開始され1932年まで米国のシカゴ南部にあったホーソン工場で行なわれた一連の作業観察や面接からなる実験である。女子工員を対象として照明や休憩時間といった労働条件を変化させ，作業業績との関係を調べる実験も行なわれたが，ここでは実験の後半部分で行なわれたバンク捲線観察室での実験について紹介する。集団のタイプのところで述べた非公式集団の発生やそこで規範が生まれ，メンバーを統制する姿が如実に報告されているからである。バンク捲線は電話器の部品であるが，実験には14人の男子工員が参加した。捲線工，ハンダ工，検査工といった職種の工員たちである。
　彼らの作業行動を観察していると，次のような興味深いことが発見された。第1は，14人の作業者の中に「クリーク（clique）」と呼ばれる非公式の仲間集団が2つ形成され，この集団を単位として仕事以外のさまざまの社会的行動がとられるようになったことである。昼食を一緒にとったり，競馬などのギャンブルに一緒に興ずるといった行動がとられていた。
　第2に，クリークの中に規範が形成され，それがメンバーの行動を統制するようになった。規範は，次のようなものであった。
①クリークで設定された生産標準よりも多く生産してはいけない。
②仕事を怠けすぎてはいけない。
③仲間のことを上司に告げ口してはいけない。
④他人におせっかいをしてはいけない。
　これらの規範に背く者，たとえば①の規範を守らない者は「賃率破り」と呼ばれ，②の怠ける人は「さぼり屋」と軽蔑する名前で呼ばれ，仲間から嫌われたり，無視されることになった。
　3番目の発見は，集団の規範が作業集団の作業業績をも左右するということである。実験グループでは，集団出来高制が採用されていた。賃金を増やすために，生産量を高めるよう相互に牽制・協力することが予想されていた。しか

し，実際には生産量は増加しなかった。集団でその日の生産量を定め，全員で守っていたのである。とくに，生産性の低い個人が一人でもいると，その個人には会社から害が及ぶこともあるため，全員で同じ一日の生産量を報告することがなされていた。会社の金銭による動機づけ策も集団の規範には勝てなかったのである。

(3) 集団の凝集性

集団が集団らしくあるのは，集団としてまとまりがある場合である。この集団のまとまりの程度を示す概念として，「凝集性 (cohesiveness)」がある。凝集性は，集団のすべてのメンバーに対して集団に留まるように働きかけるすべての力の合成されたもの，と一般的に定義される。社交的なクラブのようにその集団に所属することが本人にとって望ましいものを提供してくれる場合，また労働組合のように集団の外にあるものの充足手段と集団がなる場合のように集団の魅力が増すことが凝集性を高める源になる。凝集性の強い集団に所属する者は，所属そのものから満足を得るとともに，心理的にも集団に帰属しているために，「私は」というより「われわれは」という言葉が自然に口をついて出てくる。

凝集性は，個人に関係するだけでなく，集団の業績にも影響する。とくに凝集性の高さは，集団の特性によって好業績も低業績も導くという点で注目される。図5-1にあるように，組織の目標を集団が受け入れている，あるいは生産性を上げようといった規範が集団内にあるといった組織支持的な特性があるか否かによって業績は対照的に異なる。これら組織支持的な面が強ければ，凝集性が高いと業績はとても高まるが，支持的な面がないと，凝集性が低い集団よりもさらに悪くなるのである。集団の力が遺憾なく発揮されるのは，凝集性の高い集団が組織支持的になっているときといえよう。

凝集性と業績の関係については，ミューレンとコパー (Mullen & Copper, 1994) が数多くの調査研究を比較研究し，より精緻化している。ミューレンたちは，①凝集性が業績に与える影響は，大規模な集団よりも小規模な集団の方が大きい，②凝集性の源泉となるメンバー間の人間関係の魅力，集団での仕事の面白さ，集団の名声の3つのうち業績に関係するのは，集団での仕事の面白

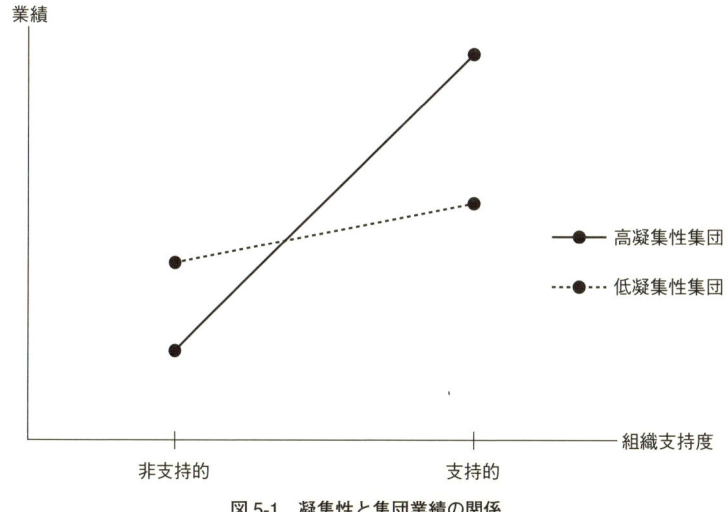

図5-1 凝集性と集団業績の関係

さである，③時間の経過という要素を入れると，凝集性が業績を高める効果はあるが，より強い効果は業績が凝集性を高めるという方である，といった発見をしている。

（4）集団の規模と構成

　組織内の集団を考える場合，規模や人員の構成というのも重要な要素になる。集団で取組む仕事や課題が効果的に遂行できるかには，規模や構成が関係してくるからである。

　一般的に，大きな集団より小さな集団の方が素早く課題に取り組み解決ができる。6～8人くらいの小集団は，相互に密接な意見交換や集中した作業ができるため生産的な仕事ができるといわれている。一方，情報の伝達や交換，共有といった面では大規模な集団の方が効率的である。

　ところが，規模の大きい集団では，「ぶら下がり」という現象が起きやすい。「ぶら下がり」とは，真面目に仕事をする仲間に頼ってしまい，あるメンバーが努力を怠ったり，本来ある力を発揮しないことをいう。ぶら下がりが起きると，集団の力はメンバーの力の総和にはならず，作業業績も制限される。ぶら下がりが発生する主な原因は，個人の努力や貢献をあいまいにして評価しない

ことにある．こういった状況では，他の人の努力に「ただ乗り」するという誘惑が発生しやすい．集団の全体性だけを強調するのではなく，個々のメンバーの動きや貢献にも注目しておくことが，ぶら下がりを防ぎ集団の生産性を高めるには必要となってくる．

　集団のよさのひとつに，メンバーのそれぞれ異なるスキルや知識・情報等を結集することにより，一人ではできない大きな仕事ができたり，集団に与えられた仕事を効果的に達成できることがある．集団のメンバー構成をどのようにするかはプロジェクトなどの課題を遂行する際には重要なテーマとなる．メンバーの異質性を増すこと，たとえば，性別や所属部門，年齢や思考スタイル，国籍などが異なる集団編成をすると，異質さゆえに意見の食い違いといったコンフリクトも発生してまとめることの難しさがある．しかし，その反面より良い解決策を導いたり，既成の枠組みに縛られない創造的な思考や試みができる素地となる．

　集団の構成や規模の実際例として，日産のクロス・ファンクショナル・チーム（CFT）の編成や活動を紹介しよう．前述したように1999年にカルロス・ゴーンが日産の再生のために乗り込んできたときに，リバイバル・プラン作成のためにCFTは編成された．メンバーは，企画，国内営業，海外営業，技術開発などの部門から，つまり部門横断的（クロス・ファンクショナル）に集められた．集まった人材は，現状を変えたいという強い意欲をもつ有能な人材である．CFTに与えられたミッションに適した人材といえよう．チームは，約40人にもなるものもあったが，10名程度がほとんどであった．計画の作成ステップによって，問題を絞って深く検討するためにサブチームもつくられた．事業の発展チームは，リーダー役が商品企画室長で，メンバーには技術，製造，販売・マーケティング部門の人から構成され，新規の商品開発の問題などを検討した．

　CFTを設けた理由をゴーン（Ghosn, 2001）は，「そもそも顧客の要求はクロス・ファンクショナルなものである．コストにせよ，品質にせよ，納期にせよ，ひとつの機能やひとつの部門だけで応えられるものではない．どんな会社でも，最大の能力は部門と部門の相互作用の中に秘められている」（訳書, p.172）．縦割り化した組織に眠っている人材の知を，CFTという集団に結集し

て，リバイバル・プランの作成とその実現策をつくることに活用したものといえよう。

第3節　集団のダイナミクス

（1）集団と参加

　日産自動車のCFTのように制度づくりや特定の課題解決のために部門からプロジェクトに加わることも参加の一形態といえる。しかし，一般的には参加（participation）とは，職場集団の仕事に関連する事柄の決定に作業者たちを関与させることをいう。参加は次の2つの効果があり，管理技法としても有効なものとみなされている。

　①作業に伴う不確定要素や作業の方法について作業者のもっている知識や情報が活かされ，より合理的な決定ができる。

　②参加により作業者たちは，関与した決定を「自分たちのもの」とみなし，コミットメントが高まり，効果的な実行がなされる。

　参加は，変化への抵抗を減らす点でも有効であることが明らかになっている。カッチとフレンチ（Coch & French, 1948）は，パジャマ工場での実験で参加が職務変更への抵抗をなくし，変更後に学習が促進され作業能率が高まることを実証した。パジャマ工場では，販売戦略の都合で製品や作業方式がよく変更されており，その度に生産性の低下や離職の増加といった事態が起きていた。そこで参加の効果を調べる実験が試みられた。参加の条件が異なる3タイプの実験群が設けられた。第1グループは，変更の説明を受けるだけで参加はまったく認められなかった。第2グループは，代表者だけが変更の計画立案段階に参加した。第3グループは，計画の立案に全員の参加が認められた。

　作業方法の変更後数カ月にわたり追跡調査がなされた。その結果明らかになったのは，まず第1グループは，変更後生産性は低下し回復することはなかったし，経営側に対し攻撃的な姿勢が見られた。代表者だけが参加した第2グループは，変更後一時生産性は低下したが，すぐに良好な学習曲線が見られ生産性も向上していった。作業者も協調的であった。全員参加の第3グループ

は，作業能率は，変更が行なわれた日だけわずかに下降しただけで，すぐに変更前の水準に戻った。さらに作業能率は向上し，変更前の水準を約14％も上回る水準に達した。

近年は変革の時代ともいわれ，仕事の変更や部門の再編成，新しい管理システムの導入などが頻発している。変化に対しては，不安感や慣れ親しんだ現状に留まりたいという意識から抵抗が起こることが多い。また，変革の途上において結局は，前の状態に逆戻りしてしまい，変革が失敗に終わるケースもある。参加は，変革への抵抗を減らし，新しい状況への迅速な適応を可能にする方法といえよう。

（2）集団での意思決定

個人で行なう意思決定には，責任が明確である，一貫した価値観で決定する，迅速であるといった利点がある。他方，集団での意思決定には，多様なルートから得られたより多くの情報を用いることができる，多様な見方や考えを相互に交換してより優れた，あるいは創造的な決定ができるといったよさがある。

しかし，集団での意思決定にはこういった利点だけでなく，誤った決定あるいは偏った決定をすることもある。その一つとして，「集団浅慮（groupthink）」がある。多数派の意見に同調するように圧力がかかり，さまざまな選択肢の検討や少数派の意見，倫理的判断などが抑制されてしまい，優勢な意見が決定を支配してしまう現象である。

ジャニス（Janis, 1982）は，集団浅慮に陥っている兆候として，①集団は不死身であるという幻想をもつ，②不利な事実は無視し，自分たちの行為を無理に正当化する，③自分たちの行為を道徳的に善とみなす，④他の集団や反対意見をステレオタイプ化してしまい，相手を正確に分析できない，⑤反対者には社会的な圧力をかける，⑥全会一致の決定をよいことだと思い込む，⑦集団での意思決定の是非に疑問を感じない，⑧反対意見をいわせない「見張り番」が登場する，などを挙げている。これらの兆候は，強圧的なリーダーがいるとき，集団の凝集性が高いとき，適切な情報を得る手段がないときには起きやすいし，さらに強くなりがちである。

他に,「集団移行(group shift)」という現象が起きることもある。集団で決定する際には,個人の場合よりも,より危険度の高い方向にシフトしたり,反対により慎重な方向にシフトするというように,意思決定が極端な方向に振れることをいう。

集団移行が起きる原因としては,集団メンバーに責任が拡散され個人で責任を負わずにすむと感ずるため,危険度の高い決定を何度か経験すると危険な事態に慣れてしまい失敗に対する恐れが緩和されるため,メンバー同士が親しい間柄になるとより大胆で向こう見ずになるため,といったことが挙げられる。さらに,意思決定に必要な情報が十分に得られない場合,決定の成果が客観的に測定できないときに発生しやすい。こういった状況は,企業では新規事業への進出や長期計画の策定のときに見られ,経営者集団での意思決定には集団移行が発生しやすくなる。

(3) 集団の硬直化

集団のダイナミズムは,集団の発達,変遷,さらには活性化というように時間的に変化する側面から見ることもできる。一般的に,集団は形成された当初不安定さはあるが活気があり,徐々に集団としての成果も上がり始める。ところが集団の加齢とともに,硬直化が始まり活き活きとした活動が影を潜めるようになる。それに合わせるように成果も低下してくる。このように加齢とともに硬直化することは,集団にとって避けられない現象である。

カッツ(Katz, 1982)は,50の研究開発に従事するプロジェクト・チームのコミュニケーション行動とチーム業績の関係を調査している。図5-2にあるように,チーム結成から時間が経過するにつれ,チーム業績は1年から2年でピークに達しその後は頭打ちになる。チームの内外とのコミュニケーションは,業績よりも長く活発化する傾向は見られるが,5年を超えると揃って大きく低下している。

古川(1990)は,表5-1のように集団年齢の変化とともに集団に生ずる変化を示している。古川によると,集団の硬直化は,次の5つの原因によりもたらされる。

①役割と行動の固定と固着(構造化の進行)

②思考様式と行動様式のワンパターン化（標準化の進行）
③コミュニケーション・ルートの固定化と慣行化（情報伝達の平板化）
④外部情報との疎遠や隔絶（関心の内部化）
⑤リーダーによる自己呪縛の発生

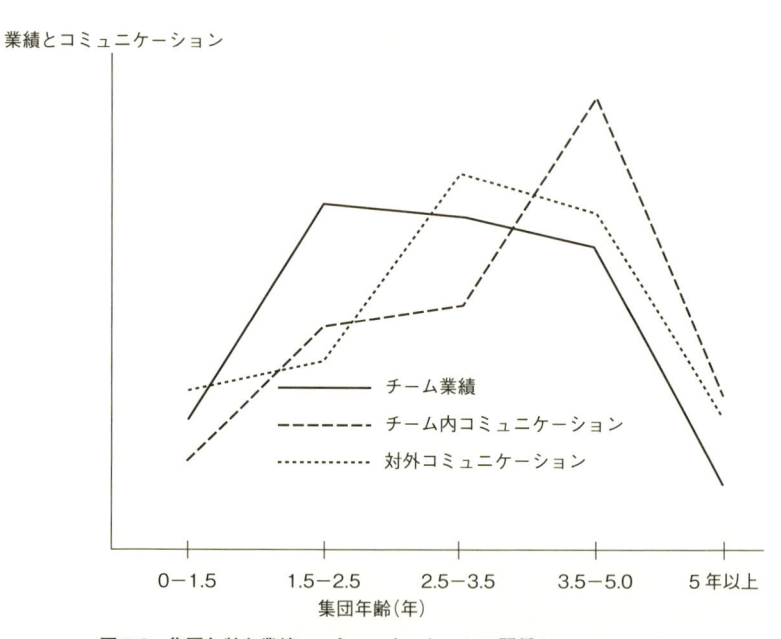

図5-2 集団年齢と業績・コミュニケーションの関係 (Katz, 1982, p.96)

表5-1 集団の年齢と変化 (古川, 1990, p.112)

集団年齢	青年期 →	中年期 →	老年期 → ?
個人欲求の特徴	アイデンティティの確立	自己顕示	自己防衛
	良好な対人関係作り	能力発揮	安定指向と変化忌避
集団過程の特徴	<構造化の進行> <標準化の進行> <情報伝達の平板化> <関心の内部化>		
	「規範」づくり	規範の安定化	社会的環境の固定化
	「役割」の模索と樹立	役割の明確化	手続きの慣行化 （縄張り，前例）

つまり，集団のメンバーは一緒に行動するうちに，それまでの行動，実績，経緯などから各人の役割や担当する仕事の範囲が決まり固定化する。そして考え方も行動様式も均質化して，お互いの発言や行動が予測できるようになる。またコミュニケーションの相手や方法も固定化してきて，集団外との接触も極端に減るか，限られた所との情報交換になる。そうなると集団内は安定した状態にはなるが，刺激や変化はなくなり，視野や思考は内向きになり集団外部への関心も失われてくる。リーダーは，このような状態には自分が関係しているとの意識から心理的に縛られ，変革することや変化の導入に消極的になる。これが集団が硬直化していくプロセスである。

集団の硬直化は，変化に抵抗するだけでなく，メンバーの成長を阻害するし，集団の業績も低下する。このような状態に陥ると，活性化が必要になってくる。古川（1990）は，硬直化した集団の活性化の方法にも言及している。それによると，まずメンバーの交代である。メンバーが入れ代わることにより役割など構造化したものに変化が生ずる。第2は，リーダーが意図的に逸脱行動をとることである。職場の長であるリーダーは，自ら逸脱行動をとってもメンバーから批判されることはない。したがって，積極的に変革行動をとれるのはリーダーということになる。第3に，一貫した信念と行動を示す少数派を重用することである。第4は，規範に変化の兆しが見えたら，それがよい方向に向かうように変化を加速化することである。

第4節　組織の自立化と集団

（1）自立化の進展と集団

近年組織には新たな要求が課されるようになっている。第1に，アジリティ（迅速性）に代表されるように素早い行動である。早い意思決定，開発期間や納期といった仕事そのもののスピードアップをすることなどである。第2に，顧客に対して製品やサービスを通じて単に満足を与えるだけでなく，解決策（ソリューション）を提供するというものである。第3には，新製品や新規事業の開発などで革新や新しい価値の創造と呼ばれるものである。

これらの新たな要求は，集団のあり方に影響を与えるし，新たな形の集団を求める。まず，迅速性の要求は，階層の多いピラミッド型の組織構造に変革を迫る。組織のフラット化がこれに該当する動きで，階層数を減らして情報が早く流れるようにするものである。フラット化では，通常，課といった部門の境界をなくして（課制を廃止して）柔軟なチーム編成方式が採用され，そのチームにより大きな権限が委譲（エンパワーメント）される。

 また，顧客へのソリューションの提供では，ふつう顧客の抱える課題解決に必要な知識やスキルをもつ個々人を各部門から結集して，チームとして価値をつくりあげそれを顧客に提供する方式が採用される。特定のセクションや一個人が対応するのではなく，部門横断的に知識や能力を結合して解決策の創出にあたるのである。さらに革新的，創造的な取組みでも，既存のピラミッド型構造の枠内で行なわれるのではなく，部門の枠にとらわれずに関係者がネットワークを形成して進められるケースもある。

 新たな形態として出現している集団の特徴は，組織の構造や境界にとらわれずに課題やプロジェクトに応じた柔軟な集団編成が行なわれること，大幅な権限が付与され自立化の度合いが高まっていることにある。その狙いとしては，個人のもつ知識や情報，能力といった要素をチームとして結合して，迅速に，新たな価値やソリューションを創出することにあり，集団の特性を最大限に活用して新たなミッションに応えようとするものといえよう。

（2）フラット化と柔軟な集団

 組織には，情報が上下方向にだけ流れ部門間の横のコミュニケーションが阻害されてしまう縦割り化する傾向や，自部門の利害にこだわるため他部門との連携がなくなりセクショナリズム化する傾向が備わっている。こういった課や部といった組織単位が硬直化しないようにフラット化の登場以前から「課制廃止」などが行なわれていた。しかし，このような試みが硬直化を打開することには至っていなかった。

 そのような中で既に述べたように意思決定の迅速化といった目的から，階層を減らすフラット化が実施されるようになった。図5-3にあるようにフラット化以前の組織では，役職が多く階層数が多かった。年功制の下では年長者のた

図5-3 組織のフラット化

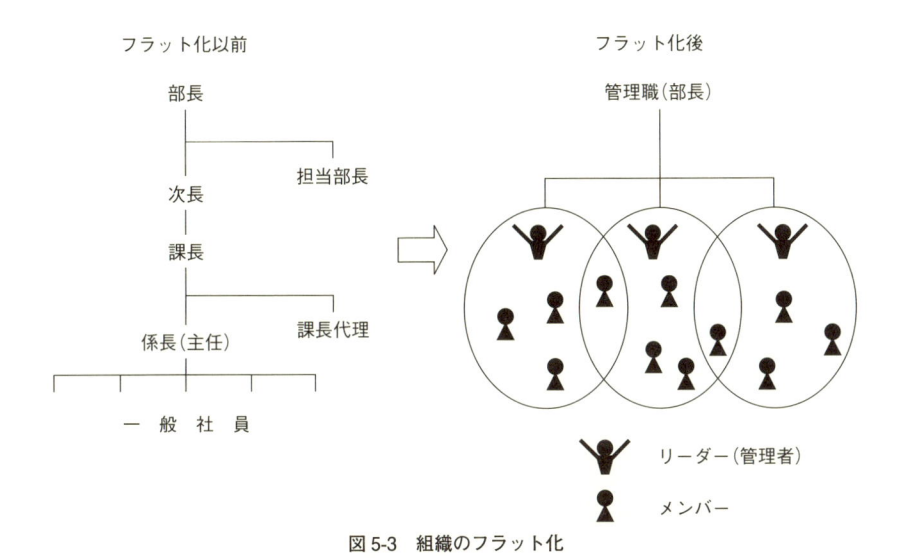

めに役職の種類や数が増え，それが多階層化や複雑さを招いていた。これが，意思決定の遅さにつながっていた。

　フラット化に移行すると，従来の課長や次長といった役職がなくなり，一般的には部長などの管理職の下にチームリーダー，そしてメンバーというシンプルな階層をとることが多い。チームリーダーには，以前の課長や次長，または主任クラスの人がなる。通常年度または半年単位でチーム編成は行なわれ，課制のときにくらべるとはるかに柔軟なチーム編成がなされるようになっている。

　フラット化の導入により，意思決定や業務のスピードが早くなった，課制の枠に縛られず仕事領域が広がったという成果が見られているが，その反面いくつかの問題点も指摘されている。たとえば，以前の上司（次長）が部下（課長）の部下になるといった役職の逆転が起きてモティベーションの低下が起きること，部長には管理負担が増しとくに高い専門的知識を必要とする部門では十分な対応ができないこと，メンバーの中には柔軟化した中で自立的な行動がとれない人もいることなどが指摘されている（城戸，1999）。

(3) 自立的な作業集団

　新たな集団の形として，自立性を高めるとともに採算責任が与えられ，集団メンバーたちが経営の当事者として運営する形態もある。こういった集団は一種のミニカンパニーのような存在になる。こういった自立的集団を採用している企業としては，支社や営業所を独立法人としている前川製作所や，作業集団を「アメーバ」と呼ぶ京セラがある。ここでは，京セラの「アメーバ経営」について紹介しよう。

　アメーバ経営は，京セラの創業（1959年）間もない頃から導入され，今日までの京セラの成長・発展を支えてきたものである。アメーバの名前の由来について，創業者の稲盛和夫は，「一つひとつの組織が環境に応じて姿を変え，自己増殖することからアメーバと呼ぶ」（1997, p.60）と述べている。現実には，アメーバは，小さいもので3～4人，大きいもので40～50人で構成され，平均的なものは10人強くらいである。全体では1000以上のアメーバがあり，これらのアメーバが括られ部門になり事業部になっている（国友，1997）。

　このアメーバの特性をまとめると次のようになる（国友，1997）。

①人，モノについて選択，運営を任せられる。
②カネについて裁量があり，会計処理，利益管理，決算も行なう。
③アメーバの拡大，縮小についても権限がある。
④アメーバは，社内マーケット価格で生産物やサービスを相互に売買する。
⑤外部の会社と独自に取引できる権限もある。
⑥毎月の決算は，アメーバでの一人当りの「時間当り採算」で表される。
⑦毎月の経営実績がアメーバ単位で点数化され，全アメーバの成績序列が明示される。

　この内容を見てわかるように，単に権限が与えられているだけでなく，独立した取引および会計処理の単位であり，管理会計の指標により業績計算（決算）もなされる集団である。まさにミニカンパニーといえる様相を呈している。

　アメーバ収縮の原理は，上にある「時間当り採算」とアメーバの生産高により決まる。時間当り採算（＝一時間当りの付加価値創出量）は高いのに，生産高が低い場合には，人手不足が生産高の増加を妨げていることを意味しており，増員されアメーバは拡大する。反対に，生産高が高いのに時間当り採算が

低いときには，余力や未開発の部分があるのではないかということで人数が減らされる。

　京セラは，このような方式で運営されるアメーバに加えて，より高い達成水準を目指すマネジメントや無駄を省く効率化，それに京セラフィロソフィーとも呼ばれる経営理念が相まって柔軟に変化しながら高い業績をもたらす集団，組織づくりができている。

まとめ

- 集団は相互に影響し依存し合う個人から形成されるもので，共通の目標をもっており，単なる個人の総和とは異なる性格をもつ。
- 集団は，組織と個人を結合するもので，個人の組織への適応を援助し，組織の機能を代替する。
- 集団内の働きを知るうえで，規範や凝集性はメンバーに影響を与える重要な概念である。
- 集団を編成するうえで，規模やメンバーの構成は重要な要素である。
- 参加は，メンバーの知識を活用したり，コミットメントを高めるという効果がある。
- 集団での意思決定では，集団浅慮や集団移行といった現象が起きやすい。
- 集団は，時間の経過とともに硬直化の現象が起き，集団の業績も低下してくる。
- 現代では集団の自立化の傾向が強まっており，組織のフラット化，チーム制，独立採算化等が導入されている。

演習課題

1. 職場でのOJTがどのような方法で行なわれているか，調べてみよう。
2. アッシュの研究を調べて，集団への同調現象が起きる過程を理解してみよう。
3. フラット化をした組織の事例を調べて，どのような形で行なわれ，どういった効果があがっているかをまとめてみよう。

> **トピックス　日本的経営と集団**
>
> 日本企業は，日本的な経営スタイルのひとつとして職場の小集団をうまく活用してきたといえる。近年いわゆる日本的経営に批判が集まっており，年功制の廃止や終身雇用の見直し，個人の成果を重視する人事考課への移行などが喧伝されている。アベグレン（Abegglen, 2004）は，現実に日本の雇用制度が変わったかというと，終身雇用のように雇用を継続するシステムは，バブル以降の経済の低迷期にも変化していないことを指摘している。むしろ，日本の基本的な人間に関係する価値観，つまり雇用の継続性，集団の団結，平等主義を重視する人事慣行などは維持すべきであると主張している。

文　献

Abegglen, J. C.　2004　*21st century Japanese management: New systems, lasting values.*（山岡洋一訳　2004　新・日本の経営　日本経済新聞社）

Coch, L., & French, J. R. P., Jr.　1948　Overcoming resistance to change. *Human Relations*, **1**, 512-533.

Feldman, D. C.　1984　The development and enforcement of group norms. *Academy of Management Review*, **9**(1), 47-53.

古川久敬　1990　構造こわし　組織変革の心理学　誠信書房

Gerstner, Jr. L. V.　2002　*Who says elephant can't dance?* New York: HarperBusiness.（山岡洋一・高遠裕子訳　2002　巨象も踊る　日本経済新聞社）

Ghosn, C.　2001　*Renaissance.* Tokyo: Diamond.（中川治子訳　2001　ルネッサンス　ダイヤモンド社）

稲盛和夫　1997　敬天愛人　PHP

Janis, I. L.　1982　*Groupthink.* Boston: Houghton Mifflin.

Katz, R.　1982　The effects of group longevity on project communication and performance. *Administrative Science Quarterly*, **27**, 81-104.

城戸康彰　1999　自立・分散型組織の現状と可能性　産能大学

国友隆一　1997　京セラ・アメーバ方式　パル出版

Mullen, B., & Copper, C.　1994　The relation between group cohesiveness and performance: An integration. *Psychological Bulletin*, **15**, 210-227.

Robbins, S. P.　1997　*Essentials of organizational behavior.* (5th ed.) Prentice-Hall.（高木晴夫監訳　1997　組織行動のマネジメント　ダイヤモンド社）

第6章

組織コミュニケーション

第1節　コミュニケーションの基礎

（1）コミュニケーションとは

　人間は社会的動物といわれてきた。われわれが生きていくためには，自分の欲求を他者に伝達したり，他者の行動を理解したりすることが必須な条件である。これは組織においてもまったく同様である。組織が形成，維持・発展していくためには分業と協業が必要である。この分業と協業を支えるものそれがコミュニケーションである。組織コミュニケーションの問題は組織活性化を考えるうえでも重要な問題である。

　それでは日常用語としてもよく使われているコミュニケーションを科学的に研究する場合どのように定義していけばよいのであろうか。コミュニケーションについてはいろいろな定義がある。かつて説得的コミュニケーションを研究したホヴランドら（Hovland *et al.*, 1953）は「コミュニケーションとは送り手としての個人が，受け手としての他者の行動を変容させるために刺激（通常は言語的シンボル）を伝達する過程である」とした。すなわち情報と影響力とがコミュニケーションの本質的部分というわけである。ここでは「コミュニケーションとは送り手が相互理解をはかるために受け手にメッセージを伝達する過程」（松原，1990）と定義したい。

（2）コミュニケーションのプロセス

　コミュニケーションのプロセスはシャノンとウィーバー以来いくつかのモデ

102 第6章 組織コミュニケーション

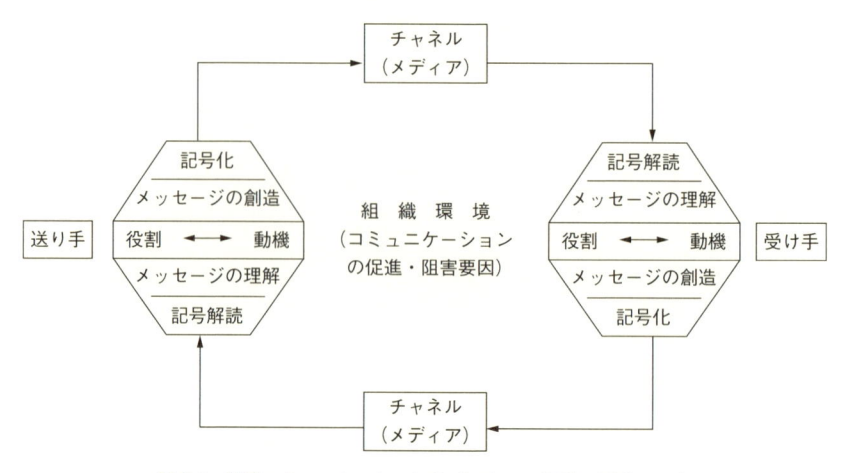

図6-1 組織コミュニケーションのプロセス・モデル(若林,1993)

ルが提案されているがここでは若林のモデル（若林，1993）を図6-1に示した。
　コミュニケーションが成立するためには送信者と受信者が必要である。送信者は通常一人であるが，受信者は一人または複数存在する。コミュニケーションのプロセスは通常5つのパートより成り立っている。すなわち，①送信者，②メッセージ，③チャネル，④受信者，⑤フィードバックである。このうち送信者の中には「コミュニケーションの意図（役割・欲求・情報）」「メッセージの創造」「記号化」のプロセスがあり，受信者のほうには「記号解読」「メッセージの理解」が存在する。また通常，受信者は送信者に役割を変更する。こうして一連のコミュニケーションが成立する。
　図6-1においてチャネルというのは通信の媒体を指しており，口頭のコミュニケーションであれば空気中の空間，電話の場合だと電話機および回線，E-mailの場合はインターネットなどが考えられる。
　コミュニケーションのプロセスにはノイズが発生する。ノイズは正確なコミュニケーションの伝達を妨げるが，それには単に物理的なものだけではなく，意味的なもの，あるいは文化差などが挙げられる。

第2節　対人的コミュニケーション

（1）対人的コミュニケーション機能

　組織の基本を人間関係と考えた場合，その人間関係を支えるのはいうまでもなく対人的コミュニケーションである。では対人的コミュニケーションというのはどのような機能・役割を果たしているのであろうか。ロビンズ（Robbins, 2005）は①コントロール，②モティベーション，③感情表現，④情報の4つを挙げている。このうちコントロールというのはたとえば管理者が部下に対して仕事の指示をする場合などが考えられる。モティベーションは管理者が部下を動機づけるうえでなされるコミュニケーションと理解されよう。感情表現は日常生活の中で泣いたり，笑ったりということでコミュニケーション行動のもっとも卑近な例である。情報提供もコミュニケーション行動のもっとも重要な機能のひとつである。

（2）個人のコミュニケーション・スタイル

　対人的コミュニケーションを理解する場合には，その個人差に注目する必要がある。そのひとつとしてジョハリの「心の4つの窓」という考え方がある。これはジョセフとハリーがほぼ同時期（1955）に提案したところからこうした呼び方がなされている。4つの窓とは図6-2に示したものである。これは個人が他者と接する場合においてどの程度「自己を開放」しているか。その程度をパターン化したものである。第1の窓は「開放された窓」で自分自身が知っており，他者も知っている自己の部分。第2の窓は「盲点の窓」と呼ばれる部分である。すなわち，他者は知っているが，自分自身は知らない自己の部分である。いわゆる裸の王様の部分ということになろう。第3の窓は「隠された窓」と呼ばれる。それは自分自身は知っているが，他人は知らない自分の「秘密の窓」である。そして最後の第4の窓は「未知の窓」である。この窓は自分も知らないし，他人も知らない「知られざる自分」の部分である。

　自己を理解し，対人関係を発達させるためには第1の窓を拡大させる必要がある。そのためには縦方向の自分の自己解放性を広げるとともに，他者からの

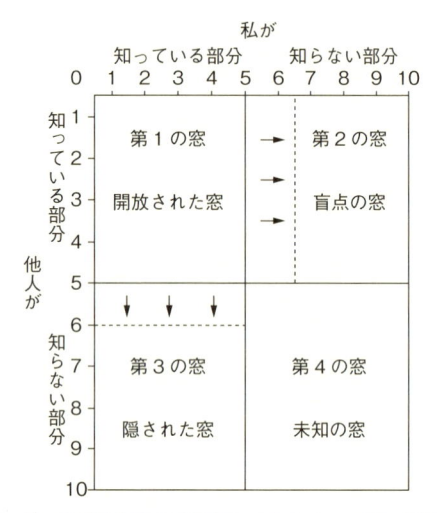

図6-2 ジョハリの心の4つの窓(Luft & Ingham, 1955；原岡, 1990)

注 横軸に私が自分を知っている程度を0-10の目盛りの上にとり，縦軸に他人が私を知っていると思う程度を0-10の目盛りの上にとる。2つの数値に基づいて，縦線横線を引けば自分のもっている4つの窓の大きさが決まる。

フィードバックを受け，「知らない自分」への気づきを与えるという両面からの努力が必要になる。今この個人差からマネジャーのスタイルを区別してみよう（Ivancevich & Matteson, 1999）。

タイプA：開放もしないし，フィードバックも求めないマネジャー。このタイプAは「未知の窓」が支配的で，行動傾向として①不安と敵意，②他者に距離を置き，③冷たい。しばしば専制型のリーダーの特徴を示す。

タイプB：このタイプのマネジャーは「隠された窓」が対人関係の主要な特徴である。彼は部下との満足した関係は望みつつもその性格のために自分の感情をオープンに表現できない。部下は自分たちのマネジャーが自分の意見やアイデアを隠していると悟るのでマネジャーを信頼しない。

タイプC：このタイプのマネジャーは自分の意見を価値あるものとし，積極的に主張するが，他者のアイデアや意見はあまり聞こうとはしない。「盲点の窓」が支配的なリーダーである。部下は「マネジャーが自分自身の重要性と威信の維持にのみ関心をもっている」と悟る。このマネジャーの下では部下は敵意をもったり，恨みをもったり，自信をなくしたりする傾向がある。

タイプD：このタイプのマネジャーは「開放された窓」を主要な特徴とし，もっとも望ましいマネジャーである。すなわち自己開放性とフィードバックの同時拡大に努力し，求めるリーダーである。

(3) 非言語的コミュニケーション

対人的コミュニケーションは言語によるコミュニケーションの他に非言語的コミュニケーションがある。「目は口ほどにものを言い」というように非言語的コミュニケーションは対人的関係において重要な役割を果たす。

1) 非言語的コミュニケーションの種類　非言語的コミュニケーションには次のようなものがある。

対人的距離：話をする場合，両者にはその親密度に応じた適切な距離がある。たとえば見知らぬ他人，知人，恋人ではコミュニケーションの距離が異なっている。

表情：顔の表情は個人の感情の率直な表現である。とりわけ目はもっとも豊富な感情伝達手段である。

視線：視線（アイコンタクト）は有力な非言語的コミュニケーションの方法である。一般に親密なほどアイコンタクトは頻繁に起こる。

動作：対人場面での個人の「姿勢」「手を振る」「足を組む」などはその個人の心理状態を相手に伝達している。この中には無意識的動作も少なくない。

準言語：声の大きさ，抑揚，間の取り方などはコミュニケーションの効果を左右する。これらは個人の性格特性もあるが，対人的スキルとして学習されたものもある。

匂い（香り）：匂いも意図的に演出されたものと無意識的なものとが含まれる。いずれも対人的コミュニケーションの有力な方法になる。

人工物：服装，化粧，装飾品も非言語的コミュニケーションのひとつとして考えられる。式典の礼装から日常の服装まで個人の意図を伝えている。

2) 非言語的コミュニケーションの機能　アーガイル（Argyle, 1972）は非言語的コミュニケーションの機能として次の3つを挙げている。

①社会的状況の調節：これは両者の親密さの程度や個人の意志を非言語的コミュニケーションによって示そうとするものである。アイコンタクトや服装な

どはその一つの典型である。

②言語的なコミュニケーションの補完：声の大きさ，話の間，ジェスチャー，振り付けなどはそれだけでは大きな意味をなさないが，言語的なコミュニケーションの補完をする。

③言語的コミュニケーションの代替：非言語的コミュニケーションが言語的コミュニケーションに置き換わった場合である。ノロシ，出発のピストルの音，監督のサインなどである。手話は言語的コミュニケーションにもっとも近い非言語的コミュニケーションということができよう。

3）言語的コミュニケーションと非言語的コミュニケーションの矛盾

日常生活において送信者の言語的コミュニケーションと非言語的コミュニケーションの内容が矛盾する場合（mixed communication という）がある。そうした場合には受信者は通常非言語的コミュニケーションを真の意味を伝えているものと理解する。なぜなら非言語的コミュニケーションはその個人では統制できない本音の表現として理解されているからである。

第3節　組織コミュニケーション

（1）組織コミュニケーションの重要性

組織コミュニケーションの特質はコミュニケーションが組織場面において組織目標達成を目指してなされるという点にある。組織が激烈な競争社会の中で生き残っていくためには環境の変化を的確に認知し，環境変化に応じた製品・サービスの提供が必要であろう。また，組織内においては効率化と高性能な製品・サービスが求められる。そのためには組織コミュニケーションの向上が重要な課題として挙げられよう。フレンチら（French et al., 1985）は，組織コミュニケーションを表6-1に示すように4つのタイプに分類している。

このうちタイプ（Ⅰ）と分類されるのが組織内コミュニケーションで，通常，組織コミュニケーションという場合にはこの領域を指す場合が多い。(Ⅱ), (Ⅲ) と分類されるのが組織間，ないしは組織とユーザーとの間などでなされる組織外コミュニケーションである。組織を環境への適応を果たすオープン・システ

第3節　組織コミュニケーション

表6-1　組織コミュニケーションのタイプ (French et al., 1985)

		受け手	
		組織のメンバー	組織外の人々
送り手	組織のメンバー	タイプI 組織目標 行動計画 仕事の調整 結果のフィードバック など	タイプII 会社のPR 広告 ユーザーへの明細書 仕入れ先の注文 ユーザーからの質問への解答 公共機関からの質問への解答
	組織外の人々	タイプIII 組織への問い合わせ 消費者の組織への不満 広告 公共機関などからの文書 など	タイプIV 消費者が組織について公共機関に不満の訴え 組織についてのうわさなど

ムとしてとらえる場合によく理解される側面である。最近は顧客満足，IR活動，環境経営など，この領域のコミュニケーション活動の重要性が認識されるようになってきている。(IV) に分類されるものは，直接，当該組織に対してなされたものではないが，その結果は組織の利害を大きく左右するものである。

本章では経営組織心理学という性格上，組織コミュニケーションの中でもタイプIの組織内コミュニケーションに焦点を当てて論じたい。

(2) フォーマル・コミュニケーション

組織コミュニケーションはフォーマル・コミュニケーションとインフォーマル・コミュニケーションに分類される。組織の仕事上の情報伝達はそのほとんどがフォーマル・コミュニケーションによるものである。それは職制を通して伝達される。

インフォーマル・コミュニケーションは職制というよりも従業員のつくるコミュニケーション・ネットワークを通して伝達され，従業員の欲求の充足，職場への適応を促進させる。

1) 下方向コミュニケーション　フォーマル・コミュニケーションは流れる方向によって3つに区別されている。下方向コミュニケーション，上方向コミュニケーション，水平方向コミュニケーションである。下方向と上方向を

合わせて垂直方向のコミュニケーションという場合もある。

　下方向コミュニケーションは上司から部下へのコミュニケーションの方向であり，カッツとカーン（Katz & Kahn, 1966）は次の5つを挙げている。
　①特定の課業に関する指示
　②仕事の手続きや実践に関する情報
　③仕事あるいは，他の仕事との関係を理解させるための情報
　④部下の仕事の結果のフィードバック
　⑤組織目的を教え込むための情報
　5つのコミュニケーションはそれぞれ組織目標の達成のために重要な役割を果たしている訳であるが，前者の3つがメンバーの職場適応の基本を示しているのに対して，後者の2つはメンバーの仕事に対するモティベーションや企業へのコミットメントを醸成するうえにおいて重要な役割を果たしている。また，広い意味での下方向コミュニケーションとしてその他人事異動，企業業績なども含まれる。

　2）上方向コミュニケーション　　このタイプのコミュニケーションは，部下から直属の上司に向かってなされるものである。典型的な例として仕事内容の報告，意見具申などである。OJTでよく指摘される「ホウレンソウ」，すなわち「報告」「連絡」「相談」は上方向のコミュニケーションの模範行動である。また，日本企業の特色のひとつとして指摘されているQCサークル活動（TQM）報告や提案制度など階層水準を飛び越してなされるものもある。

　組織が有効に機能するためには上方向コミュニケーションと下方向コミュニケーションの組み合わせ，すなわち双方向のコミュニケーションが必要である。組織はこの双方向のコミュニケーションを通して自らのコミュニケーション活動のチェックをすることが可能になる。

　上方向コミュニケーションの中には仕事と直接関係ないものも含まれる。メンバーの個人的悩み，メンバー間のトラブルの相談である。こうしたコミュニケーションへの適切な対応がメンバーの組織コミットメントなどを高めるきっかけになっていく。

　3）水平方向コミュニケーション　　今日のように激変する環境下で組織が生き残り，発展していくためには変化への柔軟な対応が必要である。そのた

めには組織内部の同一階層水準内の意見調整がとくに必要になってこよう。水平方向コミュニケーションはこの種の要望に応えたものということができよう。すなわちこのタイプのコミュニケーションは部・課長会議，委員会など職場間の調整として利用される。

馬場（1983）は，水平方向コミュニケーションのもつ特徴として「説得的内容」という点を挙げている。下方向コミュニケーションは権威によってその受要効果がバックアップされているが，水平方向のそれは，その情報のもつ魅力によって受け手の行動が左右される。したがって，送り手としてもその情報のもつ魅力を効果的に伝達する必要に迫られる。

（3）インフォーマル・コミュニケーション・ネットワーク

組織コミュニケーションの大きな特徴はフォーマル・コミュニケーションに対してインフォーマル・コミュニケーションの存在である。インフォーマル・コミュニケーションはいわゆる「口コミ」といわれるもので，自然発生的につくられた対人関係のネットワーク（グレープバイン（grapevine）と呼ばれる）上を流れる。インフォーマル・コミュニケーションの内容は会社の経営活動（会社の将来計画，人事異動）から，仲間のプライバシーに至るまで多種多様である。

図6-3はインフォーマル・コミュニケーションの流れを示したものである。この図からも明らかなようにコミュニケーション・ネットワークにおける個人の役割は同じではない。

インフォーマル・ネットワークの研究は特徴として次の点を指摘している。

①噂は正確である：噂といえば一般に不正確で信用できないと見られているが，研究結果によるとその正確さは78％〜90％までにわたっている。

②噂は速い：インフォーマル・ネットワークは柔軟性があり，個人的であるので一般に速く流れる。

③内容は従業員の利害に関係するものが多い：インフォーマル・コミュニケーションは従業員がもっとも欲している情報であることが多い。

インフォーマル・コミュニケーションは活発で大量の情報を提供する。この種のコミュニケーションは組織にとって有害な場合もあるが，有益な場合も少

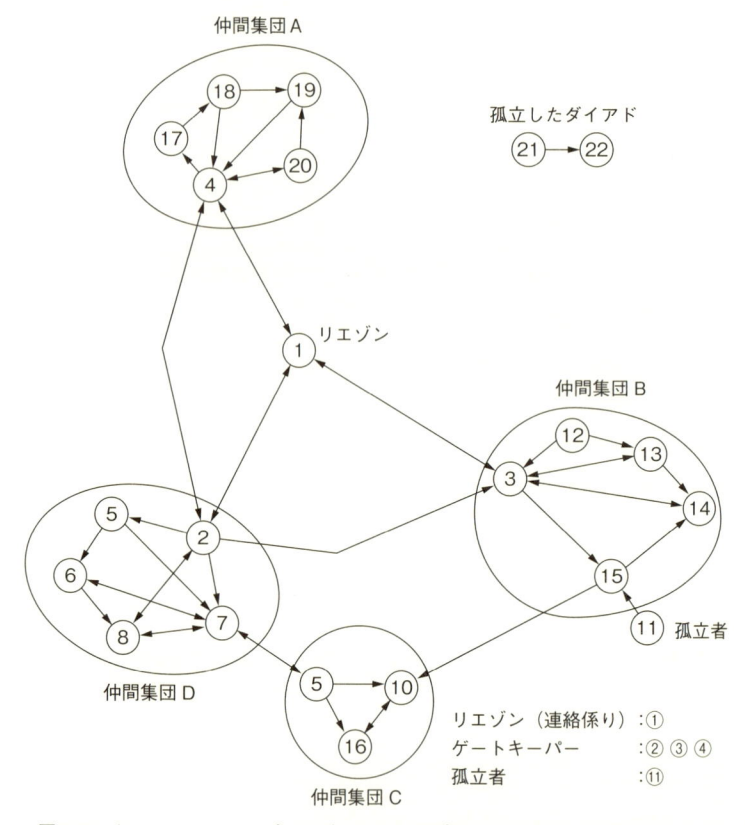

図6-3 インフォーマル・コミュニケーションの流れ（Rogers & Rogers, 1983を参照）

リエゾン（連絡係り）：①
ゲートキーパー　　：② ③ ④
孤立者　　　　　　：⑪

なくなく，組織全体としても自らのコミュニケーションのあり方を考えるきっかけにするとともにそうしたコミュニケーション・ネットワークを有効に活用することも重要である。

第4節　組織におけるコミュニケーション障害物

　組織のコミュニケーションはさまざまな原因によって歪められて伝えられ，あるいは理解される。それではどのような要因がコミュニケーションを歪めて

いるのであろうか。その要因として次の4つを挙げることができる。
　①メンバーの個人的要因
　②組織内の構造要因
　③文化的要因
　④コミュニケーション状況要因
　以下これらの点について述べていきたい。

（1）メンバーの個人的要因

　メンバーの個人的要因としては，メンバーの情動的状態，経験，価値観，態度が挙げられる。情緒的に興奮状態であれば十分なコミュニケーションが行なわれず，また相手のメッセージも十分に理解できない。

　経験，価値観や態度の違いも効果的なコミュニケーションの障害になる。それは図6-4に示すようにメンバー間に共通の準拠枠がつくり出されないためである。コーエン（Cohen, 1983）は職場内での男子社員と女子社員とのミスコミュニケーションと呼ばれる「コミュニケーション障害」を指摘している。彼女によれば，女子社員が職場の長であっても男子社員は「上司」としてよりも「女性」として見やすいという。そして情報伝達においてもフォーマルなコミュニケーション以上に服装，表情，しぐさなど非言語的コミュニケーションに強い関心を払うという。また，男性が昇進や職位にたいへん関心をもつのに対して，女性は人間関係に強い関心を示し，そうした違い，あるいはそれから

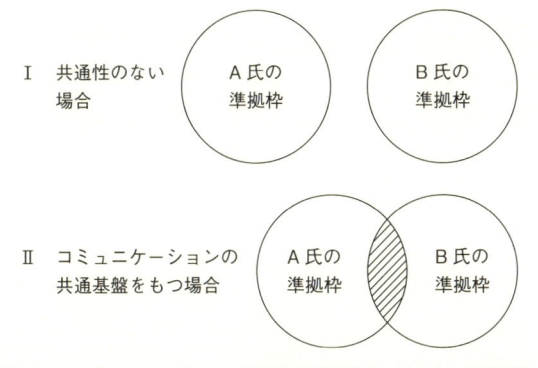

Ⅰ　共通性のない場合　　A氏の準拠枠　　B氏の準拠枠

Ⅱ　コミュニケーションの共通基盤をもつ場合　　A氏の準拠枠　　B氏の準拠枠

図6-4　コミュニケーションの障害を規定するメンバーの準拠枠

生じるステレオタイプな考え方が両者のコミュニケーションの障害となっているという指摘もある。

(2) 階層構造

組織におけるコミュニケーションの最大の障害は組織構造内の階層の格差によるものであろう。情報が職制の上から下に流れる場合，逆に下から上に流れるなかで，情報の選択（フィルターリング）ないしは歪みが生ずる。この種の歪みには意図的なものとそうでないものとが含まれる。

コミュニケーションが上方向に向かう場合にはどうであろうか。部下が報告する内容の中に，上司にとって不快なものが含まれていると予想される場合には，都合の悪い部分は削除され他の部分が強調されて伝達される場合がある。

一方，上司から部下に情報が伝達される場合でも，部下を不快にさせる情報，上司自身の勢力を弱める情報の伝達には上司は消極的になりやすく，延期したり，歪曲されることがある。

(3) 文化の壁の問題

文化の要因も重要である。今日のようにグローバル化の時代では異文化間のコミュニケーションは必要不可欠な企業の条件である。そうした場合に異文化に関するステレオタイプないしは自国の文化・価値を高く評価するエスノセントリズムはコミュニケーションの障害になる。

またコミュニケーションの障害として指摘されるものに言語の違いから生ずる微妙な意味の伝達のむずかしさがある。文化によって同じ非言語的シンボルも異なった意味をもつことがある。出張先の言語を学習することは努力を要するが，その効用は努力以上のものであるという指摘もある（Schermerhorn et al., 2005）。

(4) 状況要因

コミュニケーションの状況要因がコミュニケーションの障害になっている場合がある。情報過多は組織のシステムあるいは個人が操作できる能力以上の情報を受け取るときに生じる。ロジャースら（Rogers & Rogers, 1985）によると

組織の一成員が情報過多に陥るとそれが他の成員にも波及し、組織の生産性は低下するという。一般に組織が効率的に機能するには情報が縦横無尽に自由に流れなければならないと、多くの人は信じているように見える。しかしながら組織の重要な機能は必要な情報が効率よく流れるように組織の情報伝達のシステムを設計することである。

第5節　効果的なコミュニケーションのための戦略

(1) 組織内コミュニケーションの実態把握

組織内のコミュニケーションの改善を行なうためにはまず実態を把握する必要がある。ここでは組織全体として実態把握と管理者個人の職場内分析に分けて述べたい。

1) コミュニケーション監査　組織内のコミュニケーションがメンバーからどのように評価され、どのような問題があるかを明らかにすることをコミュニケーション監査という。監査の手続きはアンケート調査を実施したり、面接調査を行なう。そして、コミュニケーションが受け入れられ、理解され、望ましい反応を生み出している程度を評価する。コミュニケーションの監査をすると、通常、コミュニケーション・スキル訓練の必要性が指摘される。

2) 相互交流分析　管理者にとって部下とのコミュニケーションのネットワークがどのようになっているかを理解するために、フレンチら（French *et al.*, 1985）は相互交流分析法を提案している。この方法は精神分析的手法のひとつで、対話者それぞれの行動が、ペアレント、アダルト、チャイルドのどれから来ているかを発見し、対話者の交流パターンを判定しようとするものである。図6-5はその一例を示している。

ハーシーとブランチャード（Hersey & Blanchard, 1974）によれば、管理者は部下との相互交流の中で、2つのタイプを知ることが重要であるという。すなわち、図6-5に示した相補型と交差型の両タイプである。このうち相補型タイプの特徴は、自分の発信に対して、相手の反応が予見でき、対話者間のコミュニケーションが閉ざされていないことである。

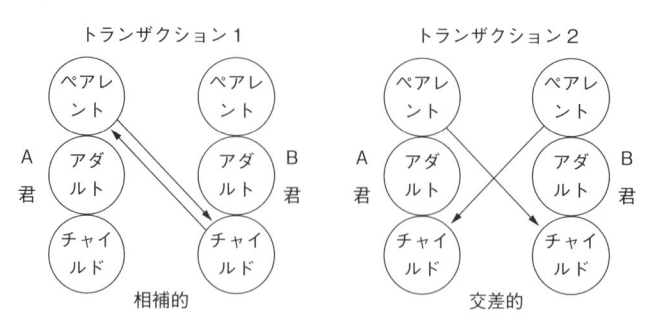

図6-5 コミュニケーション過程の相互交流分析(Hersey & Blanchard, 1975)

一方，図6-5に示した交差型タイプは，相手の反応がこちらの期待と違うばかりか，こちらの意図からもずれてしまう場合である。そこにはコミュニケーションの障害が発生しやすい。

職場の交流分析のタイプとして管理者と新入社員の関係はしばしば「ペアレントとチャイルド」という関係が起こりやすいが，管理者と従業員の成熟した二者関係は「アダルトとアダルト」の関係が望ましい。

(2) 効果的なコミュニケーションのための戦略
1) 管理者の能力開発

コミュニケーション・スキルの訓練：AT&T社での研究によれば，管理者のコミュニケーション・スキルは管理者としての成功のためのもっとも必要とされる技能であるという。かつてクライスラーの救世主といわれたアイアコッカは学校教育の中でもっとも記憶に残る点は，コミュニケーションの仕方を学習したことであると語ったという。

それでは具体的にコミュニケーション・スキルの改善というのは，どのような点を考慮すればよいのであろうか。フレンチら（French et al., 1985）は次の点を挙げている。

①フィードバックを与えたり，快く受けたりオープンな心になる。
②支持的な雰囲気は，効果的な対人的コミュニケーションの目標であり，条件でもある。
③評価的でない方法で，人々について述べるようにする。

聞き上手：コミュニケーション・スキルを改善する方法として，「積極的な聞き役になる」という点が挙げられよう。コミュニケーションの専門家は，管理者の毎日の仕事の約70％がコミュニケーションに費やされており，このうち45％が他者の話を聞くことであると指摘している。ところが管理者の多くは聞く方が意外に不得手で有効でないという。

聞く（傾聴する）ということは困難な仕事であり，集中力と努力を必要とする。英語圏の人は，1分間に125語の速さで話をするが，人間の脳はその約5倍の処理能力をもつといわれる。したがって，話し手が2〜3分以上話を続けると，聞き手は退屈なために聞きながら他のことを考えるという誘惑に駆られるのである。ましてや忙しかったり，相手が部下であったり，人間関係がうまくいっていない人の場合はなおさらである。「聞き上手になる」という意識改革をすすめたい。

2) 組織システムとしての対策

インフォーマル・ネットワークの活用：組織としての戦略的な対策のひとつは，インフォーマル・ネットワークを有効に使うことである。

インフォーマル・コミュニケーションは避けることのできないものである。したがって，これを放置したり，無視したりするのではなく，それについて関心をもち，マルチ・チャンネルのひとつとして積極的に活用することである。場合によっては，そこで得られた反省を活かしたフォーマルなコミュニケーション・システムの改善も検討されるべきである。

人事選抜面からの対策：一般に人のコミュニケーション・スキルは比較的変化しにくいものである。したがってもう一つの対策としては選抜試験の段階でスキルに秀でた人材を採用することも重要な点である。

3) 職場環境の改善

職場の物理的環境の改善：職場内のコミュニケーションを円滑に行なうためには職場内，とりわけオフィスのレイアウトを重視する立場がある（南川，1983）。彼らによれば，従来のオフィスのレイアウトは必ずしも企業内のコミュニケーションのネットワークに対応しているとはいいがたい。そこで，それぞれの企業においては，そのコミュニケーションの流れを把握し，その構造に対応したオフィスのレイアウトを考えるべきだとしている。図6-6は2つの

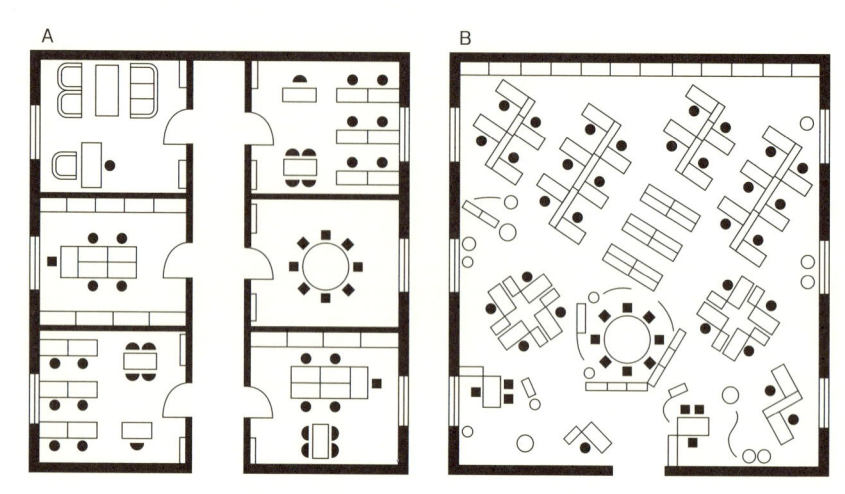

図6-6　オフィスのレイアウト（南川，1982）
注　図Aが従来の方式，図Bがオープンプランオフィス

オフィス形式を対応させたものである。

図6-6のAのオフィス形式に比べて，B形式はコミュニケーションの流れを考慮したオープンプラン・オフィスのレイアウトを示したものである。

企業は現状を適切に評価するとともに，企業の活性化をはかり，生産性を向上させていくためにはどのような施策が容易なのか，十分検討する必要があろう。

ITの活用：20世紀の後半から21世紀にかけてコミュニケーション手段の革命が進行している。ITの技術革新によるインターネットと携帯電話の爆発的普及である。

これらの道具の普及によって従来に見られないコミュニケーションの活性化がはかられてきた。もちろんこれらのコミュニケーション技術の発達は従来の対面的コミュニケーション媒体の重要性を低下させるものではないが，情報の蓄積，活用を促進し，テレビ会議，バーチャル・オフィスの出現，テレワークの発達など従来の労働形式さえも変化させている。とくに組織内コミュニケーションということで注目されているのはグループウェアと社内ソーシャル・ネットワーキング・サービス（社内SNS）である。グループウェアは企業内LAN，最近ではイントラネットを活用して職場内の情報共有やコミュニケー

ションの効率化をはかり，グループによる協調作業を支援するソフトウェアである。その目的は業務の効率化である。それに対して社内 SNS は，最近注目されている情報技術で社内のメンバーの幅広い情報共有を目的としたものである。それは外部からの情報をシャットアウトするだけではなく，外部への情報漏れについても十分なセキュリティが保障されている。したがってナレッジ・マネジメントのツールとして社内の部門・事業部を越えた情報共有が期待されている。また，このシステムは申込み制をとっているためにそれ自身は公的なシステムであるが，その性格はフォーマル・コミュニケーションとインフォーマル・コミュニケーションの中間に位置している。その点，システム運営者が管理するグループウェアとは異なり，参加者自体が自由にコミュニティを開設・運営・閉鎖できる。これら IT 技術の利用は，企業の効率化においてなくてはならないものであろうが，自らの企業の現状と将来像も描きながらこれら IT 技術に対応することが必要であろう。

まとめ

- コミュニケーションとは一般に「送り手が相互理解を図るために受け手にメッセージを伝達する過程」と定義される。
- コミュニケーション・モデルはいくつかあるが，組織コミュニケーションを理解するうえでは若林のモデルが参考になる。
- 対人的コミュニケーションは組織コミュニケーションの基本である。対人的コミュニケーションには言語的コミュニケーションと非言語的コミュニケーションとが区別される。
- 個人のコミュニケーション・スタイルを理解する方法としてジョハリの「心の4つの窓」がある。
- 組織コミュニケーションはフォーマル・コミュニケーションとインフォーマル・コミュニケーションがある。
- フォーマル・コミュニケーションは下方向のコミュニケーション，上方向のコミュニケーション，水平方向のコミュニケーションに分類される。
- 組織コミュニケーションの障害には個人的な要因，組織的な要因，文化的要因，状況的要因がある。

- コミュニケーションを効果的に行なうためにはコミュニケーションの実態を把握することが重要である。
- 改善方法としてコミュニケーション・スキルの改善，組織システムの改善，職場環境の改善が挙げられる。

演習課題

1. コミュニケーションの基本的な要素とは何か。
2. 組織においてフォーマル・コミュニケーション，インフォーマル・コミュニケーションの果たす役割を考えてみよう。
3. 組織内コミュニケーションの障害要因と克服の仕方を考えてみよう。
4. 組織内コミュニケーションが組織活性化，業績向上に結びつくにはマネジャーのどのような努力が必要か考えてみよう。
5. IT化が社内のコミュニケーションの流れをどのように変えたか考えてみよう。

トピックス　松下幸之助　実践経営哲学　衆知を集めること

　衆知を集めた全員経営，これが私が経営者として終始一貫心掛け，執行してきたことである。全員の知恵が経営の上により多く生かされれば生かされるほど，その会社は発展するといえる。
　私が，衆知を集めるということを考えたのは，1つには自分自身があまり学問，知識というものをもっていなかったから，いきおい何をするにも皆に相談し，皆の知恵を集めてやっていくことになった面もある。しかしいかに学問，知識があり，すぐれた手腕をもった人といえども，この「衆知を集める」ということは極めて大切だと考えている。それなしには真の成功はあり得ないであろう。——中略——
　もっとも衆知を集めることが大切といっても，それは事あるごとに人を集めて会議をしたり，相談しろというのではない。大切なのは形ではなく，経営者の心構えである。つまり衆知を集めて経営の大切さを知って，日頃から努めて皆の声を聞き，また従業員が自由にものをいいやすい空気をつくっておくということである。そういうことが日常的にできていれば，事にあたって経営者が1人で判断しても，その判断の中には既に皆の衆知が生きているといえよう。
　また，経営者自らが衆知を集めてものを考え，仕事をしていくことも大切

だが，それとともに，出来るだけ仕事を任せて部下の人々の自主性を生かしていくことも，衆知を生かす一つの生き方である。
　いずれにしても具体的なやり方はいろいろあっていいが，常に「衆知を集めてやらなくてはいけない」という心がけはもたなくてはならない。そういう気持ちがあれば，人の言葉に耳を傾けるなど，それにふさわしい態度も生まれて，ことさらに求めずともおのずと衆知が集まってくることも一面に出てくるものである。
　ただ，どんな場合でも大切なのは，衆知を集めるといっても自分の自主性というか主体性をしっかりもっていなくてはならないということである。あくまで自分の主体性をもちつつ他の人の言葉に素直に耳を傾けていくところに，ほんとうに衆知が生きてくるのである。

松下幸之助　2001　実践経営哲学　PHP 研究所より転載

文　献

馬場昌雄　1983　組織行動　白桃書房

Cohen, L. E.　1983　Nonverbal (miss) communication between managerial man and woman. *Business Horizon*, January-Feburuary, 13-17.

Hovland, C. L., Janis, I. L., & Kelley, H. H.　1953　*Communication and persuasion*. New Haven, CT: Yale University Press.（辻　正三・今井省吾訳　1960　コミュニケーションと説得　誠信書房）

French, W. L., Kast, F. E., & Rozenzweig, J. G.　1985　*Understanding human behavior in organization*. New York: Harper & Row.

Hersey, P., & Blanchard, K. H.　1977　*Management of organizational behavior :Utilizing human resources*. Englewood Cliffs, NJ: Prentice-Hall.（山本成二・水野基成・成田　攻訳　1978　行動科学の展開　日本生産性本部）

Ivancevich, J. M., & Matteson, M. T.　1999　*Organizational behavior*. London: Irwin.

Kats, D., & Kahn, R. L.　1978　*The social psychology of organizations*. New York: Wiley

Luft, J., & Ingham, H.　1955　"The Johari window, a graphic model of interpersonal awareness". *Proceedings of the western training laboratory in group development*. Los Angeles: UCLA.

松原敏浩　1990　企業組織におけるコミュニケーション　原岡一馬（編）人間とコミュニケーション　ナカニシヤ出版

松下幸之助　2001　実践経営哲学　PHP 研究所

南川英雄　1982　職場におけるコミュニケーション　関本昌秀（監）組織と人間行動　泉文堂

Robbins, S. P. 2005 *Organizational behavior*. Upper Saddle River, NJ: Prentice-Hall.
Rogers, E. M., & Rogers, R. A. 1976 *Communication in organization*. New York: Free Press.（組織コミュニケーション学入門　宇野善康・浜田とも子訳　1985　ブレーン出版）
Schermerhorn, J. R. Jr., Hunt, J. G., & Osborn, R. N. 2005 *Organizational behavior*. New York: Wiley.
Tosi, H. L., Rizo, J. R., & Carrol, S. J. 1986 *Managing organizational behavior*. Boston, MA: Pitman .
若林　満　1993　組織と人間　原岡一馬・若林　満（編）　組織コミュニケーション　福村出版

第7章

リーダーシップ

第1節　管理者の役割とリーダーシップ

(1) リーダーシップとは

　組織が競争社会の中で生き残って，発展していくためには，組織を支え，推進していく管理者のリーダーシップが大変重要であることはいうまでもない。この章では現在リーダーシップがどのよう考えられているか，ということを管理者に焦点を当てながら述べていきたい。

　最初にまず，リーダーシップとは何か，そしてこの「リーダーシップ」と管理者の役割について述べたい。リーダーシップとは「集団および組織の目標を達成するためにメンバーが影響力を行使するプロセスである」と定義されている。「影響力を行使する」ということをわかりやすくいえば「コミュニケーションを通して人に影響を与え，人を動かす」ということである。

　この定義からはリーダーシップは一般にある特定のメンバー，たとえばリーダーあるいは管理者の役割というよりも，メンバー全体に求められる機能として考えられている。すなわち，リーダーシップは時と状況においてはすべてのメンバーに期待されている。しかしながら，集団・組織がその目標を達成するうえでもっとも大きな役割，責任をもつのは管理者であり，管理者が組織の目標達成のために影響力を行使すること，すなわちリーダーシップを振るうことはもっとも自然であり，また期待されている。したがって，ここでリーダーシップというのは「集団および組織の目標達成のために管理者のとるメンバーへの影響力行使のプロセス」というように考えていきたい。すなわち管理者が

その役割を効果的に果たすためには，管理者のリーダーシップが強く求められるのである。

そこで，管理者のリーダーシップを考える場合，管理者は組織の中でどのような役割を果たしているかを従来の管理者研究から考えてみたい。ここではもっとも代表的な研究者であるミンツバーグ（Mintzberg, 1973）とクインら（Quinn *et al.*, 1996）の理論を紹介したい。

（2）管理者の役割

1）ミンツバークの役割論　管理者の役割について最初に言及したのはミンツバーグである。彼は管理者の行動を観察するなかで，管理者には対人関係，情報関係，意思決定の3つの分野にわたって全部で10の役割があるとしている。

まず，対人関係分野では①フィギュアヘッド，②リーダー，③リエゾン（連絡係）の3つの役割がある。

①フィギュアヘッドの役割：管理者が組織を代表して儀礼行為を行ない，また組織を代表して文書などに署名をする役割をいう。

②リーダーの役割：管理者が組織目標の達成のために部下を動機づけるという役割を意味する。ミンツバーグはリーダーを狭い意味に使っている。

③リエゾンの役割：管理者が職場外において対人的ネットワークをつくったり，人間関係および情報の橋渡し役を演ずるという役割である。

情報関係分野には④情報収集者，⑤情報伝達者，⑥スポークスマンの3つの役割がある。

④情報収集者の役割：情報のネットワークをはり，外部情報を素早く的確に収集し，そして分析をするという役割を指す。

⑤情報伝達者の役割：管理者がトップあるいは他の職場からの各種情報を部下に伝達する役割を指す。

⑥スポークスマンの役割：管理者が職場を代表して職場外の人たちに自らの職場情報を伝達するという役割である。

意思決定分野では管理者が直面するさまざまな課題の中で適切な意思決定をして問題解決をしていく役割を指している。具体的には⑦アントレプレナー，

⑧障害処理者，⑨資源配分者，そして⑩交渉者の4つの役割が指摘できる。

⑦アントレプレナーの役割：激変する経営環境の中でリスクを冒しながら経営の舵取りをする管理者の役割を指す。

⑧障害処理者の役割：職場内での部下間の葛藤，その他緊急の問題を的確に解決をする役割を指す。

⑨資源配分者の役割：与えられた資源を組織目標を達成するために適切に配分する役割を指す。

⑩交渉者の役割：管理者が外部の交渉において組織を代表して交渉に当たり，組織の利益を獲得するために意思決定をする役割である。

ミンツバーグはまた，これら管理者の10の役割が，基本的にはすべての管理者に見られるものの，その重要度は職種によって，また組織の中の地位によって異なることも指摘した。

2) クインの理論 クインは管理者の役割を経営管理研究の歴史から考察する。彼は経営管理研究の発展にもっとも貢献した理論として，①生産性を極度に追求したテイラーの科学的管理法，②人間関係の重要性を強調したホーソン研究（人間関係論），③組織の機能を強調したウェーバーらの官僚制機構研究，そして④外部環境への柔軟な適応を強調したオープン・システム・モデルの4つを挙げている。クインはこれらから管理者の役割を考える基本的次元として「柔軟性と統制」の次元と「組織内部焦点と組織外部焦点」という2つの次元を設定し，図7-1に示すような2次元からなるフレームワークを構成することになる。

このフレームワークでは，縦軸が「柔軟性と統制」の軸，横軸が「組織内部焦点と組織外部焦点」である。そしてクインはこうして得られた4つの各象限に2つの役割を対応させて図7-1に示したような8つの役割からなる管理者の役割モデルをつくり上げている。8つの役割とは「プロデューサー」「ディレクター」「メンター」「ファシリテータ（まとめ役）」「モニター」「コーディネータ」「変革者」そして「ブローカー」である。

①プロデューサー：企業目標達成のため率先垂範する管理者の役割を指す。

②ディレクター：目標を設定し，計画をつくり，メンバーに役割・課題を振り分ける管理者の役割をいう。

第7章 リーダーシップ

```
            柔軟性
             │
    メンター  │  変革者
             │
ファシリテータ │  ブローカー
             │
組織内部焦点 ──┼── 組織外部焦点
             │
    モニター  │  プロデューサー
             │
 コーディネータ│  ディレクター
             │
            統制
```

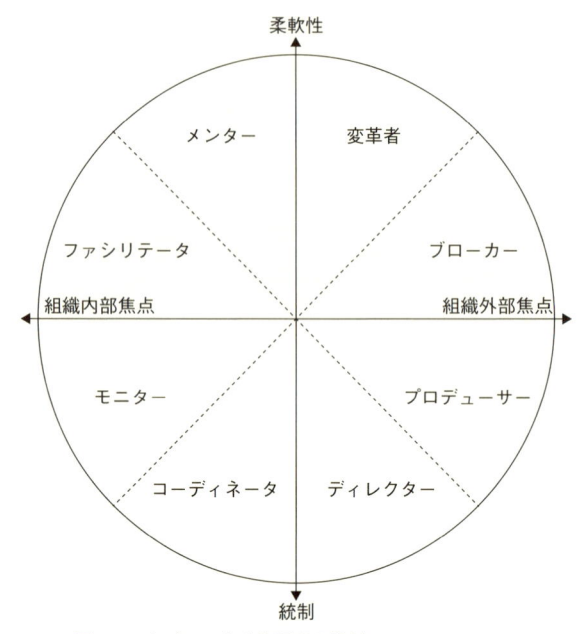

図7-1　クインによる管理者の役割（Quinn *et al.*, 1996）

③メンター：部下の相談，仕事のサポート，部下の能力開発の役割を指す。

④ファシリテータ：職場内の対人葛藤の解決，チームワークを高める管理者の役割を指す。

⑤モニター：個人業績，集団業績，組織の業績を管理する役割を指す。

⑥コーディネータ：プロジェクトを管理したり，職場間の各種の利害関係の調整をしながら作業の促進をはかる管理者の役割である。

⑦変革者：経営環境の変化に伴い，それらの変化に組織を順応させ，さらには組織変革をはかる管理者の役割である。

⑧ブローカー：外部に働きかけ，交渉をして資源の獲得を目指す管理者の役割を指す。

クインによると管理者はこれらの8つの役割すべてをバランスよく果たすことが重要で，特定の役割だけを過大に重視して偏った行動をすると企業業績は低下すると述べている。

トップマネジメントの研究の中でアディゼス（Adizes, 1983）は管理者の役

割・機能として「プロデューサー」「統合者」「管理者」「アントレプレナー」の4つを強調しているが，筆者から見れば，これら4つの役割は先の4つの象限に対応している。

第2節　求められるリーダーの資質―特性理論―

　管理者の資質としてどのような能力，性格が求められるのであろうか。ここでは能力の側面と哲学ないしは倫理・道徳の側面と分けて考えてみたい。
　リーダーの資質（能力）についての研究は特性理論と呼ばれもっとも古いものである。しかしながら，特性理論は古い伝統をもちながら，その理論は必ずしも明確な結論を得ることができなかった。そこで，こうした状況を打開するためにいくつかのアプローチがとられた。それらは①測定法の改善，②「特性」という概念の改善，③状況を考慮した特性理論の再構築（例：フィードラーの認知資源説）という3つのアプローチにまとめることができる。ここでは①と②について述べたい。

（1）測定法の改善
　測定法の改善としては360度フィードバックやアセスメント・センター方式が提案されている。360度フィードバックとは管理者の能力を測定する場合，従来のように評定者を一人とせず，たとえば上司，部下，同僚，顧客というように多面的角度から測定をしようとするものである。
　一方，アセスメント・センターとは能力の測定方法を従来の適性検査や面接に加えて，インバスケット法など管理者の仕事の場面に類似した状況下で測定する方法も加えてより総合的に選抜しようとするものである。
　360度フィードバックは90年代の人事心理学の革新とまでいわれている。ただし，人間関係を重視する日本ではこれを能力開発の一環として使用する企業は多いが，人事考課にまで使用している企業は少ない。
　また，アセスメントセンターは，人材選抜場面だけではなく，能力開発などにも使われているが，時間とコストがかかるのが難点である。

（2）新しい能力概念の提案

他の一つは能力でも知能や性格のように潜在的な能力に注目するのではなく，新しい能力観を提案する試みである。その中には EQ（Emotional Quotient），リーダー・スキル，コンピテンシーなどの考え方が見られる。

1) EQ (Emotional Quotient)　EQ はゴールマン（Golman, 1995）が提唱した概念であるが，これは IQ（知能指数：Intelligent Quotient）に対応した概念で，一種の社会的知能（social intelligence）を意味している。EQ は大きく2つの側面より成り立っている。その1つは目標に向かって自らを奮い立たせ，動機づけ，自分をコントロールできる能力である。他の1つは他者の気持ちを察し，人間関係をうまく処理する対人的な能力である。EQ の概念の中には「対人関係の能力」「自己のコントロール」「フラストレーション耐性」といったリーダーに求められる重要な特性が含まれていると考えられる。

2) リーダー・スキル　カッツ（Katz, 1955）はリーダー・スキルという概念を提案した。このリーダー・スキルは知能，性格などの潜在的・素質能力をベースにして，各個人が自らの経験をもとに獲得した現在の行動的な面での能力ということができる。カッツはこのスキルを概念的スキル，対人的スキル，技術的スキルの3つに分割している。図7-2を参照されたい。

概念的スキルとは複雑な事象の分析能力，将来を洞察する能力，複雑なアイデアを概念化する能力を指す。知能にもっとも近い。対人的スキルは，人の心情を理解し，他者との協力関係を維持・発展させる能力である。技術的スキルとは製品サービスについての知識，仕事の手順・操作などの知識，マーケット・競争相手についての知識を含んでいる。

カッツはまた，これらのスキルは階層水準においてその必要度が異なり，第一線監督者のような下級管理者では技術的スキルが概念的スキルよりも重要，上級管理者では概念的スキルが技術的スキルよりも重要としている。そして，対人的スキルはすべての階層の管理者に同様に必要であるとしている。

3) コンピテンシー　コンピテンシーという概念は90年代から急速に人事管理の中に取り込まれた用語である。スペンサーによれば，コンピテンシーとは「平均的な業績をあげる人材と並はずれて優れた業績をあげる人材とを有意に識別することができ，測定または数値で表すことのできる個人差」として

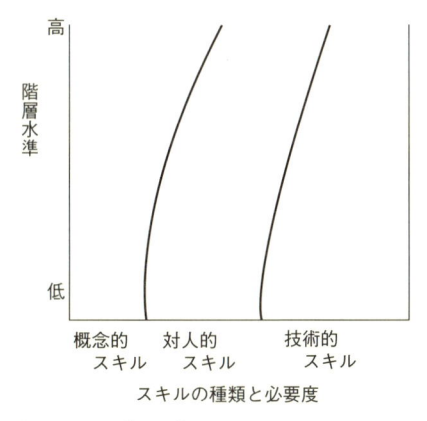

図7-2　リーダーに求められるスキル（Katz, 1955）

いる。コンピテンシーは個人の能力のうち，業績と直接結びつく能力，また行動として顕在化する能力で，外から観察することが可能という特徴をもつ。

　コンピテンシーの中には今まで挙げたEQ，リーダー・スキルなどの概念も含まれる。

（3）リーダーの倫理的側面

　リーダーがその本来の影響力をもつためには単に能力だけでなく，人格的ないしは倫理的にも優れている必要がある。換言すればリーダーは優れた経営哲学をもつことが求められる。どのような哲学が望ましいのか，それは文化，経済，社会によって規定される側面もあるために一概にいえないが，基本的には「従業員中心主義」「自己に対する厳しさ」「顧客・社会に対する責任」に分けられると思われる。こうした領域についての研究はまだ十分ではないが今後の発展が期待される（松原ら，2003）。

第3節　リーダーの影響力の背景

（1）社会的勢力（social power）

　管理者のリーダーシップが部下に受容されるためには管理者にはパワーが必

要になる。この種のパワーは社会的勢力（social power，以下勢力）と呼ばれる。管理者は部下に対してどのような社会的勢力をもつか。フレンチとレイブン（French & Raven, 1959）などを参考にすると次の6種類が考えられる。ここで重要な点は勢力というのは「リーダー（管理者）自身の認知ではなく，部下の認知によって決定される」ということである。6種類の勢力とは次のものである。

①報酬勢力：リーダーが報酬を与えることができると部下が認知する場合
②強制勢力：リーダーが罰を与えることができると部下が認知する場合
③正当性勢力：リーダーの指示に従うべきであるという規範を部下がもっている場合
④情報勢力：リーダーが豊富な情報をもっていると部下が認知する場合
⑤準拠勢力：部下がリーダーを尊敬，憧憬の対象としている場合
⑥専門家勢力：リーダーが専門的知識をもっていると部下が認知する場合

このうち①から④まではリーダーの地位と密接に関連をもつことから地位勢力といい，⑤と⑥はリーダー個人の人間性から滲み出てくるので個人的勢力ということもある。

管理者にとって重要な点は個人的勢力に基づいた影響力を行使し，地位勢力は直接行使をするのではなく，その背景として働くよう心掛けることである。

（2）リーダー・メンバー関係

組織が優れた業績をあげるためには，リーダーと部下の緊密な関係，信頼関係が不可欠である。グレンら（Graen & Uhl-Bien, 1995）はリーダーシップ現象を集団現象としてではなく，リーダーと部下との二者関係（vertical dyad relationship）としてとらえる。彼らによればリーダーの行動はすべてのメンバーに対して同様ではない。極端な場合においては，リーダーは自分の信頼できるいわゆる「腹心とか，片腕」といわれる部下に対しては組織の情報を詳細に開示し，重要な仕事を任せるのに対して，信頼できない部下に対してはほとんど情報の開示もしないし，瑣末な仕事しか配分しない。一方，部下にしてみても，リーダーの同一の行動に対して同一の解釈をするとは限らない。このような点を考慮したとき，従業員の満足度，あるいは転・退職を予測する場合

においてはリーダー・メンバー関係がきわめて重要な役割を果たすことになる。もちろん組織が発展していくためにはこうしたリーダー・メンバーの関係がメンバーごとに大きく異なることは好ましいことではない。とくに管理者が10人程度の小集団を統率する場合，すべてのメンバーに対して信頼関係を構築することは必要なことであり，不可能なことではない。

　それではこうしたリーダー・メンバー関係構築のプロセスはどのようになっているのであろうか。グレンらはこれらを「リーダーシップ形成のライフサイクル」のプロセスと呼んでいる。彼らによると「リーダー・メンバー関係の発達」を時間軸として見た場合，リーダー・メンバーの関係は最初の「見知らぬ他人」から，「知人の関係」，そして「成熟した関係」に発展するという。「見知らぬ他人」は管理者である課長と新入社員との関係をイメージすればよかろう。そこでは，部下の能力，性格，価値観，あるいは仕事への意欲などが試される。権限委譲も当然小さい，仕事もリスクの小さいものが当てられる。そうした関係の中から，信頼関係が徐々に形成され，やがて「知人の関係」になる。この段階では部下の能力を考慮しながら，ときには重要な仕事も任すことができてくる。職場の中でも一人立ちした従業員である。そして，こうした信頼関係がさらに進むと，リーダーと部下は「成熟した関係」になる。ここではリーダーと部下は互いにパートナーとなり，影響力もリーダーから部下への一方的なものではなく，部下からリーダーへの影響力も大きなものになる。仕事も重要な仕事を任すことになり，部下は個人的な利害を超えてリーダーのために，あるいは組織のために自分にむち打って働くことになる。

　組織のメンバーがすべて，リーダーとの間に「成熟した関係」を築くことはむずかしい。しかしながら，少なくとも「知人の関係」以上にすることは可能である。リーダーはこうした信頼関係の重要性を考慮して「リーダー・メンバー関係」を見つめ直すことが重要である。

　そしてまた，現実の組織場面では管理者は上司をもつことが普通であり管理者には「リーダーとメンバーの双方の役割」が求められることも肝に銘じるべきである。

　リーダー・メンバー関係の研究は日本では若林（Wakabayashi & Graen, 1988）を中心に行なわれている。

第4節　リーダーシップ・スタイル論

　リーダー特性論が思ったほどの効果を示すことができなかったことから，リーダーシップ研究に新たな動きが見られるようになった。それがリーダーによる部下の指導法の研究である。一連のリーダーシップ・スタイル研究がここから始まる。

（1）参加的リーダーシップ研究
　1）アイオワ実験　リーダーシップ・スタイルに最初に注目したのがレヴィンらである。彼らはリーダーの3つの伝統的指導法，すなわち「民主的指導法」「専制的指導法」「自由放任的指導法」が集団の業績や集団の雰囲気にどのような影響をもたらすかに注目した。対象は10歳男児，課題は粘土を用いて仮面を作ることであった。実験集団のリーダーは大学の助手で実験条件に規定されたような指導法を用いてグループを運営して集団作業を遂行した。3つの指導法とは次のようなものである。
　①民主的指導法：リーダーは作業を進めるにあたって子供たちの意見を聞きながら，助言を適宜行なって集団を運営する。賞罰も客観的，即事的である。
　②専制的指導法：リーダーの仕事の進め方はその都度，一方的に指示命令を行なった。賞罰はリーダーの独断で，主観的に行なった。
　③自由放任的指導法：リーダーは積極的に課題遂行に関わることはせずに，子供たちが質問をした場合にのみ答えるという形式であった。また，賞罰は一切しなかった。
　結果は，集団の業績と集団の雰囲気という2つの点で評価された。仮面の生産量では「専制的指導法」と「民主的指導法」がともに優れていた。また，仮面の質，すなわち出来映えについては「民主的指導法」がもっとも優れ，「自由放任的指導法」はもっとも劣っていた。
　集団の雰囲気については「民主的指導法」がもっとも優れていた。子供たちは「民主的指導法」では作業に興味を示し，リーダーが故意にその場をはずしたときも，自分たちで自主的に作業を続けた。実験に対する満足度ももっとも

高かった。

　「専制的指導法」のもとでは子供たちはリーダーに大変依存的になる傾向が高く、リーダー不在のときには遊ぶものが多く見られた。一方で、子供たち同士が攻撃行動を示すことも観察された。「自由放任的指導法」では遊ぶ子供たちが多く、雰囲気はもっとも悪かった。

　これらの結果から「民主的指導法」はもっとも優れた指導法として主張されることになる。現在では民主的指導法は「参加的指導法」、専制的指導法は「指示的指導法」といわれることが多い。しかしながら「民主的指導法」は満足感をもたらすという点では支持されているが、高業績をもたらすという点においては支持されているわけではない。すなわち、部下にとってその課題がむずかしい場合には民主的指導法よりも、専制的指導法の方がより適切であるという指摘も多い。

（2）PM 理論—課題達成と人間関係の統合—

　リーダーが集団を率いるうえでとるリーダーシップ・スタイルはその後さまざまな形で発展していく。三隅二不二（1984）は集団・組織におけるリーダーシップの役割・機能は「課題達成機能（Performance function）」と「集団維持機能（Maintenance function）」にあるとした。「課題達成機能」とは管理者が集団・組織の目標達成のために、計画を立て、体制づくりをする側面と目標達成のために部下を叱咤激励をする側面を含んでいる。一方、「集団維持機能」とは管理者が部下の要求・悩みなどに耳を傾け、その解決の支援・援助をする、あるいは集団の雰囲気を和らげるなどの行動を通して、部下が集団に愛着をもち、集団の一員として残りたいと思うようになるリーダーシップ機能をさしている。そして三隅はこの2つの機能を独立の次元として横と縦の2次元に配して PM 理論を展開している。

　三隅らはリーダーシップ行動測定尺度を開発して、部下に上司のリーダーシップを評定させた。三隅によればリーダーシップの評定者として部下はもっとも適切であり、部下の評定は上司のリーダーシップの鏡となるという。

　三隅らは個々のリーダーに対する部下の評定の平均値をとってリーダーシップ得点とし、組織内のリーダー全体の平均を求めた。そのリーダー全体の平均

の中で，個々のリーダーがどのようなリーダーとして見られているかを分類した。それが図7-3に示したものである。図7-3に示すようにリーダーはPM型，P型，M型，pm型の4つのタイプに類型化される。

　PM型というのは課題達成，集団維持ともに平均より高いタイプ，P型というのは課題達成は平均より高いけれども，集団維持は平均より低いタイプ，M型は課題達成は平均より低いが，集団維持は平均より高いタイプ，そして最後にpm型は課題達成，集団維持ともに平均より低いタイプである。

　三隅らはこれらのリーダーのタイプと従業員の満足度，集団業績，災害事故などとの関係を検討している。その結果，三隅はPM型のリーダーのもとでは集団業績，満足度がともにもっとも高く，逆に事故はもっとも少ないということを多くの企業で行なった研究に基づいて明らかにしている。逆にpm型はもっとも非効果的なタイプである。すなわちこのタイプのリーダーに率いられる集団は従業員の意欲，集団業績ともにもっとも低いという結果が報告されている。また，P型は業績がPM型に次いで高く，M型は従業員満足度がPM型に次いで高いと予想されるが，三隅によれば長期的に見た場合，M型は従業員満足度，集団業績共にP型を上まわると報告している。これはP型リーダーが，従業員との軋轢を引き起こし，それが従業員の意欲の低下，業績の低下につながると解釈されている。

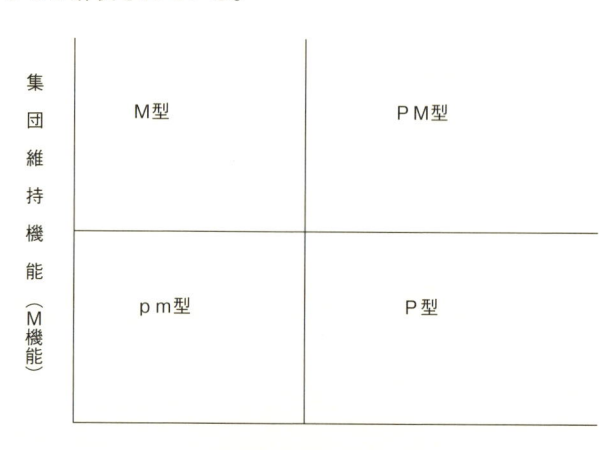

図7-3　PM理論によるリーダーシップ類型（三隅，1984）

（3） 変革的リーダーシップ理論

変革的リーダーシップはバス（Bass, 1985）によって発展されたリーダーシップ論である。バスはリーダーシップのスタイルを変革的リーダーシップと交流的リーダーシップとに区別している。そして従来のリーダーシップ理論は交流的リーダーシップに分類され，変革的リーダーシップは従来にはない新しいリーダーシップの考え方であると主張する。

2つのスタイルは目標達成という点では共通であるが，目標達成のために部下を動機づけるプロセスにおいて異なっている。まず，交流的リーダーシップは「目標到達の手段の明確化」「目標達成に導く行動の強化」「目標達成した場合の強化」ということが焦点になる。ここではリーダーは部下の目標達成が部下の個人的な欲求を満たす手段になることを強調しながら，目標達成のための合理的な解決方法を提案する。ここではリーダーと部下は個人の欲求満足に基礎を置いたドライな「交換関係」をもっていることになる。

一方，変革的リーダーシップにおいては部下への「使命感またはビジョンの伝達，その内在化」「内発的強化」などが重要な問題になる。ここでは部下が個人的な利害を超えて組織の目標達成に燃えるという側面が強調される。

第2の点として交流的リーダーシップと変革的リーダーシップとの関係である。バスは両者は排他的なものではなく，むしろ連続的であり，変革的リーダーが同時に交流的リーダーであることも可能であるとしている。むしろ変革的リーダーが有効であるためには交流的リーダーシップも効果的であることが必要であるとしている。古今の著名な政治家の中でもド・ゴール大統領（仏第5共和制初代大統領）は変革的リーダー，ジョンソン大統領（米36代大統領）は交流的リーダー，ルーズベルト大統領（米32代大統領）は交流的かつ変革的リーダーとしている。

バスはこれら両タイプのリーダーシップの測定尺度を開発しているが，具体的に変革的リーダーシップの構成因子は①カリスマ，②個人的配慮，③知的刺激，④鼓吹的行動よりなるとしている。それに対して交流的リーダーシップは①賞罰によるコンティンジェントな強化，②例外による管理の2因子よりなっているとしている。

バスらはこれら2つのリーダーシップ・スタイルと集団業績，従業員の組織

コミットメントとの関係を検討している。その結果，集団業績，組織コミットメントとも変革的リーダーシップの方が交流的リーダーシップよりリーダーシップ効果が高いことを報告している。そして変革的リーダーシップの中でもカリスマはとくに組織コミットメントおよび業績と高い関係にあるとしている。

第5節 リーダーシップの状況理論

　リーダーシップの状況理論というのは最適な指導法は状況によって異なるという立場をとる。その場合に重要になるのは「状況とは何か，それはどのような要素によって構成されているのか」である。ここではもっともよく知られているフィードラー（Fiedler, 1967）の状況即応モデルとハーシーとブランチャード（Hersey & Blanchard, 1977）のSL理論について述べたい。

（1）フィードラーの状況即応モデル

　フィードラーによればいかなる状況においても通用する最適な1つのリーダーシップ・スタイルは存在しないという。彼はリーダーシップ効果はリーダーシップ・スタイルと集団状況との相互作用で決まるとしている。そこで，彼のユニークなリーダーシップ・スタイルと集団状況が問題になる。

　1）リーダーシップ・スタイル　彼はリーダーシップ・スタイルをLPCスケールで測定する。LPCスケールとは自分にとって「一緒に仕事をするのがもっとも嫌な相手（least preferred coworker）」を思い浮かべさせ，その人のイメージを形容詞対で評定させるものである。嫌な相手を好意的に評価する人を「高LPCリーダー」と呼び，「対人関係志向的」であるとする。嫌な相手をネガティブに評価する人は「低LPCリーダー」と呼び，「課題達成的」であるとする。

　2）集団状況　リーダーにとっての集団状況は「リーダー・メンバー関係」「課題の構造化」「地位勢力」の3つから構成される。「リーダー・メンバー関係」はリーダーと部下との関係，メンバー間のチームワークをいい，集団状況の中ではもっとも重要な要因である。「課題の構造化」はリーダーの集団運営

のしやすさや熟練度を意味している。具体的にはマニュアルの存在とか，課題に対する経験の程度を指す。「地位勢力」はリーダーのもつ権限の程度である。

　3) **概念モデル**　　フィードラーによればリーダーシップ・スタイルと集団状況，リーダーの業績との関係は図7-4に示されるような関係が得られるという。すなわち，リーダーにとってもっとも好ましい状況下と逆にもっとも望ましくない状況下では低LPCリーダーが有効で，真ん中の適度に好ましい状況下では高LPCリーダーが高業績をあげるというのである。

　フィードラーはまたリーダーシップ訓練についても「リーダー・マッチ論」を提案している。

（2）ハーシーとブランチャードのSL理論

　ハーシーとブランチャードはリーダーシップ行動の次元としては「協労的行動」と「課題達成的行動（後に指示的行動ともいう）」を考える。「協労的行動」は三隅の「集団維持」に，「課題達成的行動」は三隅の「課題達成」に対応す

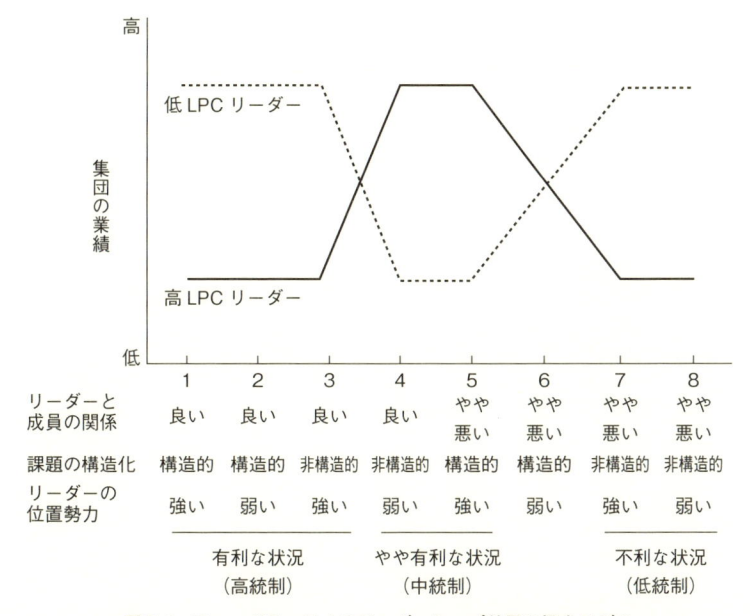

図7-4　フィードラーによるリーダーシップ効果の概念モデル

ると考えてよかろう。「課題達成的行動」は部下の目標を明確にする，仕事の仕方を教えるなどのリーダー行動を指し，「協労的行動」は人間関係面での配慮，支援を指す行動ということになろう。

ハーシーらの「状況」とは「部下の成熟度」である。それは「仕事に対する能力」，と「仕事に対する意欲」とから成り立っている。彼らは部下をこれら2つの次元で測定し，その結果に基づいて部下を成熟度別に M_1, M_2, M_3, M_4 の4つのタイプに分けている。M は Maturity level(成熟度水準) を示している。

そして SL 理論はこれら異なった部下に対しては異なった指導法が適切であるとしている。それが図 7-5 に示したようなものである。

図 7-5 では部下の成熟度から垂線を立てそれが逆 U 字型曲線（ベル曲線）と交わる点が，その部下に対する最適なリーダーシップ・スタイルということになる。すなわち，M_1 というもっとも成熟度の低い部下に対しては，仕事など

効果的なリーダーシップスタイル

	参加型	コーチング型
(高)↑協労的行動	Q3	Q2
	権限委譲型 Q4	教授型 Q1
(低)	指示的行動	(高)

| M_4 | M_3 | M_2 | M_1 |
| 高 | 部下の成熟度 | | 低 |

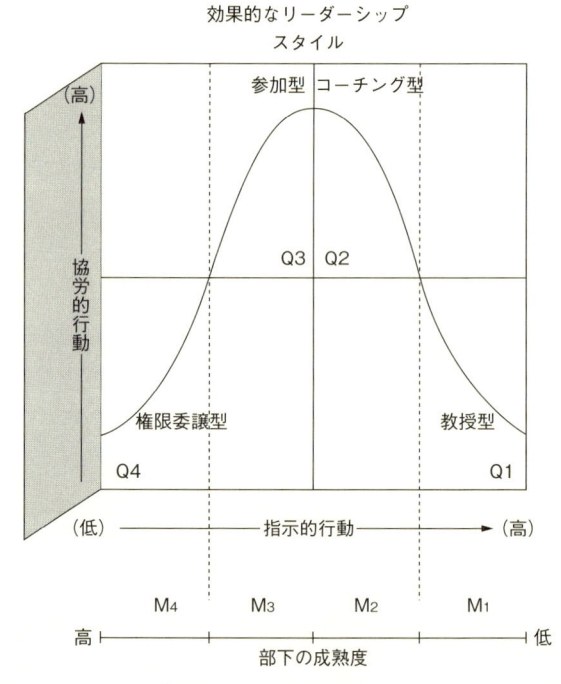

図 7-5　ハーシーとブランチャードの SL 理論 (Hersey & Blanchard, 1975)

の基本的知識，あるいは基本的な態度を教える「教授型」，M_2の部下に対しては部下との密接な相互コミュニケーションを図りながら指導する「コーチング型」，M_3に対しては指示よりも部下の意見，要求に耳を傾け，支援をする「参加型」，そしてM_4というもっとも成熟度の高い部下に対しては仕事に関しては権限委譲をする「権限委譲型」が適切であると指摘している。ただし，権限委譲型においても任せっぱなしではなく，管理者は部下の仕事の遂行のプロセスについてはきちっと観察をしていくことが必要であるとしている。

ハーシーらは，また部下育成法として管理者が部下に彼らの能力よりも少しむずかしい課題を与え，挑戦意欲，自信を育成することが必要であるとしている。

このSL理論は少人数の部下をもった管理者が部下一人一人を指導する方法として実践家の間で高い評価を得ている。また，いくつかのコンサルタント会社がこの理論（プログラム）に基づいたリーダーシップ能力開発をしている。

まとめ

- リーダーシップとは「集団目標を達成するためにメンバーが影響力を行使することである」。
- リーダーの資質は能力だけではなく，倫理的な側面も求められる。リーダーの資質を表す概念として，リーダー・スキル，EQ，コンピテンシーなどがある。
- リーダーが影響力を振るうためには，個人的勢力の育成に努める必要がある。
- リーダー・メンバー関係は，部下の職場での適応を予測するカギである。
- リーダーシップ・スタイル理論としては，アイオワ実験，PM理論がよく知られている。
- リーダーシップの状況理論としてフィードラーの状況即応モデルとハーシー・ブランチャードのSL理論が挙げられる。

演習課題

1. 管理者の役割とはどのようなものか。身近な例を通して考えてみよう。
2. リーダーの資質としてどのようなものがあるか挙げ，特性論がうまくいかなかった原因も考えてみよう。
3. PM理論の特徴を挙げ，リーダーのあり方を考えてみよう。
4. リーダーシップの状況理論の特徴を整理して，比較検討してみよう。

トピックス　垂直的交換仮説とリーダーの育成（若林らの研究）

若林らは大学新規学卒者が入社後組織内でキャリアを形成していく場合，いわゆる出世の程度がどのような要因によって規定されているかを7年後，13年後の追跡調査をすることによって明らかにしている。彼らの考えた組織内キャリア発達の仮説，および研究内容は以下のとおりである。

①潜在能力仮説：キャリア発達は各人の保有する潜在能力によるとするもの。

②幻滅仮説：入社初年度において幻滅感を経験した者は，その後のキャリア発達が遅れるとするもの。

③垂直交換関係仮説：入社初年度に直属上司との垂直交換関係を通じて高水準の役割期待の交換を経験した者はより高いキャリア発達を示すというもの。

方　法
対象：A百貨店男子新入社員85名　時期は1972年，7年後，13年後の追跡
キャリア発達予測変数
　①先行要因：出身大学のランク，潜在能力（入社試験成績），配属先など
　②過程要因：上司との交換関係
　③実績要因：最初3年間の職務活動の実績，上司による昇進可能性予測
キャリア発達規準
　①客観的規準：昇進の程度，収入，中心的な仕事
　②主観的規準：職務満足感，生きがい感など
結　果
7年後の研究結果（72名）
　①潜在能力は客観的規準には影響したが，主観的規準には影響しなかった。
　②幻滅感は主観的規準のみに影響した。
　③垂直交換関係は客観的規準，主観的規準双方に影響した。
13年後の研究結果（71名）

> キャリア発達の客観的規準と高い相関を示すのは①上司との交換関係，②職務遂行の実績，③昇進可能性であった。入社3年目の早期決定説と上司との交換関係は潜在能力よりキャリア発達への影響が大きいという主張が支持された。　　　　　　　　　　　　　　　　　　　　（若林・松原，1988）

文献

Adizes, I.　1983　*How to solve the mismanagement crisis: Diagnosis and treatment of management problem*. Santa Monica, CA: Adizes Institute.（風間治雄訳　1985　アディゼスマネジメント　東洋経済新報社）

Bass, B. M.　1985　*Leadership and performance beyond expectation*. New York: Free Press.

Goleman, D.　1995　*Emotional intelligence*. New York: Bantam.（土屋京子訳　1996　EQ―心の知能指数　講談社）

Fiedler, F. E.　1967　*A theory of leadership effectiveness*. New York: McGrwa Hill.（山田雄一監訳　新しい管理者像の探求　産業能率大学出版局）

French, J. R. P. Jr., & Raven. B. H.　1959　The bases of social power. In D. Cartwright (Ed.), *Studies in social power*. Institute for social Research.（水原泰介訳　1962　社会的勢力の基礎　千輪　浩監訳　社会的勢力　誠信書房）

Graen, G., & Uhl-Bien, M.　1995　Relationship- based approach to leadership: Development of leader-member exchange (LMX) theory of leadership over 25 years: Applying a multi-level multi-domain perspective. *Leadership Quaterly*, **6**, 219-247.

Hersey, P., & Blanchard, K. H.　1977　*Management of organizational behavior : Utilizing human resources*. Englewood-Cliffs, NJ: Prentice-Hall.（山本成二・水野基成・成田　攻訳　1978　行動科学の展開　日本生産性本部）

Katz, R. L.　1955　Skills of an effective administrator. *Harvard Business Review*, **33**, 33-42.

松原敏浩・卞　喜光・高　浩仁・鄧　兆武　2004　倫理的リーダーシップ　愛知学院大学論叢，**14**，37-49.

三隅二不二　1984　リーダーシップ行動の科学　有斐閣

Mintzberg, H.　1973　*The nature of managerial work*. New York: Harper Collins.（奥村哲史訳　1993　管理者の仕事　白桃書房）

Quinn, R. E., Faerman, S. R., Thompson, M. P., & McGrath, M. R.　1996　*Becoming a master manager*. New York: John Wiley & Sons.

Wakabayashi, M., & Graen, G.　1988　Japanese management progress: Mobility into middle management. *Journal of Applied Psychology*, **73**, 217-227.

若林　満・松原敏浩　1988　組織心理学　福村出版

第IV部

組織と組織システム

第8章

組織文化

第1節　組織文化とは何か

（1）組織文化の定義

　組織文化が注目を浴びるようになったのは，1980年代に入ってからである。ピーターズとウォーターマン（Peters & Waterman, 1982）の『エクセレント・カンパニー』やディールとケネディ（Deal & Kennedy, 1982）の『シンボリック・マネジャー』が時を同じくするように出版された。この2つの著書は，好業績をあげる優良企業の研究の中からその中核的要因として組織文化を導き出したものである。さらに，同時期実務界でも見えざる資産としての組織文化に関心が集まり，「ビジネスウィーク」「フォーチュン」誌などで特集が組まれた。
　シャイン（Schein, 1999）は，組織文化が組織において重要である理由を次のように述べている。「文化はわれわれ個々人および集団としての行動，認識方法，思考パターン，価値観を決定する強力ではあるが潜在的でしばしば意識されることのない一連の力であるからだ」（p.15）。組織文化は，当該組織の成員に内面化され，成員の行動や思考方法，意思決定の仕方に強く影響して方向づける力をもつものである。ところが，成員が文化を明確に認識しているかというと必ずしもそうではない。意識せずに文化にそった思考や行動をとっていることもよくあるのである。
　こういった性格をもつ組織文化は，一般的に「組織の成員に共有された一連の価値の体系であり，成員に意味づけを与えたり，その組織での適切な行動のルールを提供するもの」と定義される。組織文化は，現実にはいろいろなもの

から構成される。経営理念やビジョン，社是・社訓，経営哲学，組織の慣例や伝統，職場のルールや行動規範等である。定義にあるように，まず組織文化は，成員に対してその組織に所属し，働くことの意義や意味を教えてくれる。どのような社会的使命を担っているのか，顧客にどのような方法で貢献するのか，を規定した経営ビジョンなどはこれに該当する。また組織文化は，その組織が過去に成長した事業展開の方法や組織内をまとめる働きをしたものからも構成されており，それに従えば成員は適切な判断をしたり行動をすることができる。

組織文化の大きな特徴は，成員に共有されていることである。理念やビジョンが掲げられていることが組織ではよくある。理念として掲げられているだけでは，まだ組織文化とはなっていない。その理念が成員に浸透して，文化が「この組織でのやり方」と共通して認識されて初めて組織文化となる。組織文化が共有されると，成員の行動は予測可能になる。

組織文化は，成員の組織内での日常行動に影響するだけでなく，経営戦略や企業の目標，業務方針の決定にも影響する。現場レベルだけでなく，組織の方向づけや目標設定といったトップレベルの決定にも関係しており，その意味からも組織にとってきわめて重要といえる。

表8-1は，組織文化の例として日本を代表する企業2社のものを示したものである。ソニーの例を見ると，革新的な製品を開発し市場をリードすることを戦略や事業展開の柱にしていること，またそれにより社会に貢献するといった高邁な理想をもっていることがわかる。トヨタの「7つの習慣」は，社員の日

表8-1 組織文化の例
(ソニーはCollins & Porras, 1994, p.114. トヨタは柴田・金田, 2001 より)

ソニー	◇技術を進歩させ，応用し，革新を起こして国民の生活に活かすことに喜びを感じる ◇日本の文化と地位を高める ◇開拓者である。他に追随せず，人のやらない仕事に取り組む ◇個人の能力と創造力を尊重し奨励する
トヨタ7つの習慣	1）相手の話をよく聞く 2）何が問題かを考える：「なぜを5回繰り返せ」 3）激励する，提案する 4）どうしたら勝てるかの知恵をだす 5）お互いに相談する 6）事実に基づく：(現場・現物主義を徹底する) 7）まずやってみる

常行動におけるルールを7つに集約したものである。これらを見ると，それぞれは平凡で当たり前のことのように思える。ただしトヨタの特徴は，社員がほとんど意識せずにこれらを徹底して実践していることにある。

（2）組織文化の現代的意義

組織文化は，成員に内面化しているために見えにくくとらえがたい概念である。この組織文化が，現代の組織ではどのような働きをするのか整理してみよう。

第1に，組織文化は組織の個性を形成し，他の組織と区別するものとなる。成員に共有され文化的に統一された行動がとられることは，組織の独自性，個性をつくる源泉となる。現代では，製品の機能や価格ではそう差がつかないといわれる。そうすると組織文化は，組織を差別化する重要な要素となってくる。

第2に，組織文化は組織の業績と強い関係をもっている。冒頭で述べたディールとケネディ（Deal & Kennedy, 1982）は，強い組織文化をもつ企業は一貫して目覚ましい業績をあげていることを明らかにしている。人間の集まりである組織では，強い文化があると，人が楽しく熱心に働くようになったり，適切な判断を導くために高い業績につながるというのである。ただし，組織文化と業績の関係は単純ではない。強い文化がつねに高い業績をもたらすとは限らないのである。コッターとヘスケット（Kotter & Heskett, 1992）は，強い文化は環境の変化への対応を困難にする傾向があり，必ずしも好業績をもたらすことにはならないという。むしろ環境の変化を予測し，適応する柔軟性をもつ「適合的文化」が長期的に優れた業績をあげていることを発見している。短期的には強い文化は高業績をもたらすかもしれないが，10年を超えるような長期的に見た場合，強い文化は高業績を保障するとはいえない。

コリンズとポラス（Collins & Porras, 1992）は，50年を超えて100年くらいにわたり好業績を上げ続けている会社を調べた結果，組織文化と業績の関係について異なった見方を示している。長期に存続する会社では，その会社にとって基本的な文化は頑固に維持するが，その一方でリスクの高い目標に挑戦して進歩を促すことを積極的に行なっているという。コリンズたちは，表層的な文化は変革しつつも根幹にある組織文化は堅持して，大胆な目標設定をして成長

していくダイナミックさをもっていると主張している。

　第3として，人間に対して強い動機づけをもたらすという効果を組織文化はもっている。ピーターズとウォーターマン（Peters & Waterman, 1982）は，エクセレントカンパニーは，人を通じて生産性をあげることが上手であり，平凡な人から大きな力を引き出すことに成功しているという。その有力な手段のひとつが価値（組織文化）に基づく実践であるとしている。つまり，組織文化は，大勢の人びとを興奮と熱狂に駆り立てる，とくに組織の下位層の人びとを鼓舞する効果があるという。その根拠としてピーターズたちは，人びとは本来動機づけられることを望んでおり，つまり生き生きと仕事をしたいと望んでおり，組織文化はそういう人たちに仕事をする意味づけを与えることを挙げている。組織の規模が拡大すると，組織の構造を強化していき官僚制が進行する傾向があり，これらは人間の動機づけを抑制することが多い。しかし，組織文化は，大規模化した組織において金銭による動機づけとは異なる深い動機づけを呼び起こすのである。組織が大規模化すると，事業をする場所が広範に広がり，国境を越えて国際化することもあるが，このように事業所が広く分散する場合，組織文化は動機づけや統合をはかるうえで有効な手段となることを示唆している。

　第4に，組織文化は組織や人間の自立化とも深く関わっている。最近では，変化に素早く対応する，顧客への対応力を高める，事業の当事者意識を高めるといった要求から部門やチームといった組織単位の自立化や個人の自立化を促進する傾向が強まっている。自立化のもとでは，縦の命令系統や規則，厳格に規定された組織構造といったものは後退し，個人や集団が自分たちで探索したり創造すること，あるいは自分たちで決定し行動することが日常化する。このような状況では，各個人やチームが分散して自由に行動することになるが，その際にはやはり組織としての統合手段が必要である。そうでないと，組織としてのまとまりや強さが発揮されない。自立化といった状況では，組織文化が統合の手段として有効なものになる。組織として従うべき基軸だけを示し，あとは個人や集団の探索や仮説・検証といった思考・判断を可能にし，ベストな対応や解決策の発見へと向かわせるからである。

　第5は，組織文化は管理したり，変革しなければならないことである。最近

では、企業の合併や買収、ジョイントベンチャーが増加している。異なる組織が一体化したり連携する場合に、組織文化の違いが軽視されることが多い。シャイン（Schein, 1999）は、このような場合、文化が分離したまま、一方が支配的になる、融合する、の3つのケースがあるという。文化が分離した状態や支配的であると、一体化した強みを発揮できないばかりか、それを阻害することにもなる。また優秀な人材が流出することもある。組織文化は、見えにくいために見過ごされがちであるが、異なる文化がうまく融合するように管理しなければならないのである。

環境が劇的に変化するような場合、文化の変革が必要になる。過去に成功したやり方が通用しなくなるからである。その際の問題は、成功したやり方が定着してしまい、変革がむずかしいことである。成功の度合いが大きいほど、それを信じ固執してしまい、新たなものには抵抗する力が発生してしまうのである。いわゆる学習棄却（アンラーニング）ができない状態に陥るのである。そのために組織文化の変革には、大きな力が必要であり、変革をリードする強力なリーダーシップや組織全体に及ぶ変革のステップが必要になってくる。

第2節　組織文化の生成と維持

(1) 組織文化の生成

組織文化がどう生まれるかは興味深いテーマである。シャイン（1985）は、集団学習の結果として組織文化は生まれてくるととらえている。基本的には、集団の成員が問題に直面し、一緒に問題解決にあたり、うまく問題が解決できるプロセスがとられる。つまり、厳しい環境条件の中でどう成長するか、あるいはどうしたら組織の成員が一致して組織目的の達成に協力してあたれるか、といった問題を成員間で共有することに始まり、問題の解決策を導き出し、それを実施して効果があることを確認することがなされる。そして同じ問題が発生したときに成功した解決策を再度適用し、その解決策の実効性が再確認されるプロセスが何度か繰り返され、結果的に成員間で解決策が当然のことと受け入れられるようになる。集団成員に当然のことと共有されるようになると、そ

れが文化として定着することになる。この文化は，その後何度も適用され，成功により強化されることになり，また新成員にも伝承されることになる。

具体例を示すと，組織が成長のために独自の戦略やビジネルモデルを編み出し，それが成功して組織の成長・躍進の原動力になることがある。そこに含まれる独自のビジネス展開の方法が学習され，成員に共有されることで組織文化は生まれてくるのである。

シャイン（1985）は，現実的には組織の創始者が文化を形成するケースが多いという。戦略などの組織の成長様式や組織内の人々をまとめあげる方法を構想し，実施をリードしていくのは外ならぬ創始者本人であるからである。松下幸之助が組織文化を生成する経緯や文化がもたらした効果の例は，トピックスに紹介されている。

組織文化を生成し，強化，伝承するのは，創業者だけではない。中興の祖と呼ばれるリーダーやその組織の成長や存続で鍵となる貢献をしたリーダーもその役割をする。一例を挙げると，トヨタ自動車の実質的創業者は二代目社長豊田喜一郎であり，トヨタ生産方式の代表的なもののひとつであるジャスト・イン・タイムという言葉は，喜一郎が昭和10年代に使用していた。その後，第二次世界大戦後，生産性を飛躍的に向上させたのが大野耐一である。表8－1にある「なぜを5回繰り返せ」という行動規範は，大野耐一が口癖のように言っていた言葉のひとつである。

（2）組織文化とリーダーの行動

組織文化が形成されると，それを維持，強化し伝承していくことが次の重要なテーマになる。文化の維持，強化の中で中核的な役割を果たすのがリーダーである。シャイン（1985）は，文化の一次的植えつけのメカニズムの中でもっとも強力なものとして，次の5つを挙げている。

①リーダーが注目し，測定し，統制するもの
②危機的事件または組織の危機に対するリーダーの反応
③リーダーによる慎重な役割モデリング，教育，指導
④報奨や地位を与える基準
⑤募集，選抜，昇進，退職，免職の基準

5つのうち①～③は，リーダーと直接関係するものである。成員は，リーダーの一挙手一投足に注目しているものである。そのために，リーダーが何に絶えず注意を向けているか，管理において何をもっとも重視しているか，は成員に明確なメッセージとなる。また，文化の体現者としてモデルになったり，教育者ともなる。同様に，危機的状況に直面したときは，リーダーの経営姿勢が如実に現れるものであり，文化を生成したり伝える絶好の機会になるといえる。

　ディールとケネディ（Deal & Kennedy, 1982）は，組織文化を軸にして管理をするマネジャーのことをシンボリック・マネジャーと呼んでいる。シンボリック・マネジャーは，日常の業務の中で，指示・命令を出したり部門目標の達成を促すことよりも，文化を演ずる演技者として，ときには脚本家や監督として文化を演出・リードすることをより重視する。組織の重視する価値や信念を劇的に表現していくということで象徴的（シンボリック）なのである。象徴的に文化を演ずることで，文化を組織内に伝達し，強化していくのである。ディールたちは，合理性を追求する従来型の管理者は，時刻表どおりに列車を運行することに専心するのに対して，シンボリック・マネジャーは機関車のように力強く組織を牽引していく，という比喩を使いシンボリック・マネジャーの特徴を対比的に示している。

　具体的にはシンボリック・マネジャーは，次のような管理をする。人事管理での部下の評価や異動に関して，組織文化に基づく部下の扱いと人事部の規定や要求とが異なる場合には，文化的に正しいことを優先して部下の評価や異動の問題を処理する。戦略的な意思決定を行なう際にも，外部のコンサルタントを活用するよりも，組織文化を共有する内部のメンバーに権限を委譲する。そして決定の過程が文化にそったものであるかを注意して見守る。

（3）組織文化の維持・強化

　シャイン（1985）は，前述の文化の一次的植えつけのメカニズムに加えて二次的な植えつけのメカニズムとして次のものを挙げている。①組織のデザインと機構，②組織のシステムと手続き，③物理的空間や建物の正面や建築物，④重要なイベントや人物に関する物語・伝説・神話・寓話，⑤組織の哲学・信

条・憲章についての公式表明などである。ここで大事な点は，この二次的なメカニズムが前述の一次的メカニズムと整合性をもっていることである。一次，二次合わせて首尾一貫していないと，信用されず無視されたり，むしろ矛盾からトラブルが発生し，文化は浸透しないことになる。リーダーの文化の伝道師的な行動は確かに重要であるが，それ以外にも組織の構造的面，制度や管理システムを整備すること，および多様なシンボリックな手段を講ずることが必要である。組織文化の伝播，維持，強化，伝承のためには，多面的な対策を講ずるとともに，それらが一貫性をもっていなければならないのである。

ここでは組織文化の伝達，維持，強化に関係する組織的・制度的な対応，シンボリックな方法について述べることにする。

1) 採用・昇進　どのような人を採用し，より高い地位につけるかは組織文化の維持・強化にとって重要であるし，組織文化が反映されるプロセスでもある。採用は，一般的に知識やスキル，能力の面で組織に適した人を選別し雇用するプロセスである。しかし，組織文化を重視すると，組織の価値や理念に合っていることが重要な基準になってくる。最高のサービスを提供することで有名なリッツ・カールトンホテルは，入社後のクレド（信条）などの理念や価値の植えつけで定評があるが，採用もサービス組織構築の入り口と位置づけられ大きなエネルギーが注がれている。採用は，その人がリッツ・カールトンという舞台で成功できるかの資質を見極める場であり，クレドや価値に共感できる人物を見極める場となっている。この採用のプロセスは，「QSP（Quality Selection Process）」と呼ばれており，人材の質により選別するプロセスとなっている。現実には，米本社で開発された50を超える質問項目を使い，訓練を受けた面接担当者により時間をかけた面接方式で実施されている（板谷・城戸，2005）。

コリンズとポラス（Collins & Porras, 1994）は，文化を軸に経営をするビジョナリー・カンパニーでは，経営陣には社内の人材を登用しており，後継者の育成において組織文化を維持することに努力しているという。ビジョナリー・カンパニーでは，外部から経営者を招聘することはまずなく，内部で選別，育成された人材が経営陣についているというのである。ビジョナリーではない会社においても優れた経営者は登場して会社に成功をもたらしている。し

表 8-2　GE での管理者の評価

管理者のタイプ	成績	価値観の共有
タイプ 1	○	○
タイプ 2	×	×
タイプ 3	×	○
タイプ 4	○	×

かし，そういう会社は往々にして後継者の育成計画が整備されていないために，優れた経営者が続かず断絶しがちである。ところが，ビジョナリー・カンパニーでは，優れた経営者の継続性をもたらす好循環が形成されており，それにより組織文化もまた維持されるのである。

　では，管理者の昇進はどう決まるのであろう。GE（ジェネラル・エレクトリック）社は，組織文化との関係で管理者の昇進基準が明確になっている。表 8-2 にあるように，部門の業績目標を達成し，かつ GE の価値観を共有しているタイプ 1 の管理者は，GE にとってふさわしい管理者であり，昇進や報奨の対象となる。成績も悪く，価値観も共有しないタイプ 2 の管理者は，GE にはもともといないタイプである。問題は，タイプ 3 と 4 である。タイプ 3 は，成績は良くないが価値観を共有している管理者である。このタイプには寛大な対応がなされ，成績があげられるように，再挑戦の機会が与えられる。タイプ 1 の管理者になれるよう期待して育てられるのである。成績をあげているが価値観を共有していないタイプ 4 は，GE にとって望ましくない管理者である。タイプ 1 に成長することは期待できず，育成するのは時間の無駄だという厳しい見方がされる。ふつうの企業では，結果を出しているタイプ 4 は高く評価されるであろう。しかし，組織文化を重視する GE のような企業では，むしろ育成することもむずかしく，好ましい管理者とはみなされないのである。このように昇進の基準として組織文化を取り入れ，実際に組織文化を重視した昇進や育成を行なうことにより，社員は組織文化を本物と認知するのである。

2）組織社会化　組織社会化とは，組織に新規に加入した成員に能力的にも心理的にも組織に適応し高い成果をあげられるように育成するプロセスである。組織文化を刷り込むことは，組織社会化の中でも中心的なものである。

　新人が最初に組織と直面するのは入社式や新入社員の研修である。ディズニーでは，新入りのキャスト（従業員）は「ディズニーの伝統」というセミナー

にまず参加する。このセミナーは1日であるが、現役のキャストが講義をする。このセミナーの狙いを端的に表現すると、「彼らをディズニーに送り込むことではない。彼らにディズニーを送り込むのだ」（ディズニー・インスティチュート、2005, p.72）となる。ディズニーそのものをインプットすることが研修の目的なのである。研修プログラムそのものは、次の目的を達成するよう設計されている（同上、p.73）。

①ディズニーの文化に新しいキャストを順応させる。
②ディズニー・ワールドの用語、シンボル、遺産と伝統、クオリティ基準、バリュー、特徴、姿勢などを伝える。
③ディズニーで働くという感動をつくり上げる。
④新入りキャストに安全規則の重要性を教える。

この研修の終了後、各現場に配属になり、そこでディズニー独自のパフォーマンス文化を身につけることになる。

導入教育だけでなく、配属後においても日常的に文化を伝え、強化することが求められる。そうでないと、文化は薄れ、行動に現れなくなってしまうからである。リッツ・カールトン・ホテルでは、サービスの現場でも文化の維持、強化は徹底している。

ホテルの各セクションで「ラインアップ」と呼ばれる朝礼が毎日15〜20分前後行なわれる。この朝礼では、リッツ・カールトンのスタッフが従うべき行動指針を集めた「ゴールド・スタンダード」の中から1項目が取り上げられ、その意味を皆で考え、話し合われる。朝礼といっても、注意事項を伝達するようなふつうの朝礼とは異なっている。自分の頭で考え、それを仲間にぶつけ話し合うことで、組織文化の意味を自分なりに理解することになる。サービスの現場は、ジャムセッション（即興演奏）とたとえられるように（高野、2005）、マニュアルでは対応できないその場勝負の世界である。提供されるサービスの質はスタッフの判断に依存するともいえ、スタッフは自ら判断していかねばならない。そのときには、サービス行動の意味を真に理解していないと、その場その場の適切なサービスは提供できないのである。

ラインアップの中では、20項目からなる「今日のベーシック」から1つを選び、それを一日意識して実践することもなされる。行動することによりそれ

を習慣化するのである。

ラインアップは毎日繰り返すことに意味がある。高野（2005）は，この点について次のように述べている。「たとえ数分でも，自分で考える時間を毎日つくる。非常に地味な作業ですが，コツコツ繰り返すことによって自社の理念やビジョンが自分のものになっていきます」（pp.162-163）

3）シンボリックな手段　文化を伝達する手段としては，経営ビジョンや理念として文章的に表現する方法，リーダーや仲間との対人的な接触，行動を通して学ぶといった方法がある。それ以外に，組織文化の伝達，強化には，象徴的（シンボリック）な方法が用いられるのも特徴である。

その1つとして，組織や部門内だけで通用する「言葉」による方法がある。言葉そのものが文化に関連した独特の意味を伝える働きをするのである。前に紹介したディズニーでは，従業員をキャストと呼ぶ以外に，ゲスト（＝お客様），オンステージ（＝顧客エリア），コスチューム（＝制服），オーディション（＝面接），ロール（役）（＝仕事など）といった独特の言葉が使用される（ディズニー・インスティチュート，2001）。この言葉は，既述した「ディズニーの伝統」の研修で覚え込まされるディズニーでの基本用語である。この言葉から，その裏にあるお客と接する従業員はショーを演ずる役者であるという意味を理解することになる。言葉がディズニーのパフォーマンス文化を象徴的に示す手段のひとつとして使用されているのである。

他に「儀式」という方法もある。どんな文化も表現されないと衰えてしまう。表彰式や式典など形式はさまざまあるが，文化を厳粛に表現するのが儀式である。反復的にあるいは継続して行なうことで，組織文化を強化，定着していくものである。強い文化の会社では，誰かがいい仕事をして会社が重視している価値を具体化すると，お祭り騒ぎで褒めそやすという（Deal & Kennedy, 1983）。なぜ報奨が与えられるのかを全員にはっきりと理解させるためである。たとえば，インテルでは，よい仕事を成し遂げた人がいると，創立者が自室に招き，机の引出しからキャンディーを取り出し渡すことが恒例になっている。キャンディーそのものはきわめて安いものであるが，創立者からもらうことが功績を認められたことを象徴的に示すものであり，受け取った人にとっては大変な名誉なのである。

創業者の成功の話や反対に大きな失敗の話,印象的な出来事の話といった「エピソード」も組織文化を象徴的に伝達する手段になる。エピソードは具体的で理解しやすく,事あるごとにそのエピソードが語られることは効果的な伝達の手段となる。リッツ・カールトンでは,従業員とお客との心温まる話を「ストーリー・オブ・エクセレンス」(ワォ・ストーリーとも呼ばれている)としてラインアップ(朝礼)で全従業員に紹介されている(高野,2005)。仕事での価値観「プライド&ジョイ(誇りと喜び)」を理解してもらうため,および話にあるような状況に遭遇したときに自分ならどうするかや,顧客に感動を与えることとはどういうことかを考えてもらうためになされている。

他にもビジュアルに視覚に訴えるという方法もある。CI(Corporate Identity)活動の一環として実施されることも多いが,会社のマーク・社章やロゴ,社名を変更することにより,新しい文化を表現することも行なわれる。書類や名刺,社用車など至る所に使用されるために絶えず目に触れることになり,社内だけでなく社外にも文化を発信することになる。

組織文化を維持,強化するには,種々の方法を多用する,何度も繰り返す,身近で日常的なものにする,というたいへんな努力を要するものであることがわかるであろう。

第3節 組織文化の変革

(1) 組織文化変革への着手

組織文化が効果的な成員の行動を導いていても,取り巻く環境が大きく変化すると,それは適したものではなくなってくる。よい成果に結びつかなくなる。このようなときに,新しい環境に適合的な形に文化を変革しなければならない。しかし,現実には組織文化の変革はスムーズには起こらない。組織文化は頑丈で変革が困難なものであるからである。とくに,既存の組織文化が組織に大きな成功をもたらせばもたらすほど,変革に向けて組織は動き出せない。その結果危機的状況に陥ってしまうことが多い。

ナドラーら(Nadler et al., 1995)は,成功が失敗の舞台づくりをすること

第3節　組織文化の変革　　155

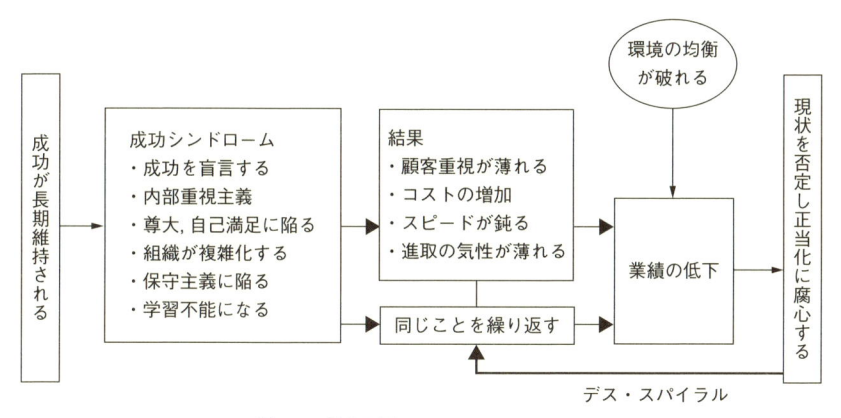

```
[成功が長期維持される] → [成功シンドローム
・成功を宣言する
・内部重視主義
・尊大，自己満足に陥る
・組織が複雑化する
・保守主義に陥る
・学習不能になる] → [結果
・顧客重視が薄れる
・コストの増加
・スピードが鈍る
・進取の気性が薄れる] → [業績の低下] → [現状を否定し正当化に腐心する]
                                    ↑
                              （環境の均衡が破れる）
                    [同じことを繰り返す] ↑
                                デス・スパイラル
```

図8-1　成功の罠　(Nadler *et al.*, 1997, p.12)

を「成功の罠」と呼び，そのメカニズムを図8-1のように示している。成功が長く続くと，成功シンドロームに陥る。成功を妄信し，学習不能になるのである。業績が低下しても，現状を否定し過去そのものを正当化することに腐心することになる。その結果，デス・スパイラルに入ってしまい，変革へは乗り出せず，業績の低下に歯止めがかからず破滅的になっていくのである。

　一例を示すと，カルロス・ゴーンが登場する前の日産自動車は，シェアの低落が続き長い低迷期にあった。そのときには次のような文化がはびこっていた。競争企業の動きや自社の業績には関心を示さず，与えられた仕事をやっていればよいという事なかれ主義の文化。消費者の車への嗜好は視野に入れず，技術者好みの製品づくりをする内向き，独りよがりの文化。業績が悪いのは他部門のせいだという「敵は外にいる」文化。さらにマネジャーたちは，こういった文化を問題視しながらも改革する行動はとらなかったのである。

　組織文化の変革は，環境の変化を先取りするように行なわれることもあるが，ふつうは業績の悪化や，（それによる）経営者の交代により引き金がひかれる。上にある日産の場合は，まさに業績の長期的な低落傾向，経営者の交代により変革が開始されることになった。

第8章 組織文化

表8-3 シャインの文化変容モデル (Schein, 1999, p.119.)

第1段階
解凍——変化の動機づけを行なう
●現状否認
●生き残りの不安あるいは罪悪感を作り出す
●学習することへの不安を克服するために心理的安心感を作り出す

第2段階
古い概念に取って代わる新しい概念および新たな意味を学習する
●役割モデルの模倣およびモデルとの同一化
●解決法の探査および試行錯誤による学習

第3段階
新しい概念と意味の内面化
●自己の概念およびアイデンティティへの取り込み
●継続している関係への取り込み

（2）組織文化変革のプロセス

では，実際に組織文化変革はどのように展開されるのであろうか。シャイン(1999)は，態度変容のモデルを援用しながら表8-3のような文化変容モデルを提示している。第1段階は，凝り固まった古い文化を解凍し変化への動機づけをすることである。カリスマ型のリーダーがいれば，この段階はそうむずかしくなく進むかもしれない。しかし，そういったリーダーが不在であると，通常は前の文化を固持しようとする力が強いため，この第一段階は手間のかかるプロセスとなる。ここでとるべき方法としては，脅威や危機感をあおること，あるいは現状への不満を表出させて，過去から離脱できるようにすることである。自分たちが変わらないと，競争に負け市場から消えることになる，あるいは技術的に時代遅れになってしまう，といった危機感を与え現状否認の意識を起こすことである。

また，変わることや新たなことを学習しなければならないことに対する心理的不安が，現状に固執する気持ちを引き起こしていることがある。不安感をなくし変革への動機づけを高める方法としては，次のようなことがある。

①望ましい将来像を描いたビジョンを明示する。
②変革の案づくりや学習のためのグループをつくり，成員を参加させる。
③新しい価値を実現したような役割モデルをつくる。

④教育や訓練の場を設け新たな考え方や態度を学ぶ機会をつくる。
⑤新たな考え方に整合性のあるシステムや組織構造をつくる。

　第2段階は，新たな文化を学習する段階である。学習の方法としては，ひとつとして，見習うモデルを見出してそこから学んだり，模倣するという方法がある。ベンチマーキングはこの方法の具体例である。ベンチマーキングでは，優れた方法を用いている会社を訪問したり，調査・分析して，その方法を学びとり，モデル会社と同水準に達するまで改革がなされる。もうひとつは，自分たちで探索試行をしながらつくり上げるという方法である。いずれの場合も新たなことを学習することはむずかしく，この学習のプロセスをリードするチェンジ・マネジャーの働きが重要になってくる。

　第3段階は，新たな文化を普及し，定着させるプロセスである。新文化が成員に共有され，それが定着しないと，つまり再凍結されないと，新文化は薄れ消失してしまう。第2節のリーダーの行動や，組織文化の維持・強化の項で述べたことは，この普及・定着化にもあてはまる。

　第2節で述べた方法以外で，新たな文化を普及，定着させる有効な方法として，部門や現場レベルの社員を巻き込みながら行なう文化変革プログラムがある。以前組織開発においてファミリー・トレーニング，職場ぐるみ訓練として実践されたものであるが，最近ではGEで実施されたワークアウトが有名である。GEでは，バウンダリーレス（部門間の「境界」に縛られない自由な行動をとること），スピード，オープンな雰囲気でアイデアを出し合い学習する，といった文化を根づかせるためにワークアウトが実施された。ワークアウトは，ふつう3日間で行なわれ，最初にビジネス・リーダーから事業の現状や強み・弱み，課題などが述べられる。その後に，参加者はグループに分かれ，アイデアを出し合い，改革案を作成する。最終日に，それを管理者の前で報告し，ともに議論する。管理者は，その場で次の3つの決定のいずれかをしなければならない。すなわち，①改革案を採択し実施するか，②却下するか，③検討をして1月以内に返答するか，である。管理者は，素早い意思決定をしなければならない，つまりスピードを実践しなければならないのである。このワークアウトを全社的に展開することにより，新たな文化が全社的に波及していったのである。

ま と め

- 組織文化は，成員の思考や行動に影響し方向づける力をもつもので，現代の組織において重要な働きをする。
- 組織文化は，成員が一体となり問題解決にあたり成功することにより形成されてくるもので，創業者やリーダーが中心になり生まれてくる。
- 組織文化を維持，強化するには，リーダーの行動が重要であり，とくにシンボリック・マネジャーの働きが重要である。
- 他には，採用・昇進，組織社会化といった組織的，制度的な方法，言語や儀式といったシンボリックな手段など多様な方法を繰り返し用いることが必要である。
- 組織文化は，それが成功をもたらしているほど，変革が困難となる。
- 組織文化を変革するには，古い文化を解凍し，新しい文化を生み出し，それを定着させるという3段階のステップが必要である。

演習課題

1. グローバル化した企業で，組織文化がどのような働きをするか調べてみよう。
2. 組織文化が，どのような方法で社員に植えつけられているか調べてみよう。
3. 組織文化の変革に成功した企業の事例を調べて，どのような方法，プロセスで行なわれたか調べてみよう。

---- トピックス　松下幸之助と水道哲学 ----

　1932（昭和7）年は松下電器にとって転機となる年となった。その当時，松下電器は順調な成長を遂げており，従業員は約1100名に達していた。小規模企業から大企業へと移行していた時期でもある。松下幸之助は，そのときたまたま知人の誘いにより天理教の本部を訪れた。そこで強く印象に残ったのは，本部にいる5000人以上の人が皆，見るからに楽しそうに働いている姿であった。大規模な組織であるのに幸せそうに働いていたのである。経営的にはうまくいっていたものの，心の片隅では不安も抱いていた幸之助は天理教本部での体験について深く考えることになった。

　その結果，同年5月に社員を集め大胆な提言を行なう。「製造業者の使命は貧困の克服にある。社会全体を貧しさから救って，富をもたらすことにある」（Kotter, 1997, p.122）。その方法として挙げるのが，「企業人が目指すべきは，あらゆる製品を水のように無尽蔵に安く生産することである。これが実現されれば，地上から貧困は絶滅される」（Kotter, 1997, p.122）である。これが，後に水道哲学と呼ばれるものである。幸之助直接の企業理念の表明により，社員は，社会的使命や松下で働く意義を理解することになり，熱心に仕事に取り組むことになった。そして，その後急速に進行する規模の拡大，従業員数の増加に対しても，組織への求心力は乱れることもなく，社員は一致団結して生産の増加に努めることになった。

文　献

Collins, J. C., & Porras, J. I.　1994　*Built to last*. New York: HarperCollins.（山岡洋一訳　1995　ビジョナリー・カンパニー　日経BP社）

Collins, J. C.　2001　*Good to great*. New Yorkk: Harper Business.（山岡洋一訳　2001　ビジョナリー・カンパニー②飛躍の法則　日経BP社）

Deal, T. E., & Kennedy, A. L.　1982　*Corporate cultures*. Reading, MA: Addison Wesley.（城山三郎訳　1983　シンボリック・マネジャー　新潮社）

Disney Institute　2001　*Be our guest*. New York: Hyperion Books.（月沢李歌子訳　2005　ディズニーが教えるお客様を感動させる最高の方法　日本経済新聞社）

板谷和代・城戸康彰　2005　サービス・フロント組織の条件と変革　経営行動科学, **18**(1), 53-63.

Kotter, J. P., & Heskett, J. L.　1992　*Corporate culture and performance*. New York: Free Press.（梅津祐良訳　1994　企業文化が高業績を生む　ダイヤモンド社）

Kotter, J. P.　1997　*Matsusita leadership*. New York: Free Press.（高橋　啓訳　1998　限りなき魂の成長　飛鳥新社）

Nadler, D, A., Shaw, R. B., & Walton, A. E.　1995　*Discontinuous change*. San Francisco, CA:

Jossey Bass.（斎藤彰悟監訳　1997　不連続の組織変革　ダイヤモンド社）
Peters, T. J., & Waterman, R. H.　1982　*In search of excellence*. New York: Harper & Row.（大前研一訳 1983　エクセレント・カンパニー　講談社）
Schein, E. H.　1985　*Organizational culture and leadership*. New York: Jossey-Bass.（清水紀彦・浜田幸雄訳　1989　組織文化とリーダーシップ　ダイヤモンド社）
Schein, E. H.　1999　*The corporate culture survival guide*. New York: Jossey-Bass.（金井壽宏監訳　2004　企業文化　白桃書房）
柴田昌治・金田秀治　2001　トヨタ式最強の経営　日本経済新聞社
Slater, R.　2000　*The GE way fieldbook*. New York: McGraw-Hill.（宮本喜一訳　2000　ウェルチの戦略ノート　日経BP社）
高野　登　2005　サービスを超える瞬間　かんき出版

第9章
人的資源管理政策・施策

　企業のマネジメントの対象となる経営諸資源にはさまざまなものがある。中でも従来より，その中核を成すものとして，ヒト・モノ・カネという3資源が挙げられてきたことはよく知られているところである。最近では，ここに「情報」や「時間」などの資源も加えて，企業のマネジメントについてより広い視点から議論されることが多くなってきているが，こうした状況においても「人」という資源が，企業の経営資源の中でも依然として重要な位置を占めていることに異論を唱える論者は決して多くはないであろう。

　そもそも企業の「人」のマネジメントに注目が集まり始めたのは，「人的資源（human resources）」という考え方が浸透して以来のことである。米国において，1920年代頃まで支配的であった「科学的管理」と呼ばれたマネジメントの手法では，人間は「経済人（economic man）」としてとらえられ，人の行動は，金銭的な賃金や報酬などの「刺激」に対して，直接的かつ合理的に「反応」するものと考えられていた。その後，1920年代半ばから1930年代初頭にかけて，メーヨー（Mayo, E.）やレスリスバーガー（Roethlisberger, F.）らによって実施された米国ウエスタン・エレクトリック社での一連の「ホーソン実験」では，人間の行動や生産性が単に外的な労働条件や仕事環境のみによって左右されているのではなく，とりわけ職場に存在する「インフォーマル（非公式的）な人間関係」が，職場の生産性を調整する役割を果たしていた点が浮き彫りにされた。すなわち，人間は単に経済的な刺激に反応するだけの機械的な存在ではなく，職場のグループや種々の人間関係の中での有機的な関係やバランスを保ちながら行動を選択する社会的な存在（＝「社会人（social man）」）であるという認識がクローズアップされたのである。こうした視点を組み込ん

だ経営管理のアプローチは「人間関係論」と呼ばれ，その後の研究・実務に大きな影響を与えた．

1940年代に入ると，マズロー（Maslow, A. H.）により人間の欲求理論（theory of human motivation）が発表され，人間の欲求に関する階層説が唱えられた．この欲求階層説では，人間の経済的欲求を含む「生理的欲求」は，人間のもっとも低次の欲求に位置づけられる．また，人間の関係欲求を含む「所属・愛の欲求」はより高次の欲求に位置づけられているものの，人間の最高次の，いわば究極の欲求は，「自己実現」であると結論づけられている．こうした考えは，マグレガー（McGregor, D.）の「X理論・Y理論」やハーズバーグ（Herzberg, F.）の「二要因理論」などの経営管理の諸理論に影響を与え，従業員1人1人を「自己実現人」モデルに立脚した人的資源としてとらえる「人的資源論」として発展するに至った．

このような人的資源論の考え方が浸透するにつれ，人間を「経済人」や「社会人」としてモデル化する従前の科学的管理法や職場のインフォーマルなマネジメント手法ではなく，従業員1人1人の「自己実現」を視野に入れたより体系的かつフォーマル（公式的）な人材マネジメント政策や施策の構築に基づく経営手法に関心が集まり始めたのである．そして今日では，こうした従業員の心理的・態度的諸条件に適合する人材マネジメント政策・施策の構築に加え，企業の競争環境や競争戦略などの外的な諸条件にもマッチングする人材マネジメントシステムの創造が重要な課題となりつつある．

以下，この章では，「人的資源」という考え方が浸透して以降の企業の人材マネジメント政策・施策（Human Resource Management（HRM）policy and practice）の主要な考え方について概説する．同時に，近年実務家・研究者双方の間で注目の度を高めつつある「戦略的人的資源管理（Strategic HRM：SHRM）」の基本的な枠組みと最近の潮流について解説する．

なお本章のタイトルである，「人的資源管理政策・施策」は，英語の"HRM policy and practice"の学術的な訳語である．しかしながら，「人的資源管理」という用語には硬いイメージがあり，実務家や専門領域外の研究者の間でも，その認識の程度に多かれ少なかれ差があるようである．ここでは，守島（2004）の訳語に従い，実務家にもより馴染みのある「人材マネジメント」の表記で統

一する。ただし，学術用語として表記する方が誤解が少ないと考えられる場合（たとえば，"Strategic HRM" の訳語としての「戦略的人的資源管理」など）は，前者の用語表記とする。

第1節　人材マネジメント（HRM）の諸機能

（1）人材マネジメントの4つの機能

高木・廣石（2004）は，企業の人材マネジメントには4つの主要な機能があるとしている。具体的には，以下のとおりである。

①人を導入（採用）し組織を構成していく機能。
②人が活動するよう動機づける機能。
③人を訓練し能力開発していく機能。
④人が安心して働けるようにする機能。

第1に，まず企業が組織を運営するためには，その中で活動する人の採用・獲得が不可欠である。もちろん，先にも述べたように，企業経営には，「人」以外にも，物・金・情報・時間などの諸資源が必要なのはいうまでもないが，事業活動の担い手である人材の採用・獲得もまた，企業にとっては事業を進めるうえできわめて重要である。また，人材の採用後はどうだろうか。通常，入社後にどのような職務をどの部署で担当するかといった，配属先や職務の割り当てに関する諸決定が行なわれる。さらに，組織内の人材は，従業員個人の希望や適性，職務の要求水準や複雑性の変化，事業内容の見直しや変更などさまざまな要因により，再配置や異動などが行なわれることが一般的である。このような人材マネジメントの機能は，一般的に「採用・配置管理」（recruitment and staffing）と呼ばれる。また，佐藤ら（1999）では，上記に加え，従業員の雇用調整や定年制など従業員のいわゆる出口の管理までを含め，「雇用管理」として扱われている。

第2に，企業は通常，利潤追求や顧客満足，ひいては社会貢献などの企業レベルでの目標に対して，各事業での下位目標を設定し，それら種々の組織目標の達成に向けた活動を営むことで存立している。人材マネジメントに関してい

えば，企業は，自社の組織目標達成に向けて，人という資源を動員し，その達成行動への方向づけや動機づけを行なう必要がある。すなわち，従業員1人1人が，与えられた職務や役割について，どの程度のエネルギーで取り組むか，また場合によっては与えられた範囲の職務や役割を超えて，いかに組織に貢献すべく積極的な態度で仕事が取り組めるかといった「意欲」や「やる気」の側面にも企業は注意を払わなければならない。いうなれば，従業員の1人1人のモティベーションを企業がいかに引き出せるかについて，企業は優れたマネジメント手法をもち合わせる必要があるといえる。こうした人材の社内での動機づけ機能は，「人事評価（personnel assessment）」や「報酬制度（compensation）」の制度設計や運用の仕方によって大きく左右される場合が多い。

　第3に，上述の組織目標達成に向けた動機づけ機能に加え，組織目標を達成できる人材の育成・能力開発の機能を企業は備えている必要がある。広義には，この機能を人材開発（human resource development: HRD）と呼ぶ。人材開発と一言でいっても，従業員の多面的な能力を開発し人材を育成していくには，さまざまな研修や育成手段を準備する必要があろう。また，近年では人材開発の一環として従業員1人1人のキャリア開発支援にも関心を払う企業も増えてきている。とりわけ，終身雇用（長期安定雇用）を前提とした雇用・採用を見直す企業や，有期契約による（ないしは調整可能な）雇用形態の従業員比率を増やす企業が増加する中，1つの企業で入社から定年退職までの垂直的なキャリアを形成するという価値観が企業側のみならず従業員側においても希薄になりつつある。こうした中，従業員各人の職務遂行能力の拡大と深化を促進するだけでなく，比較的長期的な視点からの従業員のキャリア形成支援を行なうことも企業の人材マネジメントにおいて重要な役割となりつつある。なお，キャリア発達とその支援制度については，第10章を参照されたい。

　第4に，企業が自社の従業員に対して，より安心して働ける環境を整えることも，人材マネジメント上の重要な機能である。人材マネジメントはそもそも，経営者サイドの発想や意図にそって展開されるものであり，当然のことながら組織目標達成に向けた舵取りを行なう経営層が担うべき責務である。しかしながら，経営効率を重視した経営者サイドの発想や意図が，ときとしてそこで働く従業員側の不利益を生ずることが起こり得る。こうした不測の事態に備

えて，企業側は従業員を守るための機能を備えておくことが求められる。こうした「労使関係」（industrial relations）を調整する役割として「労働組合」が存在する。また近年，職場でのストレスや過労が原因で，メンタルヘルス（精神的健康）を害する従業員の割合が増加しているといわれている。こうした従業員のメンタルヘルス対策も，「従業員を守る」人材マネジメントの重要な支柱となりつつあるが，このメンタルヘルスに関しては，第11章「組織ストレスとその管理」を参照されたい。

　以上，人材マネジメントの主要な4つの機能を，具体的なマネジメント次元に落とし込むと，大きく①採用・配置管理，②人事評価，③報酬制度，④人材開発，⑤労使関係の5つに分けられる。企業は，こうした人事の諸機能を管理・運営しながら，従業員個人および組織の目標達成を促進する役割を果たしているといえる。

（2）人材マネジメント政策と施策

　上述のような人材マネジメントの「機能的・内容的側面」に焦点を当てた場合，人材マネジメントの具体的な活動内容や活動領域が明確となってくる。では，採用・配置管理，人事評価，報酬制度，人材開発，労使関係管理などの諸活動は，実際どのような方法で実行に移されているのだろうか。それを理解するためには，人材マネジメントの「構造的・過程的側面」に焦点を当てて考える必要があるだろう。すなわち，採用や配置，評価や報酬などの各機能が企業のどのような方針によって，いかに実行されるかという部分について見ていく必要がある。

　その前提として，人材マネジメントには，大きく分けて，「政策（policy）」と「施策（practice）」があることを理解しておく必要があるだろう。「人材マネジメント政策」とは，企業の人材マネジメントに対する共通の見方や方針を表すものである。すなわち，人材の獲得から育成，評価や活用，退社に至るまでの人材の諸活動全般を統合する企業の本質的な考え方を表すものであり，個別企業における人材マネジメント上の共通原理や中核理念が表現されたものといえる。一般にこの政策自体は，明文化されたものであることは少なく，制度として組み込まれたものでもない。むしろ明文化された個別制度を計画・実行

する基本路線や骨子に相当するものである。企業の人材マネジメントに対するアプローチの違いによっても程度の差はあるが，一般には，採用・配置管理，人事評価，報酬制度，人材開発などの諸機能の枠を超えた（ないしは総括する）人材マネジメント上の全般的な考え方を指して，人材マネジメント政策と呼ぶ場合が多い。また，このような「政策」は，外部の環境や戦略によって強く影響を受け，安定した市場ドメインをもつ企業などでは，人材マネジメント政策が長期的に固定化している場合もある一方，他方で市場や競争環境の変化が著しい場合やトップマネジメントによる経営戦略の変更や調整が頻繁になされる企業などでは，人材マネジメント政策は適宜変更や修正が加えられるケースもある。

　それに対し，「人材マネジメント施策」とは，政策によって方向づけられた，採用・配置，人事評価，報酬制度，人材開発などの制度化ないしは慣行化された個別施策そのもの，ないしはその制度の実施状況を指す。この施策は，英語でいうところの"practice"の一般的な訳語であるが，文脈によって企業側で実施している「施策」そのものを指す場合もあれば，"practice"の文字どおりの訳語である特定の施策の「実践」の状況が指される場合もある。いずれにしても，企業側の人材マネジメントの実行の側面に焦点を当てていることとに変わりはない。さらに，先の政策と違い，人材マネジメント施策は，採用・配置，人事評価，報酬制度，人材開発などの各個別機能の実行的側面を扱っている点で大きく異なっている。すなわち，先の人材マネジメント政策に従った形で，個別の採用施策，人事評価施策，人材育成施策など，個別の制度を立案し実行に移される。

　このように，「政策（ポリシー）」は，人材マネジメント上の上位概念であり，「施策（プラクティス）」は下位概念である。通常は，この政策と施策は，企業の人事機能の中で相互に強く依存し，連動している。一方で，この政策と施策が相互に連動していない，政策を促進する施策となっていない場合には，人事機能の中での不整合（inconsistency）が起こっている状態であり，後述する「戦略的人的資源管理」という考え方からすると，企業に望ましい成果や競争力をもたらしにくくなる点が指摘されている。

（3）人材マネジメント政策と施策との関連性

　それでは、具体的にはどのような「政策－施策」の連動や組み合わせがあるのだろうか。いうなれば、企業はいかなる政策のもとに施策を実施しているのであろうか。その一例として、ヴァーベルとディムリー（Werbel & DeMrie, 2005）が提示した人材マネジメント政策と施策の連動に関するモデルを見ていくことにしよう。

　表9-1に示されるように、彼らのモデルでは、人材マネジメント政策として、社内の従業員個人（person）と彼・彼女らの環境（environment）との適合（fit）という点に焦点を合わせて、企業が人材マネジメント政策を設定する視点が提供されている。いわゆる「個人－環境適合（person-environment fit：P-E fit）」の枠組みでは、従業員個人の行動は、個人と環境との相互作用によって決定づけられるという前提に立っている（Lauver & Kristof-Brown, 2001）。とくにヴァーベルとディムリーは、過去のP-E fit研究の成果を踏まえ、組織内の従業員が適合する環境として、①職務（job）、②職場の同僚集団（group）、および③組織（organization）の3つを挙げ、それぞれ、「個人－職務適合（P-J fit）」「個人－集団適合（P-G fit）」および「個人－組織適合（P-O fit）」に焦点を当てた人材マネジメント政策の側面を扱っている。

　ところで、P-E fitに関する研究は、これまで主に企業の採用・選抜場面において、リクルーター（採用担当者）や新規参入者（新規学卒者・中途採用者を含む）を対象とし、その価値観や目標が職務や職場集団、ないしは組織が必要とするものと、どの程度適合しているかを検討するものが中心であった（Bretz et al., 1993；Cable & Judge, 1996）。しかし、近年の研究ではリクルーターや新卒者を対象とする初期の研究から、組織内の既存の従業員を対象にして、実際に会社で働いている従業員の組織・職場・職務との適合が、個人の職務態度や行動にいかなる影響を与えるかに研究の焦点が移り変わってきている（Verquer et al., 2003）。さらにごく至近では、従来個人側の分析単位に焦点が当てられていたこの概念が、最近では、企業側の人材マネジメントの設計を考えるうえでの重要な概念としても注目され始めてきている。

　さて、表9-1に戻り、人材マネジメント政策と施策との関係について、詳細を説明すると以下のようになる。まず、企業が従業員個人の職務遂行能力

表9-1 人材マネジメント政策と施策との関連性

人材マネジメントの諸機能	人材マネジメント政策		
	個人—職務適合 (P-J fit)	個人—集団適合 (P-G fit)	個人—組織適合 (P-O fit)
採用選抜基準	個人の知識・スキル・能力（KSAs）を重視	対人的魅力やスキルの多様性や幅の広さを重視	応募者個人の価値観や興味・関心を重視
能力開発	個人単位での技術面でのスキル開発	職務内のメンタリングや広範な中核能力の開発	集団単位での企業固有の教育研修
人事評価	職務の熟達・熟練度を評価指標として重視	文脈的な職務成果や職場・集団単位でのパフォーマンスを重視	個人の価値意識に関する行動指標を重視
報酬制度	―個人ベース ―職務内での格差大	―職場・集団ベース ―職場・集団内での格差小	―組織ベース ―役職などの階層間で格差大

出所：Werbel & DeMrie（2005），p.244の表をもとに，筆者が一部加筆・修正。

(ability）と企業側がその職務に求める要件（demand）との整合性を，社内の人材に対しより強調する政策を打ち出している場合（すなわち，従業員のP-J fit を強調している場合），個別の人材マネジメント施策は，職場や集団単位ではなく，個人単位，個人ベースでの知識・スキル・能力（KSAs）を高める人材開発やそれらを評価・処遇する施策がとられるべきとされている。一方，企業側が個人の所属する職場や，参加するプロジェクト・チーム内での適応をより強調する考えをもっており，従業員のP-G fit を高める政策を打ち出している場合，個別の施策は，従業員個々人よりもむしろ職場・集団単位での高い成果をあげられるような施策がとられるべきと説明している。すなわち，P-G fit を重視する企業では，個人は社内での複数のプロジェクトにチームメンバーとして参加したり，部門間・職場間のローテーションが頻繁であるケースが多く，個々人は職場内・チーム内での文脈や役割を的確に把握し，職場やチームの状況に応じて柔軟に対応することができる多様なスキルが求められる。最後に，企業が従業員個人の目標・価値・性格と会社のそれらとの適合を重視し，従業員に組織への貢献度をより高めようと意図する政策をとっている場合（すなわち，従業員のP-O fit を強調している場合），個別の施策としては，個人の価値観や態度を会社固有の組織文化に適合させるよう動機づけさせる施策が設計されるべきとしている。このタイプの企業では，全社的な強い企業理念をもっているケースが多く，従業員にはそれを日常の業務の中で具体化し，企業

理念を実現できる行動がどの程度とれるかどうかを，人材マネジメントの制度設計において中心に据えるケースが多いようである（Werbel & DeMrie, 2005）。

以上のように，人材マネジメント施策の立案や設計には，その背後にある企業側の意図や政策をどのように具体化し，実現できるかが重要である。また，人材マネジメントの諸機能が全体として，ある種の一貫性や整合性を保っていることも，1つの鍵といえるかもしれない。とくに人材マネジメントを通じた，企業の競争力向上を考える場合，企業の上層部の考える戦略的な意図と各施策の一貫性や，個別の施策間での統合の度合いを考慮する必要があるといえるだろう。人材マネジメントと企業競争力との関係について，より詳細に見てみることにする。

第2節　戦略的人的資源管理（SHRM）

（1）戦略的人的資源管理の萌芽

90年代に入り，米国経営学において，既存の人的資源管理研究に「戦略的な」（strategic）視点が組み込まれた，いわゆる「戦略的人的資源管理（SHRM）」の考え方が萌芽した。すなわち，人材そのものが，企業の持続的な競争力獲得を可能にする重要な「資源」のひとつであり，人材の採用，育成，活用などの人的資源管理活動もまた，企業の競争戦略の中に組み込まれるべきとする考え方が興隆した。今日，このSHRMという考え方は，米国にとどまらず，アジアやヨーロッパをはじめとする世界の諸各国にまで，急速に波及しつつある。では，なぜ90年代初頭に，人材と企業の競争力との関係に注目が集まり始めたのか。その背景として，大きく2つの点が考えられる。

資源ベース理論：まず第1に，米国経営学の経営戦略論の分野において，企業の「内部資源」に注目した「持続的競争優位（sustained competitive advantage）」の理論化を進める研究が公表され，一躍脚光を浴びたことが影響していると考えられる。とくに，1991年に米国の"Journal of Management"誌に公表されたバーニー（Barney, 1991）の論文は，戦略的人的資源管理研究の萌芽に大きな影響を与えた。バーニーは，この論文の中で，「資源ベース理

論（resource-based view of the firm）」という考え方に基づき，企業が持続的競争優位を確立するうえでの諸要件を体系的に説明した。そこでは，企業の持続的競争優位とは，単純に企業の競争力が暦の意味での時間的長さに基づいて評価されるべき問題ではなく，企業が競争他社によって模倣されない資源（resources）をどの程度蓄積しているかによって判断されるべきものであると主張されている。すなわち，企業が保有する有形（tangible）・無形（intangible）の資源のうち，他社によって真似される可能性の高い資源ばかり保有していては，ライバル企業による追随を容易に許すこととなり，その企業の競争力が失われてしまう。したがって，こうした企業は，遅かれ早かれ，市場競争の中で淘汰され，競争力を持続することは困難となるというものである。

同時に，バーニー（1991）は，企業が持続的競争優位を導くための戦略を策定する際に活用しうる経営資源は，以下のような4要件を備えている必要があるとしている。すなわち，戦略に投入される資源が，①価値がある（valuable），②稀少である（rare），③模倣できない（inimitable），④代替できない（non-substitutable）といった諸特徴を備えていることが重要であるとし，こうした性質の諸資源を活かした競争戦略は，企業の持続的競争優位を高めることが可能となるだろうと説明している。

こうした見方は，経営資源は基本的にあらゆる企業においてほぼ同質（homogenous）で，企業間で自由に移動可能なものというこれまでの米国経営学の常識を大きく覆すものであった。バーニーは，他社によって模倣されない異質（heterogenous）でかつ他社に特定・活用されない不可視（invisible）の経営資源をいかに蓄積できるかが，持続的競争優位確立の鍵だと唱えたのである。このような考え方をもとに，企業内でいかに企業固有の人的資源を育成・活用し，企業の競争戦略に結びつけていくかという視点に発展していったのである。

日本企業のグローバル市場での活躍：SHRMの考え方が興隆した第2の点として，80年代後半の日本企業のグローバル市場での活躍がその背景にあり，当時の経営学や人的資源管理研究に大きく影響したといわれている。80年代は，日本企業の米国市場をターゲットとする海外進出が活発化した時代であり，とりわけ電気関連・機械関連・自動車関連を中心とした広義の機械産業

が，生産拠点を米国やその周辺地域にまで拡大し，製品輸出による市場の拡大と浸透ではなく，現地生産と販売による競争力を発揮した時代でもあった。とくに，単なる製品輸出ではなく，企業の生産拠点の海外への拡大は，人材を含むマネジメント手法の海外移転をも必要とするものであり，これを契機に，かつてブラックボックスであった日本企業の経営手法が海外で広く散見されるようになった。とりわけ，米国の研究者や実務家の間では，当時の多くの米国企業とは異なるマネジメント手法によって高い経営成果をあげていた日本企業のマネジメント手法にきわめて高い関心が集まった。

その典型的な例として，1984年に米国に進出した「トヨタ自動車」と米国最大手の自動車メーカー「ゼネラル・モータース（GM）」との合弁企業であるNUMMI（New United Motor Manufacturing Incorporated）の成功が挙げられる。島田（1988）によると，合弁事業は資本金2億ドルでスタートし，出資比率はトヨタとGMで折半，経営面では生産における技術，製造はトヨタ主導で行ない，GMは主に販売を担当するというものだった。NUMMIの自動車生産は，旧GMのフリーモント工場を再生したもので敷地や設備，労働力などの生産要素は基本的に旧フリーモント工場のものを利用した。注目すべき点は，トヨタとの合弁事業以前は，従業員1人当たり年間約46台の生産台数であったものの，合弁事業後には，1人当たり年間100台の生産台数にまで生産性が向上した点である。すなわち，単純に考えても約2倍，要素を具体的に比較すると48.5％もの生産性の上昇が可能となったとされている（島田，1988）。

とりわけ，この飛躍的な生産性向上の背後にあったトヨタのマネジメント手法に，研究者・実務家からの注目が集まった。人材マネジメントに特化すると，現場でのチームワーク組織の導入，従業員による自発的・積極的な問題解決や改善提案の促進，従業員への裁量性の付与と経営参加，企業側の高い教育投資と手厚い福利厚生など，いわば当時の「日本的経営」が従業員の動機づけ向上やパフォーマンス改善に与えたインパクトに強い関心が注がれた。こうした日本企業のグローバル市場での活躍が人材を通じた競争力向上に大きく支えられていたという当時の解釈は，人材を競争力向上の源泉にすえる戦略的人的資源管理の萌芽に大きなインパクトを与えたといえる。

(2) 3つの理論的仮説

このような形で萌芽した戦略的人的資源管理は，その後理論的にも急速に発展していく。同時に，展開された理論は，フィールド調査や統計学などを駆使して，実証的な研究手法によって今日までに数多くの検証がなされてきている。

既存の人材マネジメント（HRM）と戦略的人的資源管理（SHRM）との間における考え方の違いを明確にしたものが，岩出（2004）に示されている（図9-1）。図9-1のように，既存のHRMの視点では，HRMと戦略や他の経営諸機能と独立した存在として，企業の人材マネジメントが扱われていることがわかる。一方，SHRMの視点では，企業の競争環境やトップマネジメントの経営戦略が起点となり，人材マネジメントが編成・組織され，最終的には企業業績の向上に寄与する（しなければならない）とする視点が組み込まれている。こうしたことからも，戦略的人的資源管理研究における基本的な課題は，「企業は人材やそのマネジメント手法を通じて，いかに競争力を追求できるか」というものであることがわかる。

この基本的な課題に応えるための視点として，既存の戦略的人的資源管理研究では，HRM－企業業績関係（HRM-firm performance link）に関する3つの理論仮説が提唱されてきた。以下，それぞれについて見ていくことにする。

普遍的仮説（Universalistic Hypothesis）：この仮説は，特定の人材マネジメント政策や施策が，企業の業績向上や競争優位確立において，「普遍的」（universalistic）に重要な役割を果たすだろうという仮説である。ここでいう

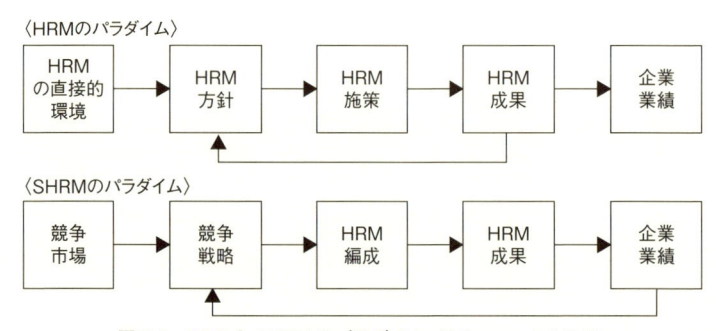

図9-1 HRMとSHRMのパラダイム（岩出，2004より抜粋）

「普遍的に」とは，脱文脈的にということであり，特定の人材マネジメント施策が，企業の置かれている状況や文脈・特性を超えて，競争優位の確立に貢献するだろうというものである。すなわち，人材マネジメントには，「最善の施策」(best practice：ベストプラクティス) が存在し，企業はそのベストプラクティスを追求することが，企業業績の向上，ひいては競争優位の確立に重要な役割を果たすだろうというのが，この普遍的仮説である。このことから，この普遍的仮説に依拠する SHRM の考え方を「ベストプラクティス」アプローチともいう。

では，具体的な「ベストプラクティス」の中身はいかなる施策を指すのであろうか。表 9-2 は，90 年代前半に米国の主要な研究者によって実施された，普遍的仮説の実証的検証結果である。表中に○印がついている施策は，それぞれの実証研究において，企業業績に対して有意な正の主効果が確認されたものである。これを見ると，ほとんどの研究において，自律的作業集団や問題解決グループ (QC サークル) など，職場でのチームワークや従業員参加，改善提案の促進を意図する施策が，企業業績と正の関係を示していたことを確認している。この他にも，導入教育後の研修時間に代表される企業側の積極的な従業員教育への投資や，成果主義の導入によるモティベーション向上などの試みは，企業業績と正の関係があったと報告する研究が多いことがわかる。

他にも，ここにリストアップされている施策は，概して従業員との協調的な労使関係を構築し，彼・彼女らの会社への情動的な「コミットメント」を高める役割を果たすような施策として特徴づけられると考えてよいだろう。このような施策に代表される人材マネジメントのモデルは総称して，人材マネジメントの「コミットメント・モデル」(commitment model) と呼ばれ，普遍的仮説の論者の多くが企業の持続的競争優位の源泉として位置づけている。なお，このコミットメント・モデルは，伝統的な「コントロール・モデル」(control model) と対比して議論されることが多く，表 9-1 に掲げられたようなコミットメント・モデルの人材マネジメント施策が，実際に組織で働く従業員のどのような態度や行動に影響を与え，企業業績へと結実するのかに関して，近年詳細な検討がなされつつある。

形態論的適合仮説 (Configurational Fit Hypothesis)：先の普遍的仮説が，

表 9-2 過去の研究別に見た高業績 HRM 施策

人材マネジメント施策	Kochan & Osterman (1994)	MacDuffie (1995)	Huselid (1995)	Cutcher-Gershenfeld (1991)	Arthur (1994)
自律的作業集団	○	○		○	○
ジョブ・ローテーション		○	○		
問題解決グループ・QC サークル		○	○	○	○
TQM（全社的品質管理）		○			
改善提案制度			○		
採用（選抜）基準（現在の職務／学習内容）			○		
成果主義賃金			○	○	○
地位の格差（平等主義）			○		
新入社員研修（導入教育）			○		
導入教育後の研修時間		○	○		○
情報の共有化（社内報など）			○		
職務分析			○		
内部昇進			○		
企業内の態度調査			○		
苦情処理制度			○		
採用試験			○		
公式的な人事考課			○		
昇進基準（成果／年功／両者組合せ）			○		
新入社員の選抜倍率			○		
生産目標のフィードバック				○	
労使の紛争解決（速さ／手順）				○	○
職務設計（狭い／広い）					○
工場内の熟練従業員の比率					○
管理者のコントロールの範囲					○
社内での社交的なイベント					○
年間の平均労務費					○
労務費に占める従業員給与の比率					○

出所：Becker & Gerhart（1996）より筆者が邦訳して抜粋。

　個別の人材マネジメント施策の有効性に力点を置くのに対し，形態論的適合仮説では，個別の施策よりもむしろ，体系的な「システム」としての有効性が重要であると仮定する。すなわち，高業績を生み出すとされる施策を，無秩序に組み合わせるのではなく，人材マネジメント全体としての「システム」を考慮した施策間の組み合わせが重要であるという視点が，この形態論的適合仮説には組み込まれているといえる。

　図 9-2 は，筆者が中国・台湾に進出する日本の製造子会社 286 社から採取された調査データをもとに，形態論的適合仮説の検討を行なった分析結果の一部

である（竹内，2003）。この図からまず第1に，職場でのチームワークや従業員参加，改善提案の促進を意図する施策として位置づけられる「問題解決」施策が，企業業績に対し直接的な正の影響を示していたことが確認できる。その意味で先の「普遍的仮説」の一部を支持しているといえる。この点に加え，業績に対し直接的な影響を与えていなかった「福利厚生」や「長期雇用」，また職場の能力開発に代表される「技能形成」の諸施策は，いずれも職場での問題解決施策の導入を促進し，特定の人材マネジメント施策全体として機能している点が明らかにされている。この結果は，いわば人材マネジメントの「システム」としての有効性を暗示しているものであり，人材マネジメントの各々の施策が，企業業績に与える個別の影響にばかり目を向けていては見落とされてしまう可能性の高い基底的な施策の有効性があることを示す結果とも考えることができるだろう。たとえば，一見すると企業の競争力向上とはほど遠い施策に見える朝礼制度やレクリエーション制度であっても，本当にそれが意味のない施策かどうかの判断は，それらが企業業績にどの程度直接的に貢献しているかではなく，施策とシステムの部分−全体構造を検討したうえで初めて可能となることを示唆している。

以上のように形態論的適合仮説は，人材マネジメントシステムにおける全体構造の中での，施策間の最適な組み合わせ（適合）が持続的競争優位を導く源泉であるという立場をとる。このように形態論的適合仮説では，施策間での水

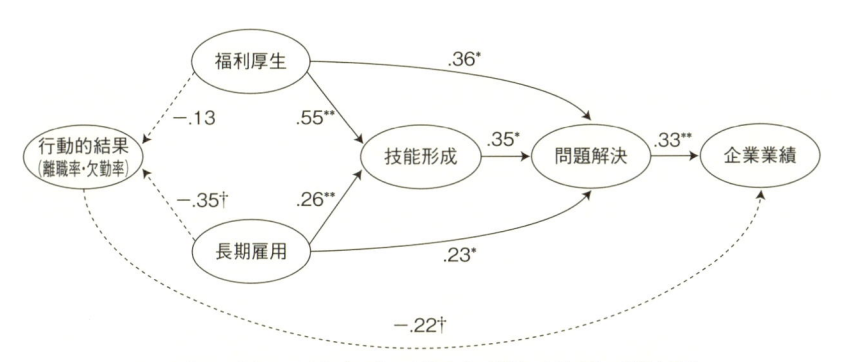

注：数値は標準化パス係数（beta）。実践は正の影響，破線は負の影響を示す。
†$p<.10$, *$p<.05$, **$p<.01$, ***$p<.001$.

図 9-2　HRM 施策の連鎖パターンと業績に関する共分散構造分析結果（竹内，2003 より抜粋）

平的な関係性がもつ優位性に着眼しているため,「水平的適合仮説」(horizontal fit hypothesis) と呼ばれることもある。

コンティンジェンシー適合仮説（Contingency Fit Hypothesis）：コンティンジェンシー適合仮説は，企業が業績向上，ひいては競争優位を確立するためには，企業が選択する競争戦略と人材マネジメント施策との間に適合関係が存在することが重要であるという視点に立っている。すなわち，トップマネジメントの意思決定による企業レベルでの競争戦略と戦略のサブ機能である人材マネジメントの実行面において，ある種の整合性・一貫性が保たれていなければ，持続的に高い競争力は見込めないだろうという考えに拠る理論仮説である。

競争戦略とは,「企業が特定の市場において他社と競争する方策」(Schendel & Hofer, 1979) と定義させるものである。とくに，組織が競争的な環境において迫られる「選択圧力」(selection pressure) の要約として，競争戦略がとらえられる傾向にある。すなわち，企業が市場競争で優位性を獲得するためには，トップマネジメントは，その方法について何らかの意思決定を迫られることになる。この他社と市場競争する方策は，もちろん1社1社具体的なアプローチは異なるものの，ポーター (Porter, 1980) はこうした企業行動を観察し大別すると，およそ3つの選択方法に集約されていると主張する。具体的には，①同一の産業内において，コストや価格面で主導権を握る「コスト・リーダーシップ戦略」(cost leadership strategy)，②市場に提供する製品・サービス面で，競争他社との差別化を試みる「差別化戦略」(differentiation strategy)，および③特定の顧客層や市場，製品などに企業の資源を集中する「集中戦略」(focus strategy) の3つである。企業は基本方針として，こうした戦略上の選択を行ないながら競争優位を高めていると考えられている。この他にも，マイルスとスノー (Miles & Snow, 1984) が発表した「防衛型」(defender),「探索型」(prospector),「分析型」(analyzer)，および「反応型」(reactor) と呼ばれる競争戦略の4類型もあり，このモデルについても人材マネジメント施策との関連でよく議論されている。

では，こうした戦略類型と整合性の高い人材マネジメントとはどのようなものであろうか。この点について，ウルリッヒとビーティー (Ulrich & Beatty,

表 9-3 戦略の選択と人材との「適合」

事業のコスト削減追求 (Operational Excellence Cost)	製品主導型イノベーション (Product Leadership Innovation)	顧客親密型ソリューション (Costomer Intimacy Solutions)
従業員のコアとなる心的態度		
・事業プロセスの視点で考える ・訓練可能／学習可能 ・競争計画に従う ・組織への奉職 ・短期的視点を重視 ・無駄や費用を避ける ・付加的な改善を動因とする行動 ・アウトプット量に関する高い関心 ・安定性に対する高い満足 ・より低いリスク志向 ・該当しない性質：自由主義や人目を引くタイプ	・開発の視点に重きを置き，謙虚に受け入れる ・新たな可能性や現状の改善に挑戦する ・反官僚主義的 ・長期的視点を重視 ・多面的な才能 ・学習を動因とする行動 ・成果に関するより高い関心 ・曖昧性へのより高い耐性 ・より高いリスク志向 ・該当しない性質：鋳型にはまった／合理的タイプ	・顧客目線で考える ・（仕事上の）「秘訣」を即座に，容易に共有する ・顧客側の知性を追求する ・適応可能／調整可能 ・顧客の要求を実現させる ・素早い対応や学習 ・顧客の成功を動因とする行動 ・顧客のニーズを予測する ・該当しない性質：「クローン」
従業員の典型的な行動		
・チームワーク ・自己の役割の発見と適応行動 ・概して予測可能な反復行動 ・事業プロセスの1部分としての個人単位の活動	・問題解決 ・互いに挑戦しあう ・部門横断的なコラボレーション ・高い水準の創造的行動	・アイデアや課題解決策の共有 ・（部門間や階層間の）境界を越えた思考や協働 ・幅広いスキルの開発 ・効果的なネットワークを結ぶ ・顧客管理の視点
事 例		
Federal Express, Dell, Nucor, Wal-Mart, UPS, Home Depot, Lowe's, Best Buy, IKEA, McDonald's, Carrefour	Sony, Glaxo, Merck, 3M, Intel, Nike, Microsoft, Burberry	Four Seasons, Airborne Cott, Roadway, Cable & Wireless, Circuit City

出所：Ulrich & Beatty（2001）を邦訳して抜粋。

2001）の研究成果をもとに見てみる。表9-3は，特定の戦略下で求められる従業員の心的態度や行動を要約した彼らの研究成果の一部である。この表から，選択された各戦略下において，求められる従業員の態度や行動が大きく異なっていることがわかる。具体的には，「事業のコスト削減追求」（ポーターの「コスト・リーダーシップ戦略」に類似）を競争戦略として採用している企業は，事業のあらゆる側面でのコスト削減が求められ，それらに適合的な態度や行動が従業員に求められる。一方，「製品主導型イノベーション」（ポーターの「差別化戦略」に類似）を採用している企業は，組織内でのイノベーションが生ま

れやすい風土を誘発するような態度や行動が従業員に求められる。最後に,「顧客親密型ソリューション」(ポーターの「集中戦略」に類似) では, 顧客満足や顧客ロイヤリティを高めることを中心とする態度・行動が従業員に求められている。

　こうした従業員内の戦略別で求められる態度・行動だけでなく, 適合する人材マネジメント政策や施策について明らかにする研究も行なわれ始めている。とくに日本の製造企業約 300 社を対象とした筆者の研究 (Takeuchi, 2009) では, 企業の競争戦略と人材マネジメント政策との適合関係が, 企業業績に与える影響について検討している。図 9-3 (a)～(c) は, 3つの競争戦略志向 (コスト削減志向, 製品差別化志向, 高品質化志向) と企業の採用する人材マネジメント政策との間の適合関係が, 企業の市場成長率に与える影響をプロット化したものである。図 9-3 (a) によると, コスト削減の競争戦略を強調する企業 (図中の高群) では, 従業員の短期的な成果を処遇したり, 短期的視点での能力開発を重視するなどの短期志向の人材マネジメント政策を採用した場合, 企業業績が高まる傾向を示している。一方, コスト削減を競争戦略として志向しない企業で, 上述のような短期志向の人材マネジメント政策を強調すると, 業績が著しく低下している点もうかがえる。さらに, 図 9-3 (b) から, 製品差別化を競争戦略に採用する企業 (図中の高群) は, 従業員の職務経験や勤続年ではなく, 仕事面での「成果」を強く求める人材マネジメント政策と適合的である一方, 製品差別化を志向していない企業 (図中の低群) において, 成果主義の人材マネジメント政策が強調された場合, 企業業績に著しい低下が見られることが示されている。また, 図 9-3 (c) では, 製品の品質面において市場で競争することを志向する企業は, 採用や教育, 評価, 品質管理に至る HRM の諸手続きを標準化したり, 基準を明確にする政策を強調する場合, 業績を高めていることがわかる。

　このように, コンティンジェンシー適合仮説では, 企業が追求する競争戦略と人材マネジメントの政策・施策との間にはある種の適合・不適合 (misfit) の関係があり,「戦略－HRM」のフィットの状態が生じた場合に高業績が期待されると考えられている。また, この仮説では, 企業レベルでの戦略と人事レベルでのマネジメント政策・施策との間での垂直的な関係性がもつ優位性に

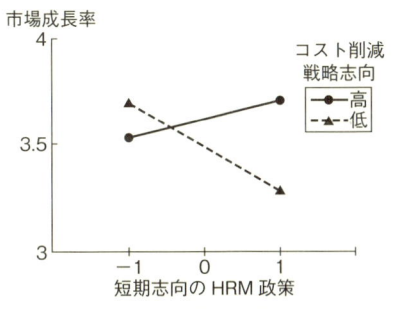

図 9-3(a) コスト削減戦略と短期志向の HRM 政策が市場成長率に与える交互作用効果

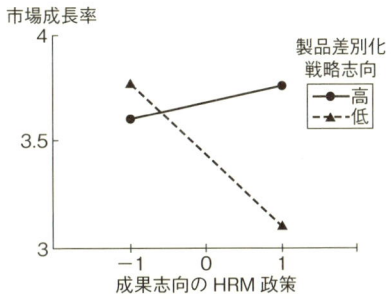

図 9-3(b) 製品差別化戦略と成果志向の HRM 政策が市場成長率に与える交互作用効果

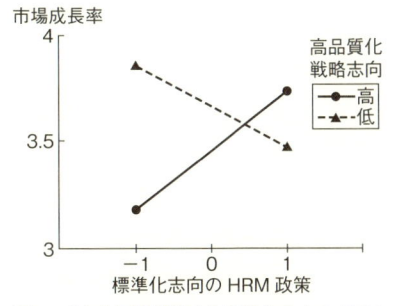

図 9-3(c) 高品質化戦略と標準化志向の HRM 政策が市場成長に与える交互作用効果

図 9-3　戦略と人材マネジメント（HRM）政策が企業業績に与える影響
(Takeuchi, 2009 より邦訳して抜粋)

着眼しているため，「垂直的適合仮説」(vertical fit hypothesis) と呼ばれることもある。

（3）戦略的人的資源管理の新たな展開

　先の3つの仮説は，戦略的人的資源管理の基本的な仮説として，初期の SHRM 研究によって提起され，これらの検証作業が世界中の多くの研究者の間で行なわれている。現在のところ，これら3つの理論仮説のうち，いずれの仮説がもっとも有効かに関して，研究者間での統一した見解は出されていない。むしろ，何がもっとも有効かを考えるよりも，3つの異なる考え方があることを理解したうえで，実際の経営場面では，自社の人材の状況や組織内の強

みや弱み，また機会や脅威を分析し，いずれのアプローチが自社で強く求められているのかを判断する必要があるだろう。

その一方で，これら3つの理論仮説から，派生したSHRMの新たな考え方もここ数年議論され始めてきている。ここではその一部として，「人材柔軟性（HR flexibility）」と「文脈的アプローチ（contextual approach）」を紹介する。

人材柔軟性（HR flexibility）：先の「形態論的適合仮説」や「コンティンジェンシー適合仮説」など，従来のSHRM研究では，企業の競争優位を説明する概念として，「適合性」（fit）を重視する研究が圧倒的に多かった。しかしながら，この「適合性」概念は，組織内，ないしは組織内外の一定の環境や条件との「一時的な」HRM施策との適合関係を指す「静態的」な概念であるとして，企業の持続的競争優位を説明する概念としては不十分であるとする指摘がある。ライトとスネル（Wright & Snell, 1998）は，企業の競争優位確立の過程においては，人材マネジメントにおける静態的な「適合性」の側面だけでなく，環境変化にフレクシブルに対応し続ける人材マネジメントの「柔軟性」の側面についても，十分に考慮される必要がある点を指摘している。いわば，"fit"には，時間的な変化に伴う適応力・修正能力が伴わないのに対し，"flexibility"には時間概念があり，主体が客体に対してダイナミックに応答する能力が含まれるのである。したがって，「人材（HR）の柔軟性」とは，企業の人材が環境に適合し続けるための組織の内的な特性として特徴づけられる「ダイナミック・ケイパビリティ」（dynamic capability）を包含する概念として解釈される（Bhattacharya et al., 2005）。ライトとスネルによると，人材の「柔軟性」は，以下の3つの次元を含むものとして理論化されている。

①従業員スキル柔軟性：企業が連続的な外的な環境変化に適応する過程において，つねに環境に適応し競争優位を発揮していくためには，従業員がもつスキル面での多様性が求められる点が指摘されている（Wright & Snell, 1998）。具体的には，(1) より多様でかつ幅の広いスキルをもつ従業員を獲得・育成する，(2) 特定の専門性や深いスキルをもつ「スペシャリスト」を幅広い領域で採用するなど，の手段が考えられる。

②従業員行動柔軟性：行動柔軟性とは職場での「定型」の行動ではなく，特定の状況から発生する組織内のニーズや要求に沿って適応可能な「自身の行動

スクリプトのレパートリー」の多さ（Wright & Snell, 1998）であると説明されている。スキル柔軟性との違いは，行動には意欲や態度の側面が伴っている点である。すなわち，「スキル」は学習の「結果」であるとすると，「行動」は学習自体，ないしはそのプロセスであると解釈される。換言すると，個人がどの程度，環境変化に合わせて行動を修正（学習）し，新たなスキル獲得や知識創出にむけた行動がとれるかという点が，この行動柔軟性には含まれているといえる。

③人材マネジメント施策柔軟性：施策柔軟性とは，企業の人材マネジメント施策がどの程度，多様な状況や状況変化を超えて，また多様な事業体や部門をまたがって，適応可能かどうか，またどの程度のスピードでこうした適応や調整が可能かどうかを指す概念である（Bhattacharya *et al.*, 2005）。すなわち，施策自体が外部の環境変化や状況変化に応じて，変更を加えられるかどうか，また組織内にそうした人事に関する制度変更や制度構築のノウハウをどの程度もち合わせているかが，環境との相互作用を通じた競争優位確立への鍵となる点が考えられる。

SHRMの文脈的アプローチ（contextual approach）：マーティン＝アルカザーら（Martín-Alcázar *et al.*, 2005）は，SHRM論が解明すべき1つの領域として，「コンテクスチュアル・アプローチ」と呼ばれる概念的なモデルを提起しつつ，説明を加えている。図9-4は彼らが提起した文脈的アプローチのモデルである。そこでは，経営戦略と人材マネジメント施策（戦略）との適合関係が，組織的な文脈や社会経済的な文脈によって影響を受ける点が示されている。また，一方で，図9-4の枠組みでは，人材マネジメントの戦略と経営戦略とが，相互に影響を与え合い，生み出された人材マネジメントの効果が，組織の文脈や環境に影響を与えるという考え方も示唆されている。こうした視点は，戦略－HRMの一定の適合関係が脱コンテクストで組織成果を高め得ることを前提とした既存のコンティンジェンシー適合仮説を補強する新たな視点として注目されつつある。

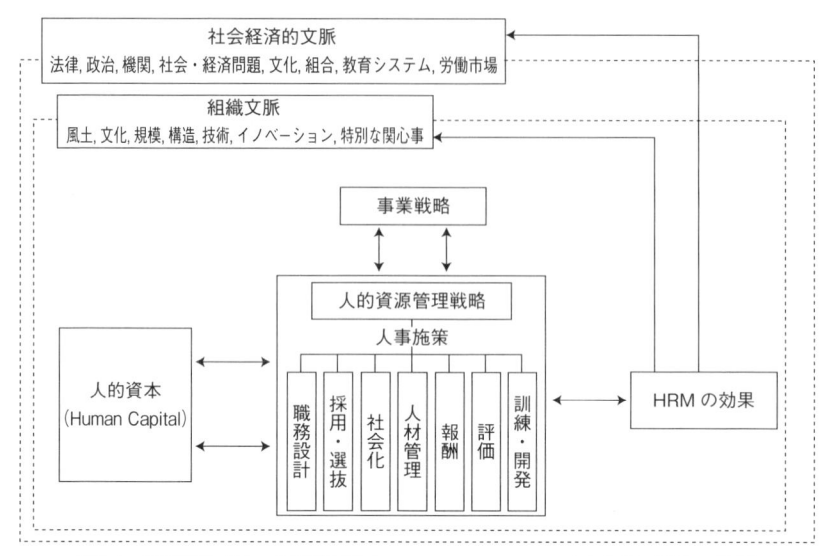

図 9-4 文脈的アプローチの概念図（Martín-Alcázar *et al.*, 2005 より筆者が邦訳して抜粋）

第 3 節　おわりに

　本章では，企業側の人材マネジメント政策・施策に焦点を当て，これらの諸機能について概説すると同時に，90年代以降に興隆した人材マネジメントの新たなパラダイムである「戦略的人的資源管理」の基本的な考え方や最近の潮流について概観した。「効果的な企業の人材マネジメントとはいかなるものか」という問に答えるためには，組織の中での人間行動に研究の焦点を合わせる組織心理学の知見はもとより，企業内部の組織運営や管理方法を扱う経営組織論や経営管理論，また企業の外部環境と組織との相互作用をターゲットとする経営戦略論などの関連分野についても十分に理解を深める必要がある。本章の読者が，企業の人的資源に関する効果的運営により一層の関心をもち，今後の学習や研究を考える契機となれば幸甚である。

ま と め

・人材マネジメントをその機能別に大別すると，採用・配置，人事評価，報

酬，人材開発，および労使関係の5領域に分けられる。
・人材マネジメントには，企業全体の「人」のマネジメントの方針に関する「政策」の側面と，その政策を実行に移す際の具体的な「施策」の側面に分けて考えられ，その政策－施策間での整合性を高めていくことが求められる。
・90年代初頭において戦略的人的資源管理（SHRM）というアプローチが萌芽した背景には，企業の内部資源の重要性を認識した当時の経営戦略論（資源ベース理論），および当時の米国およびグローバル市場における日本企業の飛躍的な競争力向上などが挙げられる。
・戦略的人的資源管理では，企業の持続的競争優位を可能にする人材マネジメントのあり方についての基本的な考え方，とくに3つの理論仮説に基づくHRM－企業業績の関係についての考え方が提起されている。
・戦略的人的資源管理の新たな展開として，従来の「適合（fit）」という考え方だけではなく「柔軟性（flexibility）」という考え方や，戦略－HRMの適合関係を企業の置かれている組織的・社会経済的な「文脈（context）」から検討する考え方も重要視されるようになってきている。

演習課題

1. 特定の企業を取り上げ，その企業の①採用・配置，②人事評価，③報酬制度，④人材開発，および⑤労使関係がどのようになっているかを調べてみよう。
2. 人材マネジメント政策として，表9-1にある個人－職務適合（P-J fit），個人－集団適合（P-G fit），個人－組織適合（P-O fit）の3つの政策別に見た場合，それぞれどのような企業が考えられるか。また，上記3つの政策には，それぞれどのようなメリット・デメリットがあるか，考えてみよう。
3. 戦略的人的資源管理理論における「形態論的適合仮説」（および図9-2）に依拠した場合，企業が一部の人事制度に変更を加える際（たとえば「成果主義」の導入など）に，どのようなことに留意しなければならないか考えてみよう。
4. 低価格・低コストを売りにするA社，製品差別化をベースに市場で競争するB社，顧客満足や高品質をもとに他社と競争するC社では，それぞ

れ①採用・配置管理，②人事評価，③報酬制度，④人材開発，および⑤労使関係をどのように構築すべきか。コンティンジェンシー適合仮説をベースに考えてみよう。
5．以下のトピックスで紹介するトヨタ自動車（株）の人事改革について，戦略的人的資源管理における「人材柔軟性（HR flexibility）」という観点からどのように評価できるか，考えてみよう。

--- トピックス　トヨタ自動車㈱の人事改革と戦略的人的資源管理 ---

よく，「日本企業の人材マネジメントが急激に変化」などというビジネス誌の記事やコラムを目にすることがある。事実，90年代以降，バブル経済の崩壊やさまざまな社会経済環境の変化に伴って，社内の人材マネジメントの政策転換や制度の改変・修正を行なう企業も少なくはない。日本を代表する自動車メーカーの1つ「トヨタ自動車（株）」も，1990年後半に大きな人材マネジメント政策の改革を行なっている。トヨタでは，"Personnel, Organization and Resources for 21st century"の頭文字をとった「Pro21」と呼ばれるトヨタのあらゆる人材に適用することを目的とした新人事政策を打ち出した。その名のとおり，21世紀に向けた人事方針であることはいうまでもないが，頭文字の「プロ」というロゴがこの新しい人材マネジメント政策の方向性を明確に表している。すなわち，基本政策として，全員がプロをめざすというスローガンを掲げているのである。

図9-5は，この人事改革の全体像である。たとえば，事務系・技術系の職務に従事するホワイトカラー人材が中心の「事技職」では，「プロ人材開発プログラム」が実施されている。このプログラムでは，入社後の新入社員に対して，個別の希望に応じた部門への配属を原則として約束すると同時に，入社から10年間は他部門への異動・配置換えを行なわない施策を実施している。これにより，配属された部門での仕事内容をベースとしたプロを育成することを前提としている。一方で，課長職以上の「基幹職」に対しては，「チャレンジプログラム」と呼ばれる制度を導入し，基幹職の中でも管理業務を中心とする「マネージャー職」と仕事面での専門性や技術を継続して磨く「スタッフ職」とに区分している。とくに人事考課基準として，従来からの「マネージャー職」の基準には，「課題遂行力」（30％），「組織マネジメント力」（20％），「人材活用力」（20％）などの要素が評価基準のかなりの部分を占めているのに対し，「スタッフ職」の考課基準には「部門別の専門知識・能力」が全体の50％の評価ウェートを占めている。

このように従来は，部門間でのローテーションを通じた社内の幅広い知識と経験をもつジェネラリスト中心の人材育成とそれをベースとした人事諸施策が組み込まれていたが，上述の人事改革では，部門での職務をベースとしたスペシャリスト中心の人材育成・人事方針へと転換していることがわかる。当然のことながら，ここで紹介したトヨタの事例が他の日本企業の多くに見られる傾向かどうかは別問題である。とくにここでの人事改革は，日本の労働市場や国レベルでの社会経済的環境の変化，自動車産業という産業レベルでの環境変化，およびトヨタという企業レベルでの固有の環境変化など，複合的な環境的要因へ対応するための選択事例であることを忘れてはならないだろう。本章で紹介した戦略的人的資源管理の考え方を振り返りながら，トヨタの人事改革の方向性をどのように評価できるか検討してみるのも一考に価するかもしれない。

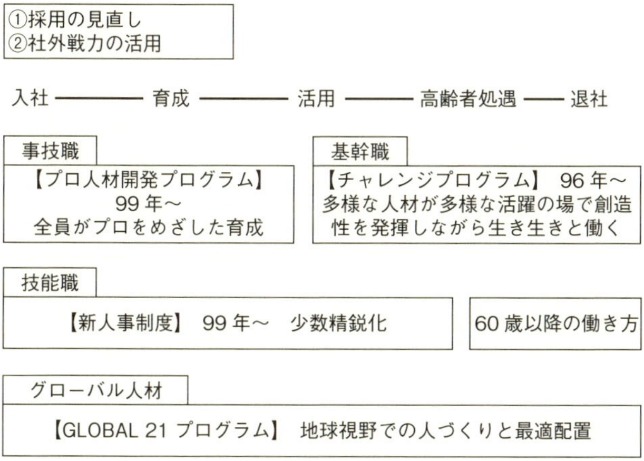

①採用の見直し
②社外戦力の活用

入社 ──── 育成 ──── 活用 ──── 高齢者処遇 ──── 退社

事技職
【プロ人材開発プログラム】 99年～
全員がプロをめざした育成

基幹職
【チャレンジプログラム】 96年～
多様な人材が多様な活躍の場で創造性を発揮しながら生き生きと働く

技能職
【新人事制度】 99年～ 少数精鋭化

60歳以降の働き方

グローバル人材
【GLOBAL 21 プログラム】 地球視野での人づくりと最適配置

図9-5 Pro21：トヨタ自動車の総合的人事改革 （山口，2005より抜粋）

参考文献

Arthur, J. B. 1994 Effects of human resource systems on manufacturing performance and turnover. *Academy of Management Journal*, **37**, 670-687.

Bhattacharya, M., Gibson, D. E., & Doty, D. H. 2005 The effects of flexibility in employee skills, employee behaviors, and human resource practices on firm performance. *Journal of Management*, **31**, 622-640.

Barney, J. B. 1991 Firm resources and sustained competitive advantage. *Journal of Management,* **17,** 99-120.

Becker, B., & Gerhart, B. 1996 The impact of human resource management on organizational performance: Progress and prospects. *Academy of Management Journal,* **39,** 779-801.

Bretz, R. D. Jr., Rynes, S. L., & Gerhart, B. 1993 Recruiter perceptions of applicant fit: Implications for individual career preparation and job search behavior. *Journal of Vocational Behavior,* **43,** 310-327.

Cable, D. M., & Judge, T. A. 1996 Person-organization fit, job choice decisions, and organizational entry. *Organizational Behavior and Human Decision Processes,* **67,** 294-311.

Cutcher-Gershenfeld, J. C. 1991 The impact on economic performance of a transformation in the workplace relations. *Industrial and Labor Relations Review,* **44,** 241-260.

Huselid, M. A. 1995 The impact of human resource management practices on turnover, productivity, and corporate financial performance. *Academy of Management Journal,* **38,** 635-672.

岩出 博 2004 経営戦略と人的資源管理 経営能力開発センター（編） 経営学検定試験公式テキスト（5）人的資源管理 中央経済社 pp.19-36.

Kochan, T. A., & Osterman, P. 1994 *The mutual gains enterprise: Forging a winning partnership among labor, management, and government.* Boston, MA: Harvard Business School Press.

MacDuffie, J. P. 1995 Human resource bundles and manufacturing performance: Organizational logic and flexible production systems in the world auto industry. *Industrial and Labor Relations Review,* **48,** 197-221.

Martín-Alcázar, F., Romero-Fernández, P. M., & Sánchez-Gardey, G. 2005 Strategic human resource management: Integrating the universalistic, contingent, configurational and contextual perspectives. *International Journal of Human Resource Management,* **16,** 633-659.

Miles, R., & Snow, C. H. 1984 Designing strategic human resource systems. *Organizational Dynamics,* Summer, 36-52.

守島基博 2004 人材マネジメント入門 日本経済新聞社

Porter, M. E. 1980 *Competitive strategy: Techniques for analyzing industries and competitors.* New York: The Free Press.

佐藤博樹・藤村博之・八代充史 1999 新しい人事労務管理 有斐閣アルマ

Schendel, D. E., & Hofer, C. W. 1979 *Strategic management.* Boston, MA: Little Brown.

島田晴雄 1988 ヒューマンウェアの経済学 岩波書店

高木晴夫・廣石忠司 2004 企業経営と人的資源マネジメント 慶應義塾大学ビジネススクール（編） 高木晴夫（監修） 人的資源マネジメント戦略 有斐閣 pp.1-12.

竹内規彦 2003 人的資源管理施策の連鎖パターンと企業業績：共分散構造分析によるモデルの検討 日本労務学会誌，**5**(1)，73-86.

Takeuchi, N. 2009 How Japanese manufacturing firms align their human resource policies with business strategies: Testing a contingency performance prediction in a Japanese context. *International Journal of Human Resource Management*, **20**, 34-56.
田中太加志 2004 配置と異動 慶應義塾大学ビジネススクール（編） 高木晴夫（監修） 人的資源マネジメント戦略 有斐閣 pp.67-81.
Ulrich, D., & Beatty, D. 2001 From partners to players: Extending the HR playing field. *Human Resource Management*, **40**, 293-307.
Verquer, M. L., Beehr, T. A., & Wagner, S. H. 2003 A meta-analysis of relations between person-organization fit and work attitudes. *Journal of Vocational Behavior*, **63**, 473-489.
Werbel, J. D., & DeMarie, S. M. 2005 Aligning strategic human resource management and person-environment fit. *Human Resource Management Review*, **15**, 247-262.
Wright, P. M., & Snell, S. A. 1998 Unifying framework for exploring fit and flexibility in strategic human resource management. *Academy of Management Review*, **23**, 756-773.
山口真一 2005 トヨタ自動車におけるキャリア・人材育成 日本キャリア教育学会第27回研究大会記念講演会資料

第10章
キャリア発達とその支援制度

第1節　経営組織におけるキャリア概念

（1）働く人の人生を表現する概念としてのキャリア

　20世紀の前半に多くの男性が組織的な職場に参入し，後半には女性の職場進出がさかんとなった。さらに近年では，生涯に複数の組織を経験する人も増加し，個人と組織の関係は，ますます複雑なものとなっている。そこで，次のような疑問が生まれる。職場の一員になることは，個人の発達にどのような影響をもたらすのだろうか。経営組織はそこで働く人の人間としての発達を阻害するのか，それとも組織が提供する仕事上の役割や活動は個人の成長を促すのだろうか。これらの疑問に答える試みが，経営組織での個人の経験，役割，関係の連鎖を表す語としてのキャリアという概念を確立させ，多くの研究を生み出した（Dalton, 1989）。

　本章では，人が経営組織という場において，どのようにキャリアを発達させるのかを考察する。まず，キャリア概念を整理することから始め，経営組織における職業的なキャリア発達を扱った理論的および実証的研究を取り上げる。さらに経営組織でのキャリア発達支援に関するいくつかの制度を紹介し，加えて21世紀のキャリア発達を理解するための新しい視点について展望する。なお，「キャリア発達」は英語の career development を訳したものであるが，経営学や実務家はこの語を「キャリア開発」と訳すことが多い。「開発」には主体的で能動的かつ積極的な語感があることによると思われる。しかし本章では，時の経過にそった連鎖という意味合いをこめて「発達」という表現を用い

る。

(2) キャリア概念の原型

今日，キャリアはこれまでにないほど注目度の高い学問上のテーマとして，心理学，社会学，経営学など広範な社会科学の分野で研究が蓄積されている。しかし，それぞれの学問分野や研究者間でキャリアという語が内包する意味やキャリア研究での注目点が異なるため，キャリア概念に統一的な定義を与えることは容易ではない。ここでは，職業心理学を中心にこれまでのキャリア研究を先導してきた研究者が，キャリアをどのようにとらえてきたかを概観し，定義にまつわる問題点を指摘する。

キャリアという語が心理学の分野に導入されたのは，スーパー (Super, 1957) が『キャリアの心理学』という本を出版した1957年だといわれる (Osipow & Fitzgerald, 1996)。1950年代には，スーパーをはじめいくつかの職業発達 (vocational development) に関する理論が提唱されたが，それらは職業選択を学校から仕事への単なる移行としてではなく，長期にわたる自己概念の発達としてとらえた。この職業発達がキャリア概念の原型と考えられる。

職業心理学におけるキャリア概念は，当初は「職業生活のコースにわたって保持されるフルタイムの地位の発達的連続」(Super, 1957) として概念化されたが，その後「仕事以外の活動や役割を含むもの」として拡張された (Super, 1980)。仕事上のキャリアを示すワークキャリアに対して，拡張された概念はライフキャリアと表現される。現在では広義のキャリア概念が定着しつつあるが，その背景には，長寿化や女性の職場参入などによって仕事と家庭の調和や職業以外の生活が重視されるようになったなどの時代的な変化が潜在する。つまり今日では，キャリア発達をとらえるには，生涯発達という視点と全生活領域という視点が必要となってきたのである。ガイスバーグ (Gysbergs, 1984) によれば，ライフキャリアは個人の役割（仕事をする人，レジャーをする人，学習者，家族の一員，一市民など），自分自身が置かれている環境（家庭，学校，地域社会，職場など），一生の間に起こった出来事（就職，結婚，昇進，離婚，引退など）の組み合わされたもの，そしてその連鎖とされる。

(3) 経営組織におけるキャリア概念の特徴

1) ワークキャリアへの焦点化　1970年代前半までは，経営組織心理学の分野においてキャリアという概念は一般的なものではなかったが，1970年代の後半になって次の3つの著作,「組織における心理学」(Hall, 1976),「キャリア・ダイナミクス」(Schien, 1978),「組織的キャリア」(Van Maanen, 1977)が出版されたことにより，組織心理学や経営学にキャリアという研究領域が確立されたといわれる。

先に見たように，発達的観点にたつキャリア概念は，内容より過程が重視され，生涯にわたる連続的過程としてとらえられており，個人の生活領域全体を含み，キャリア発達を人間発達の一側面と見ている点に特徴がある。一方，経営組織におけるキャリア発達の考え方の特徴は，焦点を仕事の環境に絞る傾向がある。ホール（Hall, 1976）はキャリアを,「ある人の生涯における，仕事関連の諸経験や諸活動と結びついた態度や行動の個人的に知覚された連続」と定義している。この定義は，キャリアの定義として広く受け入れられている。

2) ライフキャリアとの関連　上述のように，経営組織におけるキャリア概念が仕事経験に注目するとはいえ，仕事以外の経験をまったく問題にしないということではない。今日の産業社会では一生の間に職場を変わることや仕事自体を変えてしまうこともしばしば見られ，それらの変化が生活環境や自己概念をも変化させる可能性は無視できない。そこでアーノルド（Arnold, 2001）は，仕事に関連するさまざまな要素をキャリアに含む必要性を指摘している。金井（2002）もキャリアの定義に「仕事生活だけでなく，生活全般を考慮に入れる」ことを推奨している。また，リチャードソン（Richardson, 2002）は，仕事という概念に有償の労働だけでなくプライベートな領域での無償労働をも加えるべきであると主張する。そうでなければ人生における無償労働の重要性を無視することになり，公的な領域と私的な領域がともに人生を形作っていることを見失ってしまうと警告する。経営組織においても，現在ではワーク・ライフ・バランスという視点が重視されるようになり，個人的な生活が仕事上の成果に及ぼす影響も明らかにされつつある。

3) 個人の視点と組織の視点　経営組織におけるキャリアについて考える場合,「個人の視点」と「経営組織の視点」があることは多くの研究者の指

摘するところである（渡辺, 2002）。ここでいう個人の視点とはキャリアを個人が主体的に選択し意味づけるものとしてとらえる見方であり，経営組織の視点とは組織の目標を達成するために従業者のキャリアを育て活用するという見方を指す。ホール（Hall, 1986）は同様のことを，キャリアプランニングと呼ばれる個人レベルの過程と，キャリアマネジメントと呼ばれる組織レベルの過程という言葉で表現している。彼によれば，前者は職業，組織，職務，自己の発達などに関する選択を行なうための個人の活動であり，個人のキャリア発達を促進する。後者は，新規採用，選別，人的資源の配置，評価や評定，訓練と開発などの組織の活動であり，従業員の興味や能力を組織にマッチさせるのを助ける。したがって，経営組織におけるキャリア発達は「個人のキャリアプランニングの過程と組織のキャリアマネジメントの過程との相互作用から生じる結果」と考えられる。

4）外的キャリアと内的キャリア　人が自分のワークキャリアを語るとき，「私はこれこれの仕事をしてきた」という客観的な事実レベルに言及する

内的キャリア
キャリアに対する，自分なりの意味づけ

ライフキャリア
「生涯を通じた人生役割の連鎖」

外的キャリア
客観的な職業経歴

ワークキャリア
「生涯を通じた職業経験の連鎖」

個人の視点
自らのキャリアを主体的に選択し，発展させ，意味づける個人に注目する

組織の視点
目標を達成するために従業者のキャリアを育て活用する組織に注目する

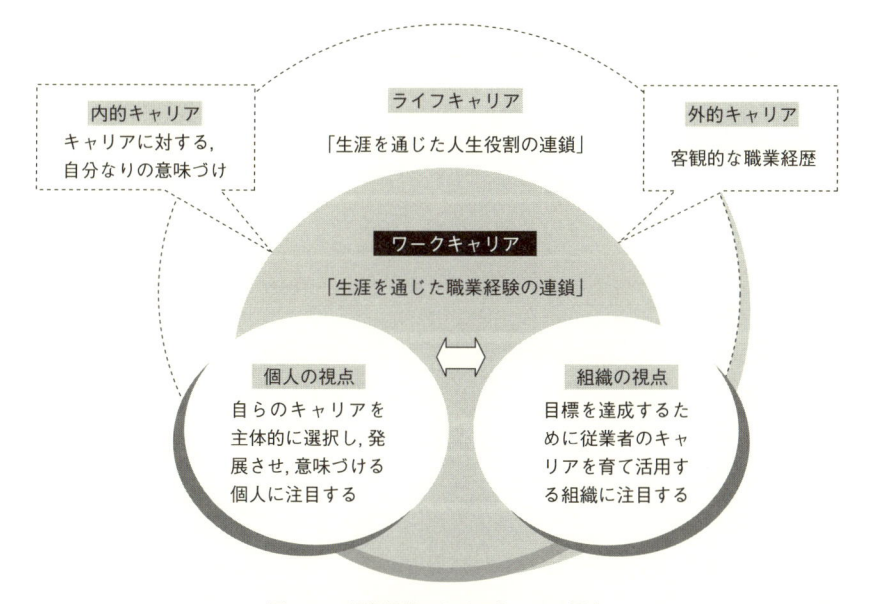

図10-1　経営組織におけるキャリア概念

こともあるが,「私にとってこの仕事は意味のあるものだった」というような主観的な評価レベルでの言及もあり得る。このキャリアの2面性は「外的キャリア」(external career)と「内的キャリア」(internal career)と表現される。外的キャリアは実際の職経歴をさし,「客観的キャリア」(objective career)ともいわれる。一方,内的キャリアは人が自分の仕事経験や役割に対してどのように意味づけや価値を見出すかを意味しており,「主観的キャリア」(subjective career)とも表現される。今日では多くのキャリア研究者やキャリア支援の実践者が,内的キャリアの重要性に注目している。すなわち,キャリアにおける成功や失敗は,社会的な地位や名声または他者の評価によって決定されるのではなく,キャリアを歩んでいる本人が自分の価値観や目標に照らして自分のキャリアに満足感や充実感を感じるかどうかで決定されると考える。

第2節 経営組織におけるキャリア発達の理論

(1) ライフスパン・モデル

　生涯発達の中で職業人としての発達を描写するものが,ライフスパン・モデルである。スーパーによるライフスパン・ライフスペース・アプローチ(the life-span, life-space approach to career)は,もっともよく知られているライフスパン・モデルである。このモデルにおいて,ライフスパンは人生での時間軸を,ライフスペースは人生の多様な役割全体を表す。

　スーパーはキャリア発達を自己概念の変化としてとらえ,人生におけるキャリア発達の過程を,①成長段階(0〜14歳:自己概念に関連した能力,態度,興味,欲求の発達),②探索段階(15〜24歳:選択が狭まる暫定的な時期),③確立段階(25〜44歳:仕事経験を通しての試行と安定),④維持段階(45〜64歳:職業上の地位と状況を改善するための継続的な適応過程),⑤衰退段階(65歳〜:退職後の生活設計,新しい生活への適応)の5段階に分けた。スーパーによれば,キャリア発達は人間の一生を通じて各種の役割を同時に果たしながら変化し,キャリアは個人特性とその人が置かれている社会環境との相互作用の中でダイナミックに発達,形成される。さらに,キャリア発達は生

表10-1 ライフスパンを通じた発達課題のサイクルとリサイクル (Super et al., 1996より作成)

ライフステージ	青年期 14-24	成人初期 25-44	成人中期 45-64	成人後期 65以上
開放	趣味への時間を減らす	スポーツへの参加を減らす	本質的な活動に集中する	仕事時間を減らす
維持	現在の職業選択を確認する	職業上の地位を確実にする	競争にもちこたえる	楽しみ続ける
確立	選択した分野でスタートする	終身雇用の地位に落ち着く	新しいスキルを開発する	いつもしたいと思っていたことをする
探索	多くの機会に多くを学習する	望む仕事をする機会を見つける	仕事上の新しい問題を見分ける	よい引退場所を見つける
成長	現実的な自己概念を発達させる	他者との関係を学ぶ	自分の限界を受け入れる	仕事以外の役割を開発する

涯にわたる5段階のマクシサイクルと，各段階で5段階が繰り返されるミニサイクルからなり，2種類が螺旋状にリサイクルを形成すると仮定した。表10-1は，ライフスパンを通じた発達課題のサイクルとリサイクルを示したものである。ライフスパンの成人初期から成人中期は組織におけるキャリア発達の時期とみなされるが，両時期での発達課題は大きく異なることが見てとれる。たとえば，成人初期には「終身雇用の地位に落ち着く」「職業上の地位を確実にする」ということが課題となるが，成人中期では「仕事上の新しい問題点を見分ける」「新しいスキルを身につける」といった課題に取り組むことになる。成人中期は生涯発達の中では維持段階として位置づけられるが，つねに学習し続けることによって職業発達が維持されると理解される。

スーパーのライフスパン・モデルは，職業心理学におけるもっとも代表的なキャリア理論として高く評価されている一方で，実証的な検証が必ずしも十分とはいえないという批判がある。また，人種的マイノリティーや女性など対象の多様性に耐え得る理論かどうかも問題視されている。

（2）段階モデル

就職後のキャリア発達の道筋を段階的に描写する理論が，経営組織におけるキャリア発達の段階モデルであり，多くの研究者がモデル化を試みてきた。ここでは，ダルトン（Dalton, 1989）とシャイン（Schein, 1990）の段階モデルを

表 10-2　ダルトンの4段階モデル（Dalton, 1989 より作成）

段階	名称	内容
第1段階	実習生	・通常は他の専門職の指示のもとで働く。 ・仕事は彼または彼女自身だけでは決してすべてをこなせず，他の専門職によって監督された大きなプロジェクトの一部を割り当てられる。 ・補助的な定型的業務が期待されている。
第2段階	同僚	・特定の問題または技術的な領域を深く追求する。 ・プロジェクトの責任者となったり，大きなプロジェクト，過程，顧客との関係の一部を担う。 ・独立して働き，意味のある結果を生み出す。 ・信頼性とよい評価を発展させる。
第3段階	メンター	・技術的スキルのより大きな部門を発展させ，広い領域にそれらのスキルの応用を理解する。 ・アイデアと情報を通して他者を刺激する。 ・他者の発達に関与する（小集団のアイデアリーダーとして行動する，年少の専門家のメンターを務める，公的な指導者を引き受けるなど）。 ・集団の中で他者の利益のために集団外と対処する（たとえば資金を獲得したり，顧客や上役と働くなど）。
第4段階	提供者	・組織の重要な部分のために方針を提案する。 ・重要な公的ないし非公式の権力を執行する。 ・組織の内外に対して，組織の代表者としてふるまう。 ・将来有望な個人をテストし，将来の組織の主要な役割を彼らに提供する。

紹介する。

　ダルトンは数百人に及ぶエンジニアと科学者のキャリアを調べ，調査対象の多くが，①実習生（apprentice），②同僚（colleague），③メンター（mentor），④提供者（sponsor）という4つの異なる段階を移行することを見出した。

　1つの段階から次の段階へ移行することにより，組織での活動や他者との関係，そして彼らが対処すべき心理的問題は大きく変化する。4つのそれぞれの段階における個人の特徴的な活動や経験は表10-2のように要約される。ダルトンの段階モデルは，人が職場でいかなる立場や役割をもつかという視点から理論化したものである。したがって必ずしも期間や年齢を限定していない。人はまず，実習生という立場から仕事に参入し，先輩職員の指導を受けつつ補助的な仕事を行なう。次に同僚という立場に進むと，独立して仕事ができるよう

になり，プロジェクトの一員となったり，一部の責任を課せられる。さらに仕事に熟練した段階ではメンターという役割が与えられ，後輩の指導にあたることが期待される。そして最終的に組織の代表的な地位につき権力を行使することになる。人はこの役割変化の中で，徐々に組織にとってより重要な価値ある活動を遂行し，組織への貢献度を高める。ダルトンらの研究は対象者が特定の業種に限られており，しかも専門職であるという制限があるが，組織における

表10-3　キャリア段階と課題の例（Schein, 1978; 1990より作成）

段　階	課　題　の　例
第1段階：成長，空想と探索をする	
・自分の欲求と興味を開発し発見する　・自分自身の能力と才能を開発し発見する	
・職業について学ぶための現実的役割モデルを見つける	
第2段階：教育と訓練を受ける	
・キャリア選択をできるだけ広くしておけるようなよい学業成績をおさめる	
・初期の職業決定をテストするため試験的なパートタイムの仕事の機会を見つける	
第3段階：仕事生活に入る	
・仕事の探し方，応募法，就職面接の受け方を学ぶ　・選抜テストに合格する	
・初めての仕事の現実的かつ妥当な選択を行なう	
第4段階：基礎訓練を受け，組織になじむ	
・未経験ゆえの不安を克服し，自信をもつようにする　・できるだけ早く，文化を解読し，「こつを知る」　・最初の上司や訓練者とうまくやっていくことを学ぶ	
第5段階：一人前の成員として認められる	
・効果的に職務を遂行し，物事がどのように行なわれるかを学び，向上する	
・助言者，支援者を見つける　・初めての仕事での成功感あるいは失敗感に対処する	
第6段階：終身雇用権（テニュア）を獲得し，長く成員でいられるようになる	
・どれだけ専門化するかの決定基準として，動機，才能，価値を慎重に評価する	
・家庭，自己，仕事へのそれぞれの関心を適切に調整する	
第7段階：キャリアなかばの危機に自分を再評価する	
・自分のキャリア・アンカーを知るようになる　・他者との助言者関係を生み出す	
・自分の将来にとって自分のキャリア・アンカーの意味を現実的に評価する	
第8段階：勢いを維持する，回復する，あるいはピークを超える	
・どのようにして技術的に有能であり続けるか，あるいは直接の技術的能力に代えて経験にもとづく知恵をもちいるようになるか　・無力になったりうろたえたりせずに，高度の責任と権力を扱うにはどうするかを学ぶ	
第9段階：仕事から引き始める	
・趣味，家庭，社会および地域活動，パートタイムの仕事などに，新たな満足源をどのようにして見つけるか　・キャリア全体を評価し引退に備える	
第10段階：退職する	
・常勤の仕事や組織での役割をもたずに，アイデンティティと自尊の意識をどのようにして保持するか　・自分の知恵と経験をどのようにいかすか　・自分の過去のキャリアの達成感や満足感をどのようにして得るか	

キャリア発達の道筋を実証データから導き出したことに意味がある。

シャインはキャリア発達の主要な段階を，①成長，空想と探索をする，②教育と訓練を受ける，③仕事生活に入る，④基礎訓練を受け，組織になじむ，⑤一人前の成員として認められる，⑥終身雇用権（テニュア）を獲得し，長く成員でいられるようになる，⑦キャリアなかばの危機に自分を再評価する，⑧勢いを維持する，回復する，あるいはピークを超える，⑨仕事から引き始める，⑩退職する，の10段階としている。各段階にとどまる期間の長さは，職種や個人によって大きく変わるとされるが，各段階には表10-3に示したような課題がある。シャインの段階モデルは，キャリア発達の道筋を詳細かつ具体的に記述している点が高く評価される。一方で米国の労働環境を色濃く反映したモデルであるために，他国での適用には一定の限界があると考えられる。

（3）個人差モデル

人びとの間でキャリア発達がどのように異なるのか，すなわちキャリア発達の個人差を明らかにしたのがシャイン（1978）のキャリア・アンカー理論である。シャインは，マサチューセッツ工科大学スローン・スクールの同窓生44名を卒業後10年あまり追跡した縦断研究の結果から，キャリア発達の様相を個人と組織の相互作用として描いた。この研究の中でシャインは，個人のキャリアを導き制約し安定させかつ統合するのに役立つものとして，キャリア・アンカー（キャリアの決定に役立つ自己知覚された才能と欲求と価値のパターン）という概念を提唱した。キャリア・アンカーの数に関しては，論文や著作の中で5～9の範囲で記述を変えているが，ここでは8つのキャリア・アンカーを紹介する。それらは表10-4に示した，①専門・職能別コンピタンス，②全般管理コンピタンス，③自立・独立，④保障・安全，⑤起業家的創造性，⑥奉仕・社会貢献，⑦純粋な挑戦，⑧生活様式，である（1990）。

シャインによれば，人はエントリーから初期キャリアの間にさまざまな職場経験を積むことにより，自分の好みや適性に関する自己イメージを明らかにし，徐々にキャリア・アンカーを形成する。そして，キャリアの中期でキャリア・アンカーはより明確なものとして確立される。このようにキャリア・アンカーはキャリア発達の段階と密接に関連しており，その確立は中期キャリアの

表10-4 キャリア・アンカーの特徴 (Schein, 1990より作成)

キャリア・アンカー	特徴
専門・職能別コンピタンス	なんらかの専門領域や職能領域で，自分の技能を活用し，向上させることを目指す
全般管理コンピタンス	組織の階段をできるだけ高いところまで上り詰めることを目指す
自立・独立	仕事の枠組みを自分で決め，仕事を自分のやり方で仕切っていくことを望む
保障・安全	会社の雇用保障や終身雇用権などを望む
起業家的創造性	危険や傷害を乗り越える能力と意欲をもとに，自分自身の会社や事業を起こすことを目指す
奉仕・社会貢献	社会的に価値のあることを成し遂げる仕事を追い求める
純粋な挑戦	不可能に打ち勝つ経験をさせてくれる仕事を追い求める
生活様式	個人の欲求や家族の要望とキャリアの要件のバランスをうまくとり，統合をはかることを目指す

重要な発達課題として位置づけられる。

　日本の企業に勤めるミドル（30～40歳代）のキャリア発達を研究した平野（1999）によれば，シャインが個人の志向性を固定的なものとして仮定しているのに対して，日本ではキャリア・アンカーは組織構造あるいは職務特性による組織的社会化の影響のもとで形成されると示唆している。

（4）構造モデル

　シャイン（1978）の研究から，キャリア発達を理解するうえで有益なもう1つの理論として構造モデルを紹介する。彼は，人が職場で成長する様相を説明するために，組織を3つの次元からなる円錐形として描いた（図10-2）。彼のモデルにおいて，第1の次元は「垂直的なキャリア移動」を意味し，組織の階層における上昇的または下降的な順位やレベルに対応する。一般に新入社員は，最初は最下位に参入し，職階を徐々に上昇する。階層の数は職業や組織によって異なるが，最近では階層の数を減らす傾向が見られる。第2の次元は，「水平的なキャリア移動」を表し，職能または技術次元での移動を意味する。経営組織は一般に多くの部署から構成され，構成員は部署を異動することで職務内容を変化させるが，専門性のある仕事をする人はこの移動を経験しない場

合もある。第3の次元は,「放射的なキャリア移動」を表し,組織の内円あるいは核へ向かう動きを意味する。同じ階層に属していても,組織にとってより重要な中枢的な仕事や役割を担当するようになると,人は外から内への移動を経験する。

　以上のように,外的キャリアの変化には垂直,水平,中心方向への3つの移動があり,キャリアの重大転機はそれぞれの次元に存在する境界線の通過と関連している。

(5) キャリア発達のパターン・モデル

　キャリア発達の様相をパターンとして類型化する試みはいくつか見られる。

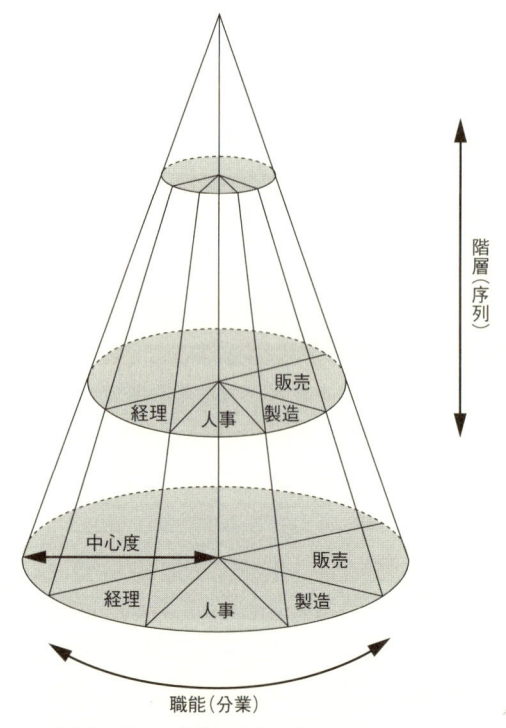

中心度:個人と組織の中心の近さを示す

図10-2　構造モデル (Schein, 1978)

第2節 経営組織におけるキャリア発達の理論

表10-5 キャリアの類型 (Driver, 1982より作成)

キャリア・コンセプト	説明
乗り換えキャリア	仕事または分野を永続的なものとして位置づけないタイプ。このタイプの人は，特別なパターンなしに仕事から仕事へと移行する。スキルの低い労働者や俳優によく見られる。
安定キャリア	人生の早い時期に，1つの仕事役割を選び，一生その仕事にとどまるタイプ。確立した専門職（歯科医や医師など）や技術的な仕事（理容師や配管工など）では一般的である。しかし，近年の社会的変化によって，これらの専門職や技術者でさえ他のパターンを考慮せざるを得ない場合がある。
直線キャリア	人生の早い時期に分野が選択され，上昇する計画が実現され出世するタイプ。直線キャリアは企業の管理職にもっとも共通して見られる。
螺旋キャリア	ある期間は与えられた分野で成長し，その後は周期的に別の関連分野またはまったく異なる分野に移るタイプ。コンサルタントや作家にはよく見られる。

たとえばスーパー（1957）は，①安定パターン（stable pattern 比較的早い時期に職に就き定職となる），②慣習的パターン（conventional pattern いくつかの仕事を経験した後でその1つが定職となる），③不安定パターン（unstable pattern 定職に就くことなく転職を繰り返す），④多重試行パターン（multiple trial pattern 就職後の早い時期に退職して家事などに移行する）の5つのキャリア・パターンを提示している。スーパーによれば，キャリア・パターンは人生を形づくる心理的，身体的，状況的，そして社会的な要因がさまざまに蓄積した結果と考えられる。したがって，職業人生が全体としてどのように進展したかを個人間で比較するような場合に，キャリア・パターンは有用な概念である。

次にドライバー（Driver, 1982）のパターン・モデルを紹介する。ドライバーは，各個人のキャリアに対する考えの根底にある発想をキャリア・コンセプト（career concept）とし，①乗り換えキャリア（transitory career），②定着キャリア（steady-state career），③直線キャリア（linear career），④螺旋キャリア（spiral career），という4つのコンセプトに類型化した。表10-5からわかるように，キャリア・パターンは職種と強く関連している。たとえば，スキルの低い労働者は期間工などとして一定期間ごとに職場を変わらざるを得ないため，

乗り換えキャリアになりがちである。医師や弁護士といった専門性が高く地位も高い職業は，大学進学までに職業を選択し一生その仕事を続ける可能性が高く，定着キャリアとなることが多い。フリーランスで働く作家や芸術家，コンサルタントは，単発の仕事を積み重ねることで発展していくことが多いため，螺旋キャリアというパターンをとることになる。しかしそれだけでなく，キャリア・パターンの選択には，社会の状況や文化的な影響も反映される。たとえば，これまでの社会では安定キャリアや直線キャリアが典型的で模範的なキャリアとみなされる傾向にあったが，組織や職業構造が不安的で複雑になった不確実性の高い今日の産業社会では，乗り換えキャリアや螺旋キャリアを余儀なくされる人が増加することが予想される。このように，ドライバーのキャリアコンセプトの考え方は，時代や文化がキャリアに及ぼす影響を考察する際にも有益である。

第3節　職場でのキャリア発達を支援する制度

(1) 日本的経営とキャリア支援

　職業経験のない新卒者を自社の風土に合わせて育てることが，日本の経営組織では長らく基本的な社員育成のスタイルであった。そこではOJT，Off-JT，自己啓発の3つが能力開発の主要な方法とされるが，中でもOJTがもっとも中心的なものとなっている（佐藤・佐藤，2004）。

　OJT（on the job training）は職場で働きながら行なわれる訓練を指し，職場の先輩のやり方を見て覚えるといったインフォーマルなものから，体系化されたフォーマルなものまでさまざまな次元の訓練が含まれる。日本労働研究機構（2003）によれば，計画的なOJTは「日常の業務につきながら行われる教育訓練のことをいい，教育訓練に関する計画書を作成するなどして教育担当者，対象者期間，内容等を具体的に定めて段階的・継続的に実施すること」と定義している。

　これに対してOff-JT（off the job training）は職場を離れて行なわれる訓練や研修を意味し，階層別研修，専門別研修，課題別研修に分けられる。階層別研

修は，新入社員研修，管理職研修など組織内の一定の階層に属する従業員に求められる知識・能力に関する研修である。専門別研修とは，組織内の職能ごとに必要な専門的能力（たとえば，経理，市場調査など）に関する研修である。課題研修とは，その企業にとって重要な特定の課題に関連した知識・能力に関して行なわれる研修であり，語学，コンピュータなどが例として挙げられる。

これまで日本の企業では，従業員のキャリア発達を社内で支援することが一般的であったが，今日では従業員の自律的な能力開発すなわち自己啓発を強く期待するようになった。自己啓発の例としては，「ラジオ・テレビ・専門書などによる自学自習」「社会の自主的な勉強会・研究会への参加」「資格試験受験」「社外の勉強会・研究会への参加」「通信教育の受講」などが挙げられる。本章のトピックスで取り上げるように，これからの労働者は組織を超えて自律的にキャリアを開発する必要性に迫られる可能性が高い。したがって今後はますます，自己啓発による職業能力の向上が労働者にとって重要な課題となるだろう。

（2）自律的なキャリア発達を支援する人事制度

ダウンサイジング，フラット化，スリム化など組織のリストラクションへの圧力が増大する中で，先進的な企業では人事のあり方を組織主導型から個人主導型へと大きく転換し，自己申告制度や社内公募制度，社内FA（Free Agent）制度といった新しい人事制度の導入を試みている（表10-6）。こうした新しい人事制度は従業員の意思や意欲を重視することにより，組織を活性化することを目指している。

自己申告制度とは，社員に自分のキャリア開発プランを表明する機会を与える制度である。社員はキャリアプランの作成にあたって，自己分析や自己評価，仕事上の目標設定，家庭生活の設計などを行なう必要があることから，キャリア開発研修といったプログラムを導入する企業も見られる。

社内公募制度とは，ある役割に欠員や増員が発生したときに，社内で希望者を公募・選任する制度である。一方的な配置転換や異動ではなく，従業員自らの意思で異動のチャンスがあることは，従業員のモティベーションを高め，自律的なキャリア開発への意欲を高める。自己申告制度が意思表明に留まること

表 10-6　自律的なキャリア発達を支援する人事制度

自己申告制度	今後の自分のキャリア開発プランを表明する その内容は，長期的なキャリアプランの表明，家庭生活との調和，短期的な配置転換希望などさまざまである
社内公募制度	人材募集を社内に公募する 応募者は現所属部署を通さず，募集部署または人事部門に応募する（所属部署には応募していることを知らせない） 募集部署との面接などで"合格"の場合異動する（所属部署に"拒否権"はない）
社内 FA 制度	本人が異動希望を社内に公開する 本人の移動希望部署または，本人を活用したい部署が本人と交渉（面接）する

に対して，公募制度の利用は意思の行動化になることから，より有効なキャリア支援となり得る。

　社内 FA 制度は，自分の経験やスキルなどを公開することで，必要とする部署からの申し入れを期待する制度である。社内公募は役割や地位に対する応募であることに対し，FA 制度は従業者の能力やスキルに注目した制度といえる。

（3）21 世紀の経営組織におけるキャリア育成

　ハンディ（Handy, 1996）は西欧社会で起きている職場構造の変化を，図 10-3 に示した 3 重の同心円にたとえている。中心にあるもっとも小さな円には，その経営組織にとくに必要とされる重要な業務を行なう終身雇用の正社員が位置し，彼らには十分な福利厚生と収入が与えられている。その外側の輪には，限定された期間だけ特定の仕事をするためにその技術を買われている臨時職員やパート職員（たとえば，バーゲン期間だけの販売員，農場や建築現場の季節労働者など）が位置する。このような臨時職員は会社へのアイデンティティもなければ福利厚生の給付や社会保障も得られない。最後の一番外側の輪は，特殊な領域でアウトソーシングとして働く人によって構成される。かつては正社員として雇われていたような仕事が，今では下請けを通して安価に雇われている（たとえば，警備員，食堂，広告，市場調査，法律関係など）。こういった職員もまた非正規職員であり，アウトソーシング会社が給与を支払う契約社員が多い。

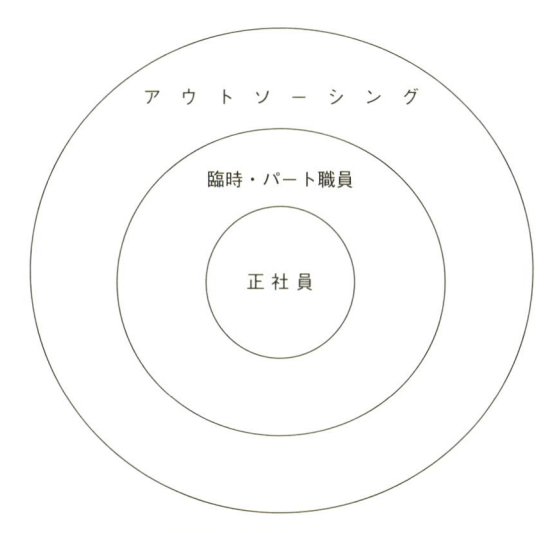

図10-3　職場構造の変化（Handy, 1996 より作成）

外側から：アウトソーシング／臨時・パート職員／正社員

　これらの輪のいずれの労働者もキャリア設計が必要であるにもかかわらず，中心にある正社員群にしか会社からの支援は与えられない。それ以外の人がキャリア支援を受けようとするならば，行政が行なっているキャリア・カウンセリング・サービスくらいしかないのが現状である。経営組織は彼らのキャリア支援に責任があるとは考えていない。こういった労働市場の変化の中で，第2・第3の輪にいる労働者は，自分たちの働き方に役立つスキルや考え方を身につけなければならない。職場変化に適応できる心理的な柔軟性や多くの職場で活かせる汎用性の高い仕事上のスキルなどがそれであり，トピックスで取り上げるプロティアン・キャリアやバウンダリレス・キャリアといった新しいキャリアのあり方がヒントとなるであろう。

まとめ

・本章では，人が経営組織という場においてどのようにキャリアを発達させるかを考察し，組織が個人のキャリア発達を支援するために提供している制度について検討した。
・経営組織におけるキャリア概念はワークキャリアへの焦点化に特徴づけら

れ，「生涯にわたる，仕事関連の諸経験や諸活動と結びついた態度や行動の個人的に知覚された連続」として定義づけられる。しかし今日では，仕事以外の生活が仕事上の成果に及ぼす影響も注目されており，ワーク・ライフ・バランスという視点が重視されるようになった。また，経営組織においては，キャリアを個人が主体的に選択し意味づけるものとしての「個人の視点」と，組織の目標を達成するために従業者のキャリアを育て活用するという「組織の視点」が存在する。
・経営組織におけるキャリア発達の理論として，ライフスパン・モデル，段階モデル，個人差モデル，構造モデル，パターン・モデルを紹介し，それぞれの利点と問題点について考察した。
・職場でのキャリア発達を支援する制度に関しては，まず基本的な能力開発の方法であるOJT，Off‐JT，自己啓発を取り上げた。次に，自律的なキャリア発達を支援する人事制度として，自己申告制度，社内公募制度，社内FA制度について検討した。さらに，21世紀の経営組織におけるキャリア育成という観点から，不確実性の高い社会にふさわしいキャリアのあり方について言及した。

演習課題

1．アルバイトなどの仕事経験を振り返り，自分が職業スキルを修得するときに，OJT，Off‐JT，自己啓発がどのように関係していたかを考察しよう。
2．将来の職業生活を展望し，10年間のキャリアプランを立てよう。

―――― トピックス　21世紀を生きるニューキャリア ――――

　企業倒産の多発，経営戦略による仕事の変化，終身雇用の崩壊，失業者の増大，昇進機会の減少，新しい職業領域の拡大，働き方の多様化，フリーターやニートの増加など，不確実性の高さを特徴とする今日の産業社会にふさわしいキャリアのあり方とはどのようなものだろうか。ここでは，プロティアンキャリア，バウンダリレスキャリア，ニューキャリアといった新しいキャリアのあり方を紹介する。

　プロティアンキャリアとは，変化に対する高い適応性と柔軟性をそなえもつ変幻自在なキャリアこそ新しい時代にマッチしたキャリアのあり方であるということから，ホール（Hall, 1996）によって提唱された。プロティアンとはギリシャ神話に登場するプロテウスにちなんでおり，彼がさまざまな形に体を変えることから，環境の変化に自律的に適応し，自分のキャリアの方向性を臨機応変に変えていくキャリアのあり方をさしている。プロティアンキャリアを追求するためには，明確な自己アイデンティティと多様な仕事経験が求められる。

　バウンダリレスキャリアは，アーサーとルソー（Arthur & Rousseau, 1996）が提唱した新しいキャリアの姿であり，仕事の種類や会社，働く地域といった境界を越えて創造されるキャリアを意味する。さらにアーサーはこの発想を発展させ，ニュージーランド人75人に対するインタビュー調査からニューキャリアという概念を導き出した。対象者の80％は，10年間に少なくとも1度職場を移動しており，平均で3度の移動を経験していた。しかもその多くが自発的なものであった。ニューキャリアは，人がキャリアの中でさかんに移動（mobile）しつつ自分のキャリアを演じる（enact）ことに特徴があると，アーサーは述べている。

　これからの企業では正規雇用者が減少し，一時的な雇用やパート，派遣，アウトソーシングといった非正規雇用者がますます増加すると予想される。組織にコミットしない働き方に適合的なキャリア発達理論がさらに求められるだろう。

文　献

Arnold, J.　2001　Careers and career management. In N. Anderson, D. S. Ones, H. K. Sinangil, & C. Viswesvaran (Eds.), *Handbook of industrial, work and organizational psychology*. London: Sage.

Arthur, M. B., & Rousseau, D. M.　1996　Introduction: The boundaryless career as a new employment principle. In M. B. Arthur, & D. M. Rousseau (Eds.), *The boundaryless career*. New York: Oxford University Press.

Dalton, G. W. 1989 Developmental views of careers in organizations. In M. B. Arthur, D. T. Hall, & B. L. Lawrence (Eds.), *Handbook of career theory*. New York: Cambridge University Press.

Driver, M. J. 1982 Career concepts: A new approach to career research. In R.Katz (Ed.), *Career issues in human resource management*. Englewood Cliffs, NJ: Prentice-Hall.

Gysbers, N. C. 1984 *Designing careers: Counseling to enhance education, work, leisure*. San Francisco, CA: Jossey-Bass.

Handy, C. 1996 *Beyond certainty. The changing worlds of organizations*. Cambridge, MA: Harvard Business School Press.

Hall, D. T. 1976 *Careers in organizations*. Santa Monica, CA: Goodyear.

Hall, D. T. 1986 Introduction: An Overview of current career development theory, research, and practice. In D. T. Hall (Ed.), *Career development in organizations*. San Francisco, CA: Jossey-Bass.

Hall, D. T. & Associates. 1996 *The career is dead-long live the career: A relational approach to careers*. San Francisco, CA: Jossey-Bass.

平野光俊　1999　キャリア・ドメイン―ミドル・キャリアの分化と統合　千倉書房

金井壽宏　2002　働くひとのためのキャリア・デザイン　PHP研究所

日本労働研究機構　2003　平成14年度能力開発基本調査報告書　日本労働研究機構

Osipow, S. H., & Fitzgerald, L. F. 1996 *Theories of career development* (4th ed.) San Francisco, CA: Jossey-Bass.

Richardson, M. S. 2002 A metaperspective for counseling practice: A response to the challenge of contextualism. *Journal of Vocational Behavior*, **61**, 404-424.

佐藤博樹・佐藤　厚　2004　仕事の社会学―変貌する働き方　有斐閣

Schein, E. H. 1978 *Career dynamics: Matching individual and organizational needs*. Reading, MA: Addison-Wesley.（二村敏子・三善勝代訳　1991　キャリア・ダイナミクス―キャリアとは，生涯を通しての人間の生き方・表現である　白桃書房）

Schein, E. H. 1990 *Career anchors: Discovering your real values*. San Francisco, CA: Jossey-Bass.（金井壽宏訳 2003　キャリア・アンカー　自分のほんとうの価値を発見しよう　白桃書房）

Super, D. E. 1957 *The psychology of careers*. New York: Harper & Row.

Super, D. E. 1980 A Life-span, life-space approach to career development. *Journal of Vocational Behavior*, **16**, 282-298.

Super, D. E., Savickas, M. L., & Super, C. M. 1996 The life-span, life-space approach to careers. In D. Brown, L. Brooks, & Associates. *Career choice & development* (3rd ed.) San Francisco, CA: Jossey-Bass.

Van Maanen, J. 1977 Introduction: The promise of career studies. In J. Van Maanen (Ed.), *Organizational career: Some new perspectives*. London: Wiley.

渡辺直登　2002　序章　宗方比佐子・渡辺直登（編）　キャリア発達の心理学　川島書店

第11章

組織ストレスとその管理

第1節　組織ストレスとは

　現代の生活において，ストレスは避けられない問題であるのと同様に，組織においてもストレスの問題は避けられない。また，以下に述べるように，近年の経済状況などが直接的に個人の職業生活に影響を及ぼし，組織ストレスの問題がますます重大化しているという背景も無視できない。本章では，組織ストレスを知り，これを管理，あるいはこれに対処することを考える。

　組織ストレス（organizational stress）は，他に職務ストレス（job stress），職業上のストレス（occupational stress）などと呼ばれているが，いずれも働く場で生じるストレスを指しているので，ここでは総称として，組織ストレスを用いることにする。

（1）組織ストレスの実態

1）労働者の感じるストレス　　まず，働く人がどのようにストレスを感じているかを厚生労働省の統計数字から見てみよう。厚生労働省が5年ごとに実施している「労働者健康状況調査」によれば，仕事や職業生活で強い不安，悩み，ストレスを感じる労働者の割合は1982年には50.6％であったが，1987年には55.0％，1992年には57.3％，1997年には62.8％，2002年には61.5％となり，2002年にはやや低下しているものの年々増加傾向にある（平成16年版労働経済白書，2004）。ストレスの内容は，職場の人間関係の問題がもっとも高く35.1％，次いで仕事の量の問題（32.3％），仕事の質の問題（30.4％），会

社の将来性の問題（29.1％）の順であった。このストレスの内容には男女で違いがあり，男性では会社の将来性の問題が34.1％でもっとも高かったが，女性では職場の人間関係の問題が44.4％でもっとも高かった。

2）過労死　過労死（karo-shi）は組織ストレスの最悪の結果と位置づけられる。過労死とは日本における高度成長期の初期である80年代初めに名づけられたもので，「過重な労働負担が誘因になり，高血圧や動脈硬化などもともとあった基礎疾患を悪化させ，脳出血・くも膜下出血，脳梗塞などの脳血管疾患や心筋梗塞などの虚血性心疾患，急性心不全を急性発症させ，永久的労働不能や死にいたらせた状態」と定義されている（細川・田尻・上畑，1982）。また，過労死弁護団全国連絡会議（1989）は「過労により人間の生命リズムが崩壊し，生命維持機能が破綻をきたした致命的極限状態」としている。図11-1は脳・心臓疾患および精神疾患等の労災認定件数の推移である（厚生労働省，2004；中日新聞，2005c）。ただし，1996年以前の脳・心臓疾患における，うち死亡者数は明記されていない。図中，脳・心臓疾患が過労死にあたり，精神疾患等で自殺した場合が過労自殺に該当する。

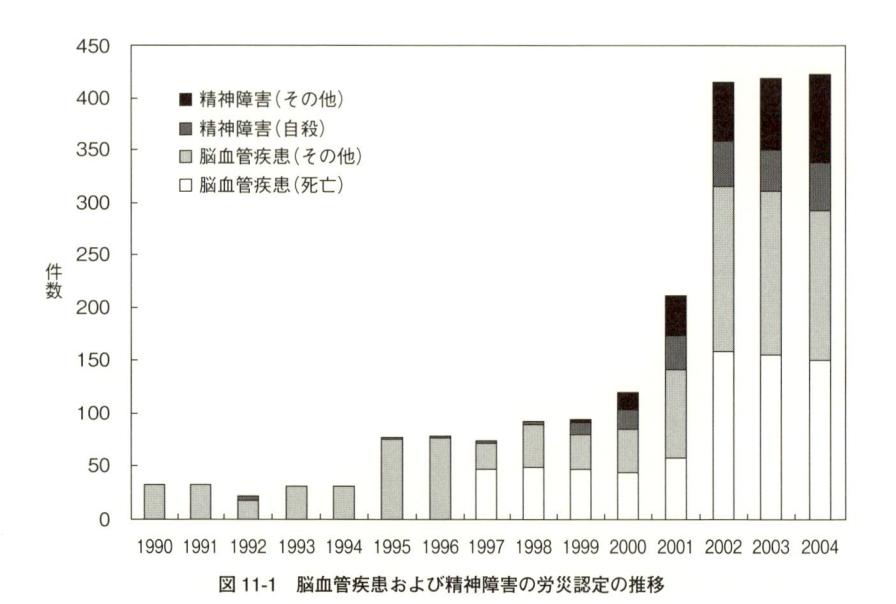

図11-1　脳血管疾患および精神障害の労災認定の推移

過労死の問題はすでに80年代初めから指摘されていた（全国過労死を考える家族の会, 1997) にもかかわらず，当初厚生労働省は過労死の認定にあまり積極的ではなかった。しかし，過労，疲労の弊害が経験的に明らかになるに従い，1995年に過労死の認定基準を改定し，さらに2002年にも基準を緩和している。同様に，過労からうつを発症し，自殺をはかる，いわゆる過労自殺についても，故意によるものであるとして，ほとんど認定がなかったが，これらの事例の増加に対応し，1998年には精神疾患などの認定基準を緩和した。図中，1995年から脳・心臓疾患の認定件数が，1999年から精神疾患の認定件数がそれぞれ増加し，さらに2002年は脳・心臓疾患の認定件数が急増しているのは基準の緩和による影響と考えられる。

2004年の脳・心臓疾患の労災認定数は294件（うち死亡150件）で，精神疾患の労災認定数は130件，（うち死亡45件）であった。しかし，2004年の申請数は脳・心臓疾患で816件，精神疾患で524件あり，認定件数は申請数のそれぞれ約3分の1と約4分の1にとどまっている。また，この認定率の低さから，申請に至らないケースも多いと考えられ，過労死，過労自殺の実数はつかめていないのが実情であるが，川人 (1998) は厚生労働省の諸統計から仕事の過労が原因となっている脳・心臓疾患死は年間1万人以上にのぼると推定している。

また，正規雇用者だけでなく，アルバイト（中日新聞, 2004)，業務請負の派遣社員（中日新聞, 2005a) など非正規雇用者の労災も認定されるようになっている。非正規雇用にもかかわらず，あるいは非正規雇用だからこそ雇用不安などから，長時間労働に従事している場合があり，この場合は正規雇用者と同様に過労死の危険性に直面していると考えられる。

3) 背景としての日本の経済・雇用情勢　以上のように，ますます顕著となる組織ストレスのひとつの背景として，日本の経済情勢の動向について概観しておく必要があろう。日本経済は80年代の高度経済成長時代を経て，91年にバブル経済が崩壊し，その後長く経済が低迷し，ここへ来てやや改善の兆しはあるものの，依然として低調である。このことが雇用情勢に直接的な影響を及ぼしている。

まず，レイオフを含む，大規模なリストラクチャリングが進行し，失業率が

図 11-2 完全失業率の推移

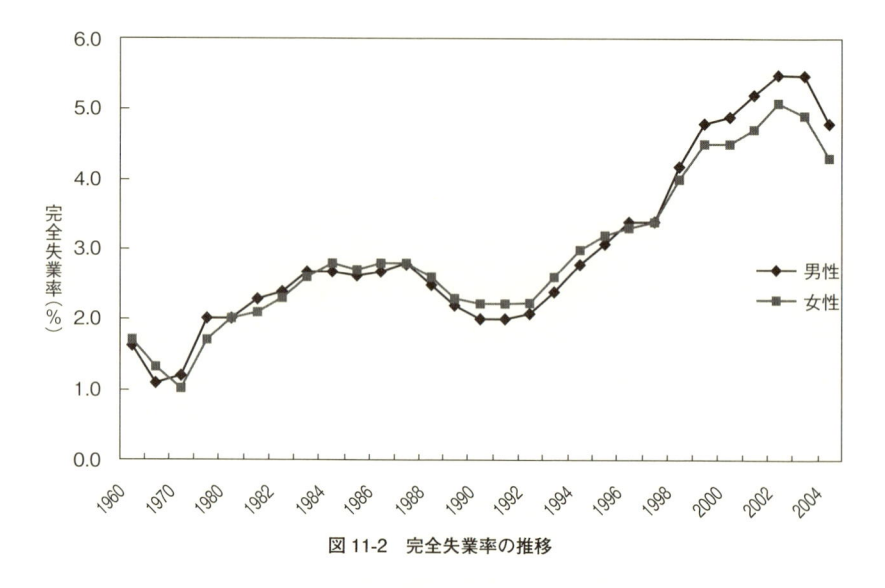

上昇した。図11-2は日本における完全失業率の推移を男女別に示したものである（厚生労働省，2004；中日新聞，2005b）。完全失業率とは労働力人口における完全失業者の割合であり，労働力人口とは15歳以上の者のうち，働く意思と能力をもった者で，就業者と失業者の合計である。完全失業者は①仕事がなくて仕事をしていない，②仕事があればすぐ就くことができる，③求職活動や事業を始める準備をした（過去の求職活動の結果待ちも含む），の3つの条件を満たしている者をいう。80年代まで比較的低率で推移していた完全失業率であるが，90年代前半から上昇し始め，2002年10月には，男性の月間完全失業率が過去最高の5.9％となった（中日新聞，2002）。その後，やや改善しているが，依然として高率であることが指摘できる。

また，同じくリストラクチャリングの一環として，多様な雇用形態が生み出された。とくに，パート，アルバイト，契約，派遣，業務請負などの非正規雇用が増加している。図11-3は正規雇用と非正規雇用の比率の推移を見たものである（厚生労働省，2004）。1995年には約20％であった非正規雇用は2004年には30％を超えていることがわかる。この非正規雇用に対する最低賃金保障や雇用継続保障などの環境整備が遅れていることもあり，雇用者の不安は増

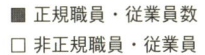

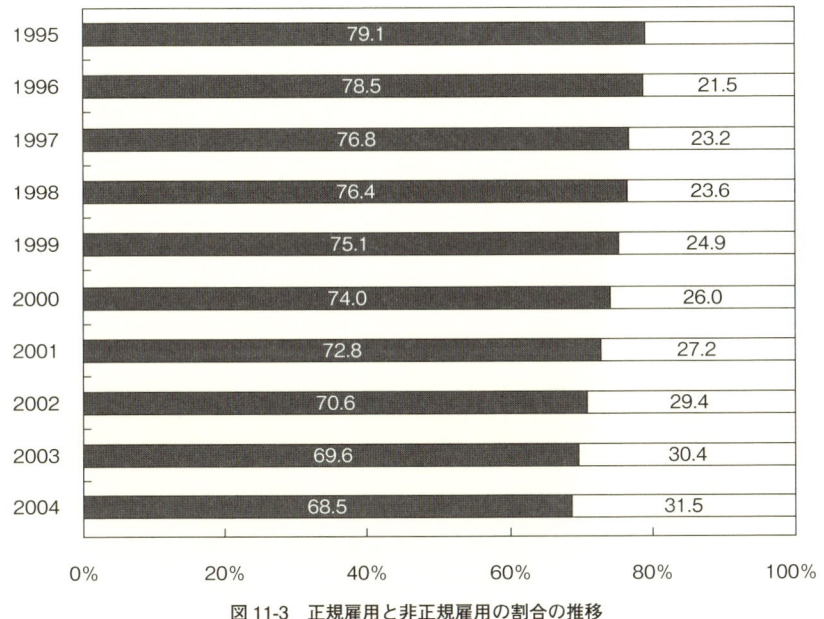

■ 正規職員・従業員数
□ 非正規職員・従業員

年	正規(%)	非正規(%)
1995	79.1	
1996	78.5	21.5
1997	76.8	23.2
1998	76.4	23.6
1999	75.1	24.9
2000	74.0	26.0
2001	72.8	27.2
2002	70.6	29.4
2003	69.6	30.4
2004	68.5	31.5

図 11-3　正規雇用と非正規雇用の割合の推移

大し，不安感から組織ストレスが増大しているものと考えられる。

(2) 組織ストレス発生のメカニズム

前項では組織ストレスの現状とその背景について見てきたが，次に組織ストレス発生のメカニズムについて見ていくことにしたい。

1) 組織ストレスの定義　まず，組織ストレスの定義であるが，クーパーとマーシャル (Cooper & Marshall, 1976) は「組織ストレスは，特定の組織，職務に関連したネガティブな環境要因，またはストレッサー(ストレスの原因)」と述べ，組織ストレスの原因に着目した定義をしている。これに対して，ベアーとニューマン (Beehr & Newman, 1978) は「組織ストレスは，組織，職務に関連する諸要因が，労働者 (の諸要因) と相互作用して，その人の精神機能が尋常でなくなるような心理的または生理的変化を生じさせる条件」と述べ，外的要因であるストレッサーと個人の要因との相互作用に注目し，変化を

| 組織内ストレスの源 | → | 個人の特性 | → | 職場的不健康の徴候 | → | 症状 |

職務に本質的なもの
　物理的に不適な仕事条件
　仕事が多すぎること
　時間制限によるプレッシャー
　物理的危険など

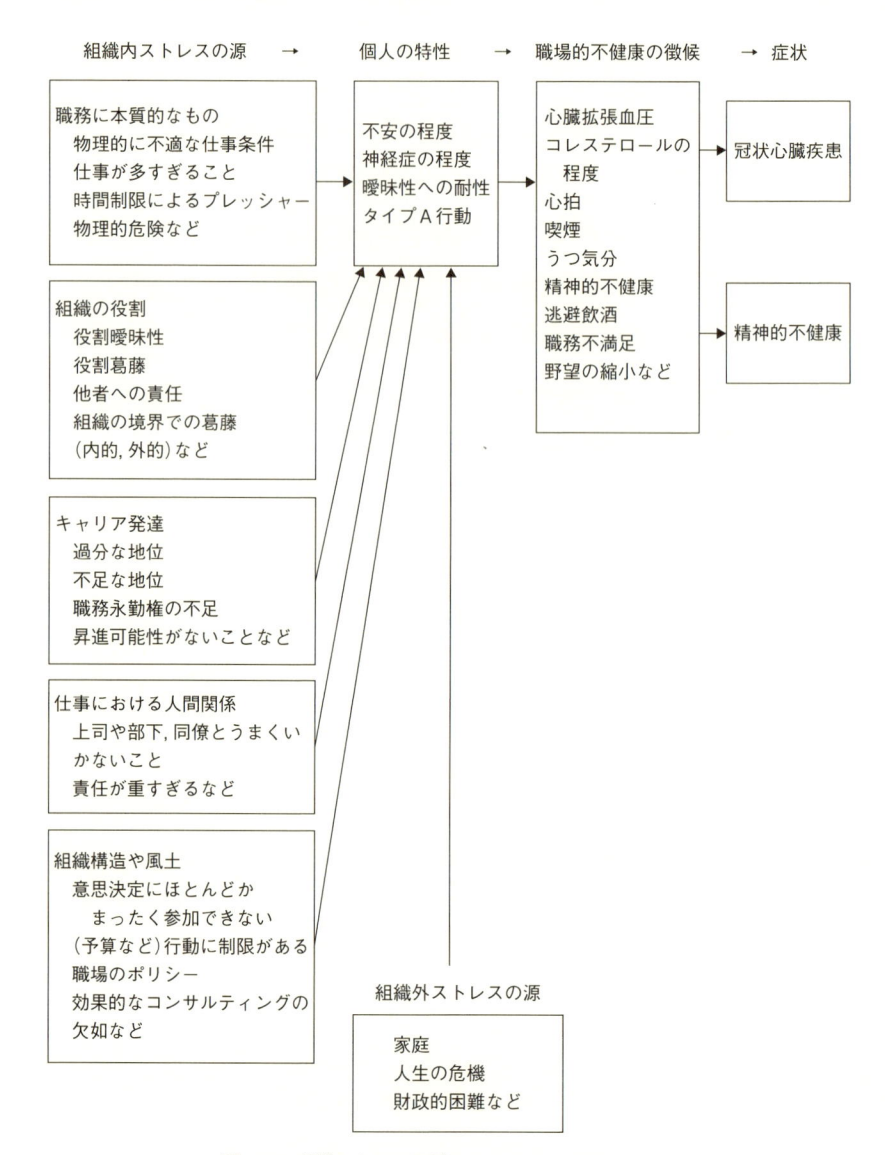

組織の役割
　役割曖昧性
　役割葛藤
　他者への責任
　組織の境界での葛藤
　（内的，外的）など

キャリア発達
　過分な地位
　不足な地位
　職務永勤権の不足
　昇進可能性がないことなど

仕事における人間関係
　上司や部下，同僚とうまくい
　かないこと
　責任が重すぎるなど

組織構造や風土
　意思決定にほとんどか
　　まったく参加できない
　（予算など）行動に制限がある
　職場のポリシー
　効果的なコンサルティングの
　欠如など

個人の特性
　不安の程度
　神経症の程度
　曖昧性への耐性
　タイプA行動

職場的不健康の徴候
　心臓拡張血圧
　コレステロールの
　　程度
　心拍
　喫煙
　うつ気分
　精神的不健康
　逃避飲酒
　職務不満足
　野望の縮小など

→ 冠状心臓疾患

→ 精神的不健康

組織外ストレスの源
　家庭
　人生の危機
　財政的困難など

図11-4　組織ストレスモデル（Cooper & Marshall, 1976）

生じさせるプロセスに言及している。このストレッサーと個人要因の相互作用については，クーパーらも定義には読み込んでいないが，図11-4に示されているように，モデルの中に個人要因との相互作用を組み込んでおり，これらの定義から，組織ストレスの発生は，外的要因である組織ストレッサーと個人の要因との相互作用にあることがわかる。実際に，同じ状況であっても，人によって組織ストレスになったり，組織ストレスにならなかったりと組織ストレスには個人差があるが，これは個人の特性が関係していることを示している。

2）組織ストレス・モデル 図11-4の組織ストレス・モデル（Cooper & Marshall, 1976）を見てみよう。クーパーらは組織ストレスの原因（組織ストレッサー）として，①職務に本質的なもの，②組織の役割，③キャリア発達，④仕事における人間関係，⑤組織構造や風土の5つを挙げている。さらに，これらの組織内の要因のみではなく，組織外の要因も組織ストレスに関係しているとして，⑥家庭，⑦人生の危機，⑧財政的困難などの要因を挙げている。

組織外の要因をも組織ストレスの原因として取り上げていることは，個人が職場と家庭の両領域に生活する以上，たとえ職場にプライベートを持ち込まないとしても，職場外の影響を受けざるを得ないことを示していると考えられる。こういった考え方をベースに，欧米を中心として，従業員の職場外の問題，たとえば家族の問題なども含めてサポートしようとするEAP（Employee Assistance Program；従業員支援プログラム）がスタートしている。

3）組織ストレッサー（組織ストレスの原因） 具体的にそれぞれの組織ストレッサーを見ていくと，①職務に本質的なものとしては，物理的に不適な仕事条件，仕事が多すぎること，時間制限によるプレッシャー，物理的危険などが挙げられる。極端に仕事が多すぎることは過労につながり，最悪の場合は過労死につながるため，注意が必要である。このため，仕事量や勤務時間の管理は非常に重要といえる。また，物理的危険を伴う仕事も少なくない。職務の特性として危険を伴う場合は，それなりの対応策が講じられる必要がある。

②組織の役割としては，役割曖昧性，役割葛藤，人びとへの責任，組織と組織間または組織内での葛藤などが挙げられる。組織における役割が明確でなく，自分がどう動いていいかわからない場合，すなわち，役割曖昧性が高い場合，強い組織ストレスを引き起こすことが知られている。

また，組織と組織との間にも強いストレスが生じる場合がある。たとえば，営業部門が受注した注文を製作部門が製作して納品する場合，営業部門はできるだけ製作部門に早く納品してほしいが，製作部門は必要な製作期間は確保したいと考える。また，営業部門が受注すればするほど，製作部門は仕事が増えるということにもなる。もちろん仕事がなければ会社として成り立たないのだから，仕事はあったほうがいいに違いないが，部門ごとに利害関係が一致するとは限らないので，そこで組織ストレスが発生することは当然予想される。

③キャリア発達としては，地位が高すぎること，地位が上がらないこと，職務永勤権が保証されないこと，昇進可能性のないことなどが挙げられる。昇進をきっかけに抑うつに陥る場合を，昇進うつ病と呼ぶが，これは稀なことではない。また，不安定な雇用も組織ストレスの原因になる。

金井（2000）は個人のキャリアの開発や発達が阻害されることにより発生するストレスを，とくにキャリア・ストレスと名づけ，組織ストレスの中核であると論じている。図11-5のように，キャリア・ストレッサー以外の一般的な

| キャリア・パースペクティブ | キャリア開発志向 | ストレッサーからのメンタルヘルスへの影響 |

一般的な組織ストレッサー

例）仕事過重 ─┬─ あり ─┬─ 高い ─── 影響なしまたはポジティブ
              │   └─ 低い ─── ネガティブ
              └─ なし ─┬─ 高い ─── ネガティブ
                        └─ 低い ─── ネガティブ

組織内キャリア・ストレッサー

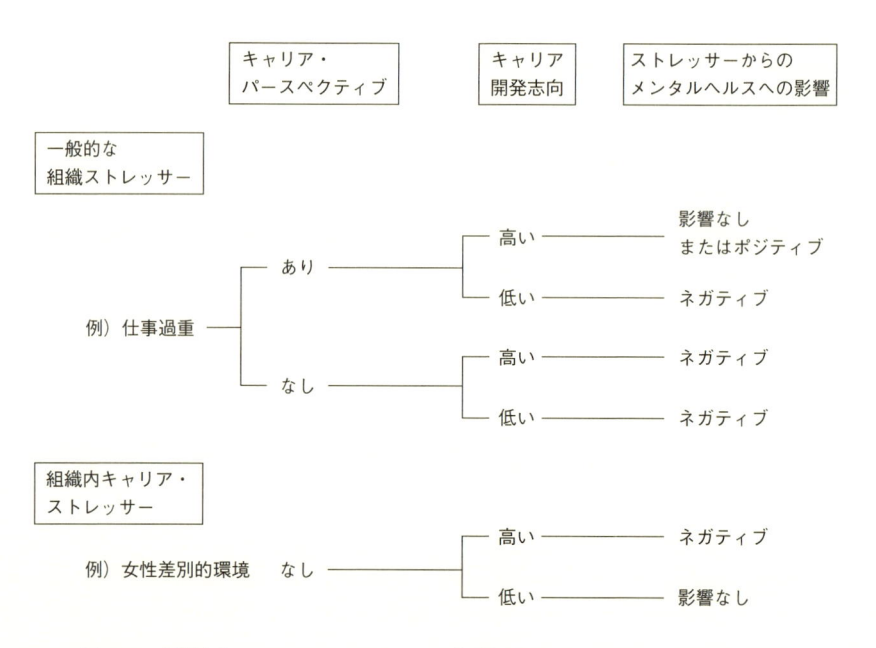

例）女性差別的環境 ── なし ─┬─ 高い ─── ネガティブ
                              └─ 低い ─── 影響なし

図 11-5　組織内キャリア・ストレッサーの一般的職務ストレッサーに対する第一次性

組織ストレッサーには、これをがんばればスキルが身につく、昇進の可能性に結びつくなどのキャリア・パースペクティブ（キャリアの見通し）があれば、ストレスとならなかったり、逆にポジティブな影響をもつ可能性があるが、女性差別的環境、昇進可能性がないなどのキャリア・ストレッサーはキャリア・パースペクティブがない状況そのものを指すため、その影響はネガティブなものでしかない。このため、組織ストレスを考える場合には、最初にキャリア・ストレッサーに注目する必要があるとしている。

④仕事による人間関係としては、上司や部下、同僚とうまくいかないこと、責任が重すぎることなどが挙げられる。先に取り上げた厚生労働省の調査でも、ストレスのもっとも大きな原因のひとつとなっていたように、組織における人間関係の問題はときとして、その仕事をやめざるを得ない原因になる場合もある。とくに上司との関係は、上司が評価者であり、仕事の権限者であることから、その関係のよしあしは個人のメンタルヘルスに大きな影響をもつ。

⑤組織構造や風土としては、会社や組織の意思決定にほとんど、あるいはまったく参加できないこと、予算などできることに制限があること、職場のポリシー、効果的なコンサルテーションがないことなどが挙げられる。

4) 個人の特性　ただし、同じ組織ストレッサーにさらされている場合でも、その影響には個人差があることが知られている。それは個人の特性、すなわち、個人の不安の程度や神経症の程度、曖昧性への耐性の程度、タイプA行動パターンなどが異なっているからである。

ここで、タイプA行動パターンとは、虚血性心疾患群（動脈硬化、狭心症、心筋梗塞など）のリスクファクターとして取り上げられているもので、その特徴は、①速さと気短さ（speed & impatience）、②精力的で競争的（hard-driving & competitive）、③仕事熱心さ（job-involvement）（Jenkins *et al.*, 1971）である。タイプA行動パターンは環境に適応するための特定の行動パターンであり、より固定的な性格特性とは区別して考えられている。

わが国でも、保坂ら（1984）が虚血性心疾患群を調査し、その行動特徴として、①気性が激しく、職場や家庭で怒鳴ることも多く、仕事を終え、帰宅してもすぐにはリラックスできず、家族に八つ当たりすることが多い、②いらいらしやすく、並んで順番を待つときなどにとくにその傾向があり、待ち合わせ時

間に相手が遅れることも好まないし，いつも時間に追い立てられている感じである，③責任感が強く，約束した時間には絶対に遅れない，④食事のスピードが早く，またストレスや緊張したときなど上腹部痛を感ずることがある，⑤競争心が強く，負けず嫌いで，運転中他の車に追い越されるとすぐに追い越そうと思う傾向があり，他人から指図されることを好まない，⑥仕事に熱中しやすく，没頭するタイプで，昼食後すぐにも仕事に取りかかったり，少しでも早く出勤して仕事に取りかかろうとする傾向がある，⑦自分が正しいと思ったら，どこまでも貫こうとする傾向がある，⑧スランプになっても，休息をとるより今まで以上にがんばる傾向がある，などを指摘しており，これらの行動特徴をもつ場合，組織ストレスの影響を大きく受けると考えられる。

また，ラザルスとフォークマン（Lazarus & Folkman, 1984）は個人の信念や価値観の違いがストレスを感じる程度に個人差を生み出すとしている。たとえば，ある出来事が自分にとって大切なことであればあるほど，そうであらねばならないと思うほど，それに取り組むことは大きなストレスとなり得るということである。すなわち，今ストレスに思っていることがあるとすれば，そのことが自分にとって重要であったり，こうありたいという気持ちが強いということになり，このような視点は組織ストレス対処のヒントとなることが多い。

5）組織ストレスの影響（結果）　組織ストレッサーは，上述のように，個人の特性により，その程度に差はあるものの，心臓拡張血圧，コレステロールの程度，うつ気分，職務不満足などの職業的不健康の徴候に結びつく。また，これらが積み重なると，冠状動脈疾患や精神的不健康に陥る。これが組織ストレスの発生である。

組織ストレスの結果には，心理的要因が頭痛，吐き気，喘息などといった身体の症状に現れる①身体的反応，職務不満足，意欲の低下，抑うつなどの②心理的反応，転職，怠業，喫煙，逃避飲酒などの③行動的反応がある。

クーパーらはこういった組織ストレスから引き起こされる疾病による経済的な損失は重大であるとして，①組織構造の再デザイン（個人に参画させ，自律性のある仕事にするといったように組織の機能そのものを改善すること），②職場と家庭のギャップを埋めること，③職場内における対人関係スキルアップのための有効なプログラムの開発の必要性などを提起している。

第2節　組織ストレスの管理と対処

　組織ストレスへの対応は，個人の対処と組織の管理の2つの視点から考えることができる。組織ストレスは，環境と個人との不適合から生じて個人にネガティブな影響を引き起こすと同時に，クーパーらも述べているように，その個人の所属する組織全体の生産性とも関わる問題である。したがって，その対応は，個人の問題であると同時に，組織の問題である。ここでは，個人の組織ストレスへの対応を対処（coping）と呼び，組織の組織ストレスへの対応を管理（management）と呼んで区別し，それぞれ論じることにする。

（1）組織ストレスへの個人の対処

　組織ストレスにどう対処するかは，個人にとって非常に重要な問題である。ここでは，前節のストレスの発生のメカニズムの理解から引き出される，組織ストレスへの対処の方法について検討する。まず，①組織ストレスへの認識をもつこと，次に②組織ストレスの原因と問題の所在を検討し，同時に，③自分の信念や価値観を明確化すること，明らかになった組織ストレスの所在と自分の信念や価値観をもとに④現実的な調整を行なうこと，である。

　1）組織ストレスへの認識　まず，組織ストレスの最悪の結果は，「死」であるという認識を強くもつ必要がある。生きるための仕事で死んではいけない。仕事ぐらいで死ぬはずがないと思うのは危険である。多くのストレス研究がその結末は死であることを示している。

　一方，組織ストレスのプロセスには，ポジティブな面もあることにも注目する必要があろう。マラソン選手が酸素の希薄な高地でのトレーニングで，自分に負荷（ストレス）をかけることにより，より高い肺への換気量や最大酸素摂取量を身につけることはよく知られているが，組織においてもストレスは個人の挑戦や発展の機会となり，スキルを獲得したり，信用を得たりなど，個人のキャリアアップにつながるからである。しかし，高地に出かけていきなり走れば，場合によっては死に至る危険性もあるわけで，個人にとって適度な負荷になっていることが必要である。組織におけるストレスも，自分にとって，適度

なストレスとしてコントロールされている必要があろう。

　ここで自分にとって，という部分が非常に重要である。ストレスへの耐性は個人差の大きいものであるため，人にもできるから自分にもできるというものではない。自分の耐性の程度を見極めることは非常に重要である。

2) 組織ストレスの原因と問題の所在の検討　　組織ストレスへの対処の第2点は，ストレスを生じさせている原因を知るということである。また，そのストレスの問題の所在は何かをよく検討する必要がある。

　もし，個人が職場で不都合を感じており，その状況を何とかしたいと思っているのであれば，自分を脅かすものの正体をきちんと見極めるべきである。組織で働く私たちを取り巻く問題は，①個人の問題である場合もあるが，所属する②組織の問題である場合もあり，さらに③社会環境の問題である場合もある。その問題は，私の問題か，組織の問題か，社会の問題かを明確にすることは重要である。組織や社会の問題を個人が抱え込む必要はないし，個人の問題として抱え込んでも問題は解決しないからである。

　産業臨床の場面では，このような問題の所在の見極めが難しい場合が多い。悩める人が，往々にして，優秀な企業人であるために，組織の問題を自分の問題として取り込んでしまうからではないかと考えられる。

　もちろん，生じている問題は個人と環境の相互作用によって決定されるため，どちらも悪くないが，組み合わせが悪いということも起こり得る。このほうが実際には多いかもしれない。この場合は組み合わせを調整する，環境を変える，などの対処が必要である。

3) 自分の信念や価値観を明確化すること　　組織ストレスの原因と問題の所在を明確にする過程で，なぜこのことが自分にとってストレスなのかを考えると，自分の信念や価値観のあり方にたどりつく。なぜならストレスは個人の信念や価値観のあるところに生じるからである（Lazarus & Folkman, 1984）。検討の過程で明らかになる信念や価値観は，ときには本人に意識化されていなかった信念や価値観であることもある。ストレス状況に陥ってはじめて，自分はこういうことを大切に思っていたのかということに気づくわけである。もしこういった気づきがあったとすれば，それはそれで，とても意味のあることに違いない。自らの信念や価値観を明確化することにより，組織ストレスにより

効果的に対処することが可能になると考えられる。

4) 現実的な調整を行なうこと　組織ストレスの原因と問題の所在が明らかとなり，さらにこれに関する自分の信念や価値観が明確化したところで，次に現実的な調整を行なう。現実的な調整をすることは非常に重要である。現実的に不可能なことを追い求めれば，それは新たなストレスを生み出してしまうかもしれないからである。たとえば，個人と組織との組み合わせの問題だから転職することがもっとも有効と思われても，実際に転職先があるのかどうかは現実的な問題である。転職がすぐできないとしたら，転職するためにどのような準備をするか，転職まで今いる組織でどのように過ごすか，今いる組織との微調整は可能か，自分の信念や価値観と組織との接点はないか，など選択肢をいくつか考え，できることを選択することが現実的調整である。

(2) 組織ストレスの組織による管理

組織には，個人の組織ストレスを適正な水準に調整・管理することが求められる。ここでは，紙面の都合から，①組織システムと運用の適合化と，②メンタルヘルス風土の2点を取り上げる。

1) 組織システムと運用の適合化　組織におけるストレスの多くは，組織のシステム上の問題から生じると考えられる。たとえば，仕事が多すぎることについては，人員配置の問題と関係している。仕事の量とそれをこなす人の数が一致していないということだからである。人員配置の問題や仕事の構造の問題などは組織システムとして，整理されなければならないと考えられる。

しかし，組織システムが整っていても，実際の運用の責任は多くは上長（職場の管理者）にある。もし仕事が一定の個人に偏っているようであれば，上長による調整が必要である。同時に，上長は部下の総労働時間の管理などにも気を使う必要があろう。このように組織システムと上長の運用により，組織ストレスが効果的に管理される必要があろう。

2) メンタルヘルス風土の醸成　金井と若林（1998b）は，組織に働く人のメンタルヘルスをサポートする資源として，メンタルヘルス風土の検討を行なっている。良好なメンタルヘルス風土，すなわち，メンタルヘルスへの理解が浸透し，メンタルヘルス不調がメンバーに受容されており，精神的な問題で

何ら脅かされないという組織への信頼が存在することが，従業員の職務不満足感や抑うつ感などを低めることが見出されている。

このメンタルヘルス風土を醸成するためには，さまざまなメンタルヘルス施策を打つことが期待される。金井らの研究において，メンタルヘルス施策は，メンタルヘルスに関する会社レベルの教育・研修，管理職向けの部下のメンタルヘルスに関する講習，メンタルヘルスやストレス対処法を考えるための講演会や研修などの①メンタルヘルス教育，新入社員や中途採用者のためのフォローアップ研修，従業員に対する専門家（カウンセラー，精神科医など）による定期的な面接などの②早期発見施策，専門家による電話相談や職場訪問，精神的な不調に陥ったときの休職，復職などを適切に処理するためのマニュアル整備などの③援助施策の3つに分類されている。これらの施策には，組織全体での取り組みが必要である。

まとめ

- 本章では，近年組織において，ますます重要な課題となっている組織ストレスとその管理について論じた。
- 現代組織において，組織ストレスの問題は避けられないが，組織ストレスの発生メカニズムなどを知ることにより，効果的・生産的な組織ストレスの管理および対処の方法を検討していく必要があることを述べた。

演習課題

1. 組織ストレスの原因にはどのようなものがあるか，論じなさい。
2. 同じ組織ストレッサーでも，個人によってその影響が異なる理由を述べなさい。
3. 個人が組織ストレスに対処する方法について論じなさい。
4. 組織として，組織ストレスを管理する方法について論じなさい。

―― トピックス　二極化する日本の労働時間 ――――――――

　本文中にあるように現在の経済・雇用情勢は労働時間数に影響を及ぼしている。日本人の働きすぎに対する諸外国からの批判を背景に，1988年の改正労働基準法が施行され，これを契機に総労働時間は全体としては減少傾向にある。しかし，以下に述べるように，年齢段階別，雇用形態別に二極化が見られ，一方の極では過剰な労働時間数に拍車がかかっている。

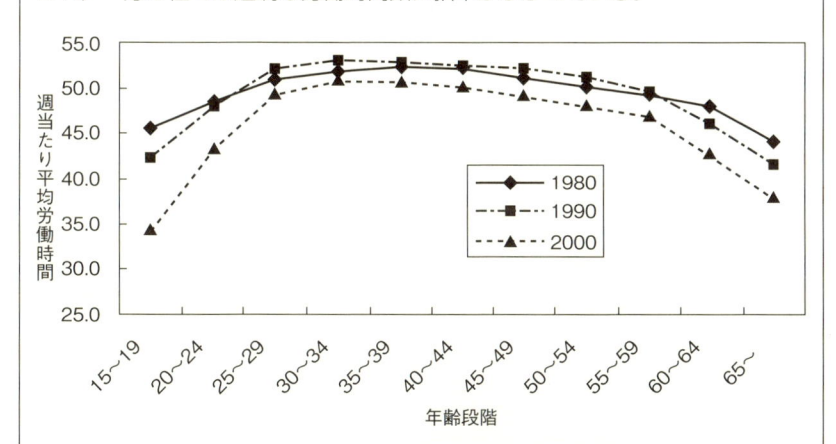

図11-6　年齢段階別週当たり平均労働時間（男性労働者）

　まず，年齢段階別に見ると，図11-6は男性の年齢段階別労働時間の推移である（内閣府，2002）。金井・若林（Kanai & Wakabayashi, 2004）は，1980年と比較して2000年における平均の総労働時間数は減少しているものの，これを年齢段階別に見ると，若年者や高齢者の労働時間は確かに減少しているが，20代後半から30代，40代前半は依然として，長時間労働に従事しており，労働時間が二極化していることを指摘している。また，この傾向は2003年にはさらに顕著になっており，20代後半から30代，40代前半で週当たり労働時間数が60時間を越えるものの割合が増加しているのに対して，若年者，および高齢者では35時間未満の割合が急増している（厚生労働省，

表11-1　週当たり労働時間数の増加（1995-2001）　　（万人）

	雇用者全体	正規職員	パート・アルバイト
全体	△41	▼129	△170
30時間未満	△78	▼1	△80
30～40時間	▼12	▼40	△28
40～50時間	▼82	▼127	△45
50～60時間	▼0	▼9	△9
60時間以上	△56	△49	△7

※△増加　▼減少をそれぞれ示す。

2004)。

　次に，雇用形態別に見ると，表11-1は週当たりの労働時間数別の従事人数を1995年と2001年とで比較したものである（内閣府，2003）。1995年から2001年までに雇用者は全体で41万人増加したが，うち正規職員が129万人の減少に対し，パート・アルバイトが170万人増加しており，本文中にもあるように非正規雇用が増大している。

　週当たり労働時間数別に見てみると，雇用者全体では，30時間から60時間未満が減少しているのに対し，30時間未満と60時間以上が増加していることがわかる。正規職員は30時間から60時間が合計176万人減少し，60時間以上が49万人増加している。一方，パート・アルバイトは30時間未満が80万人増加しており，正規職員と非正規職員との間で，労働時間数の二極化が見られることがわかる。すなわち，正規雇用者の長時間労働が際立っており，負荷が正規雇用者にシフトしていると考えられる。

　ただし，非正規雇用にもかかわらず，60時間以上働いている雇用者が7万人増加していることにも留意する必要がある。これは非正規雇用が低賃金であり，雇用の調整弁として位置づけられている不安定な雇用形態であるがゆえに，逆に長時間労働を強いられる場合があることを示しているものと考えられる。

文　献

Beehr, T. A., & Newman, J. E.　1978　Job stress, employee health, and organizational effectiveness: A facet anaiysis, model, and literature review. *Personnel Psychology*, **31**, 665-699.
中日新聞　2002　男性の失業率最悪の5.9%　2002年11月29日付
中日新聞　2004　バイト50日「過労死」認定　2004年8月31日付
中日新聞　2005a　派遣労働の過労自殺認定　2005年4月1日付
中日新聞　2005b　失業率，4.6%に改善　2005年4月26日付
中日新聞　2005c　精神障害の労災最多　2005年6月18日付
Cooper, C. L., & Marshall, J.　1976　Occupational sources of stress : A review of the literature relating to coronary heart disease and mental ill health. *Journal of Occupational Psychology*, **49**, 11-28.
保坂　隆・田川隆介・大枝泰彰・杉田　稔・日野原茂雄・五島雄一郎　1984　A型行動パターンと虚血性心疾患―質問紙の作成　心身医学，**24**(1), 23-30.
細川　汀・田尻俊一郎・上畑鉄之丞　1982　過労死－脳・心臓疾病の業務上認定と予防　労働経済社
Jenkins, C. D., Zyzanski, S. J., & Rosenman, R. H.　1971　Progress toward validation of a

computer-scored test for the Type A coronary-prone behavior pattern. *Psychosomatic Medicine*, **33**, 192-202.

金井篤子　2000　キャリア・ストレスに関する研究―組織内キャリア開発の視点からのメンタルヘルスへの接近―　風間書房

金井篤子・若林　満　1998　企業内におけるメンタルヘルス風土に関する研究　実験社会心理学研究，**38**(1)，63-79.

Kanai, A., & Wakabayashi, M.　2004　Effects of economic environmental changes on job demands and workaholism in Japan. *Journal of Organizational Change Management*, **17**, 537-548.

過労死弁護団全国連絡会議（編）　1989　過労死　双葉社

川人　博　1998　過労自殺　岩波書店

厚生労働省（編）　2004　平成16年度版労働経済白書　日本労働研究機構

Lazarus, R. S., & Folkman, S.　1984　*Stress, appraisal, and coping.* New York: Springer.（本明　寛・春木　豊・織田正美監訳　1991　ストレスの心理学―認知的評価と対処の研究―　実務教育出版）

内閣府（編）　2002　平成13年版国民生活白書　ぎょうせい

内閣府（編）　2003　平成15年版国民生活白書　ぎょうせい

全国過労死を考える家族の会（編）　1997　死ぬほど大切な仕事ってなんですか　教育史料出版会

第 12 章

仕事と家庭生活

第 1 節　仕事と家庭生活の両立

　わが国では 2005 年 4 月に「次世代育成支援対策推進法」が施行された。この法は 2015 年までの時限付き立法で，国の指針に従ってすべての都道府県および市町村が「行動計画」を策定すること，および 301 人以上の労働者を雇用する事業主が「一般事業主行動計画」を策定することを義務づけており，10 年間にわたって次世代育成の取り組みを進めることを定めた法律である。この法令は事業主に対して 2 つの取り組みを求めている。1 つは，育児がしやすい雇用環境の整備を進めること，すなわち育児をしながらでも，仕事を通して個人が能力発揮できる環境を形成することである。具体的には，子どもの出生時における父親の休暇取得の促進，法の規定を上回る育児休業の実施，短時間勤務制度やフレックスタイムの実施など，子育てのための時間を確保できるようにするための措置などが含まれる。もう 1 つの取り組みは，育児をしていない労働者であっても，その働き方が原因で私生活にしわ寄せがいくことのないように，働き方の見直しを進めることである。たとえば，ノー残業デーの導入や拡充，有給休暇取得の促進，職場優先の意識の是正のための啓発などがこれに含まれる。これらの点から，次世代育成支援対策推進法の基本的精神は「仕事と家庭生活の両立支援」にあるといえる。もちろん，この法はわが国における少子化の問題と密接に関連しており，急速に進行する少子化に歯止めをかけるためのひとつの対策として，家庭生活を犠牲にせずにすむ働き方の実現を目指そうとするものといえる。

なぜ今「仕事と家庭生活の両立支援」が求められるのか。多くの人々にとって，もはや仕事と家庭生活はどちらか一方のチョイスの問題ではなく，「仕事も家庭も」が当然になりつつある。その背景には，共働き世帯数の増加（無業の妻に家庭責任を任せることができる男性雇用者の減少），「男は仕事，女は家庭」という固定的な性役割分業意識の後退，また夫の家事・育児参加を当然と考える人々の増加などがある。しかし多くの場合仕事と家庭生活の両立には困難が伴いやすく，仕事と家庭のアンバランスな状態を解消することができず葛藤を経験する人は少なくない。仕事と家庭生活の両立は個人が取り組むべき課題で，国や企業が介入すべき問題ではないという考え方も存在する。つまり，「仕事も家庭も」というライフスタイルを必要とする人々が増加しているにもかかわらず，個人がその実現をはかろうとすると大きな困難に直面するという状況が依然としてある。

現代において「仕事も家庭も」という生き方を求める場合，どのような状況に直面するのだろうか。また，企業はそのような生き方を求める従業者たちをどのように支援することができ，またそうすることは企業にとってどのような効果があるのだろうか。本章では働く人びとが経験するワーク・ファミリー・コンフリクト，すなわち仕事と家庭生活の葛藤に関する問題と，ファミリー・フレンドリー，すなわち企業による仕事と家庭生活の両立支援策に焦点を当てて論じる。

第2節　ワーク・ファミリー・コンフリクト

（1）ワーク・ファミリー・コンフリクトとは

ワーク・ファミリー・コンフリクトは役割間葛藤のひとつとして位置づけられている（Greenhaus & Beutell, 1985）。役割間葛藤は，ある集団のメンバーであることによって受ける役割要請と，別の集団に所属していることで受ける役割要請が両立できない場合に経験されるもので，両立できないということは，一方の役割を担うことにより，もう一方の役割を遂行することが困難になることを意味する。また，2つの異なる役割のプレッシャーを同時に受け

ることによりコンフリクトは生じるが，家族領域のプレッシャーが仕事生活の質を低下させる「家族生活領域から仕事生活領域への葛藤（Family to Work Conflict, F→WC）」と，仕事領域のプレッシャーが原因で家族生活の質が低下する「仕事生活領域から家族生活領域への葛藤（Work to Family Conflict, W→FC）」の2つの方向性がある。F→WCは，育児・家事などの家族役割に費やされる時間，そこから生じるストレイン，家族役割に期待される行動が，その人の仕事関連の役割遂行を妨害するような場合の葛藤である。同様にW→FCは，職務に費やされる時間，職務に起因するストレイン，職務遂行上期待される行動が，その人の家族領域での役割遂行を妨げるような役割間葛藤を意味する（詳しくは，吉田，2001参照のこと）。

　仕事と家庭生活の相互関係に関するこれまでの多くの研究が，一方の役割領域で生じる感情（態度や気分）は，他の役割領域においても生じることを指摘しているが，この役割間の感情のトランスファーのことを「スピルオーバー」という（Greenhaus & Beutell, 1985；Parasuraman *et al.*, 1996；Small & Riley, 1990）。仕事から家庭への負の感情のスピルオーバーの例は，仕事に起因する不満感や不安感などが家庭にもち帰られ，その結果その個人は家庭においても不満，不安な状態を継続する場合である。逆に家庭から職場への負の感情のスピルオーバーの例は，家庭内で抱える問題やフラストレーションが職場へともち込まれ，その結果仕事への集中を妨害し，生産性を低下させる場合である。正の感情のスピルオーバーも可能で，一方の役割領域での満足感や達成感がもう一方の役割へともち込まれ，後者の役割参加をより積極的にさせ，充実した生活を送ることができる場合である。多くの先行研究が仕事での満足感と家庭生活の満足感の間の正の相関を報告しているが，これらの研究の多くが横断データを分析に用いているため，正の相関がスピルオーバーを意味するのかは明確ではない。

　ワーク・ファミリー・コンフリクトには3つの形態がある（Greenhaus & Beutell, 1985）。第1の形態は「時間に基づく葛藤」で，仕事（家族）に費やす時間が長いために，家族（仕事）に費やす時間が短くなり役割遂行が妨害される場合に生じるものである。第2の形態は「ストレインに基づく葛藤」で，一方の役割によって生み出されたいらいらなどのストレス反応が，もう一方の

役割の遂行を困難にする場合がこれにあたる。そして第3の形態は「行動に基づく葛藤」で，一方の役割においてとるべき行動パターンが，もう一方の役割において望ましいとされる行動パターンと対立する場合に経験されるものである。たとえば，仕事役割においてとるべき行動パターン（たとえば，合理性や職務効率を追求すること）と，親として期待される行動パターン（たとえば，優しく，時間をかけて温かく接すること）が対立したり矛盾する場合の葛藤がこれにあたる（詳しくは，吉田，2001 参照のこと）。

（2）コンフリクトの男女差

　ワーク・ファミリー・コンフリクトに男女差はあるのだろうか。プレック（Pleck, 1977）によると，男性は家族における経済的役割が強調されることが多いため，仕事が家族領域に介入しやすいのに対し，女性の場合家族におけるケア役割（情緒的役割）が強調される傾向が強いため，家族的責任が仕事に介入しやすいという。つまり，男性は女性よりも W → FC を経験しやすいのに対し，女性は男性よりも F → WC を経験しやすいことを意味する。しかし，これまでの研究から以下の2点が明らかにされている。第1に，一般的にワーク・ファミリー・コンフリクトの水準には性差はほとんどない。第2に，コンフリクトに性差を確認した実証研究の多くは，女性の方が男性よりも高い水準のコンフリクトを経験していることを報告している。これは，女性の方が男性よりも仕事と家族責任の両方を同時に負う可能性が高いことと関連していると思われる。

　むしろ，ワーク・ファミリー・コンフリクトに性差がないことの方が説明は困難である。解釈の可能性を挙げるならば，たとえば，女性はプレッシャーの少ない職業や仕事を自ら進んで選択したり，仕事への心理的関与を意図的に低減したり，あるいは結婚や子どもをもつことを避けたりすることによって，コンフリクトの水準を男性レベルにまで低下させているという指摘がある（Parasuraman & Greenhaus, 1993；Powell, 1988）。あるいは，女性の方が男性よりも多重役割に対するコーピング・スキルをもっており，コンフリクトを引き起こす状況に対応していると見ることもできる。これらはあくまでも推測にすぎないが，個人は予測し得る，あるいは実際に生じたコンフリクトに対し

て，それを減じるための行動をとるという仮定に基づいている。

筆者が2002年に吉田悟と末盛慶との共同で実施した調査のデータを用いて，ワーク・ファミリー・コンフリクトの男女差を見てみよう。この調査は，東京都の2区に在住し，2002年度に長子が中学生で，かつその子の父母と同居中の世帯を対象に行なったものである。調査票は父親，母親，中学生の子どもの3者に対し別種のものを準備し，それぞれが個別に回答する形式をとった。3票とも回収された世帯は494であった（有効回収率16.8%）。ここで用いるデータは，父親，母親いずれも正社員，パート，派遣，アルバイトなど，仕事をしている者に限定している。

ワーク・ファミリー・コンフリクトは，親の自記式回答をもとに，上述した2つの方向性（「仕事から家庭生活への葛藤，W→FC」および「家庭生活から仕事への葛藤，F→WC」）と3つの側面（時間，ストレイン，行動に基づく葛藤）を測定したものである。「仕事から家族生活への葛藤」は，たとえば「仕事が家族と過ごしたい時間を奪っている（時間に基づく葛藤）」「仕事があまりに忙しいために家に帰ってもゆったりと落ち着く気分になれない（ストレインに基づく葛藤）」「私の仕事を円滑に進める上で有効な考え方や態度は，家庭内

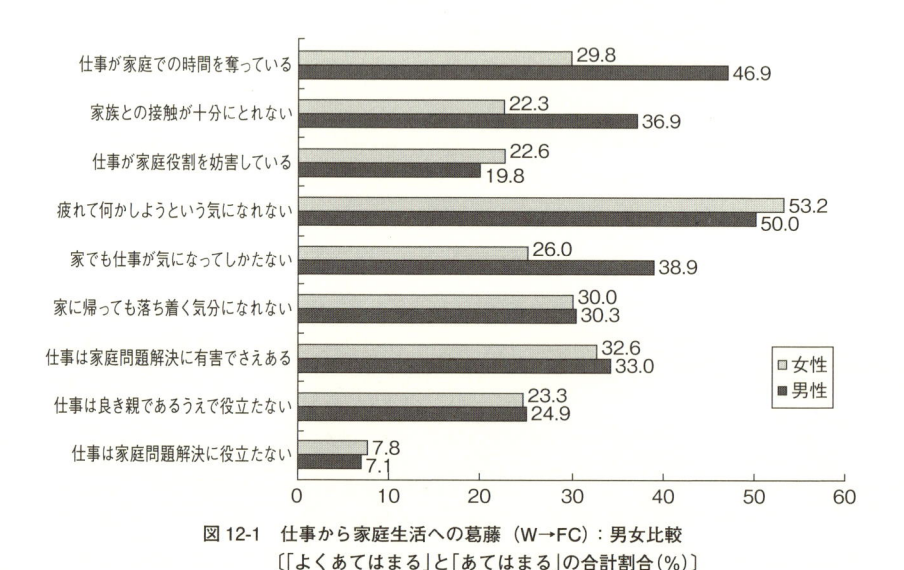

項目	女性	男性
仕事が家庭での時間を奪っている	29.8	46.9
家族との接触が十分にとれない	22.3	36.9
仕事が家庭役割を妨害している	22.6	19.8
疲れて何かしようという気になれない	53.2	50.0
家でも仕事が気になってしかたない	26.0	38.9
家に帰っても落ち着く気分になれない	30.0	30.3
仕事は家庭問題解決に有害でさえある	32.6	33.0
仕事は良き親であるうえで役立たない	23.3	24.9
仕事は家庭問題解決に役立たない	7.8	7.1

図12-1　仕事から家庭生活への葛藤（W→FC）：男女比較
〔「よくあてはまる」と「あてはまる」の合計割合(%)〕

の問題を解決する上では，あまり役に立たない（行動に基づく葛藤）」など計9項目を，また「家族生活から仕事への葛藤」は，たとえば「家族のあれやこれやで思うように仕事に時間が配分できない（時間に基づく葛藤）」「家事や育児やらで疲れてしまい，仕事をやろうという気持ちになれないことがしばしばある（ストレインに基づく葛藤）」「私の家庭内で生じる問題をうまく対処する上で適切な考え方や態度は，私が現在担当している仕事上の問題を解決する上では有害でさえある（行動に基づく葛藤）」など計9項目を用いている。

図12-1は「仕事から家庭生活への葛藤（W→FC）」の男女比較で，各設問項目について「よくあてはまる」および「あてはまる」の合計割合（％）を男女別に示したものである。図の上から順に，最初の3項目が「時間に基づく葛藤」，次の3項目が「ストレインに基づく葛藤」，そして最後の3項目が「行動に基づく葛藤」に関するものである。結果からわかるように，9項目中6項目で男性の方が仕事から家庭への葛藤を多く経験している。とくに「仕事が家族と過ごしたい時間を奪っている」「仕事が原因で家族との接触が十分にとれないでいる」「家にいても仕事のことが気になってしかたがないことがしばしばある」の3項目では男女格差が大きく，男性は女性よりも，時間に基づく仕事

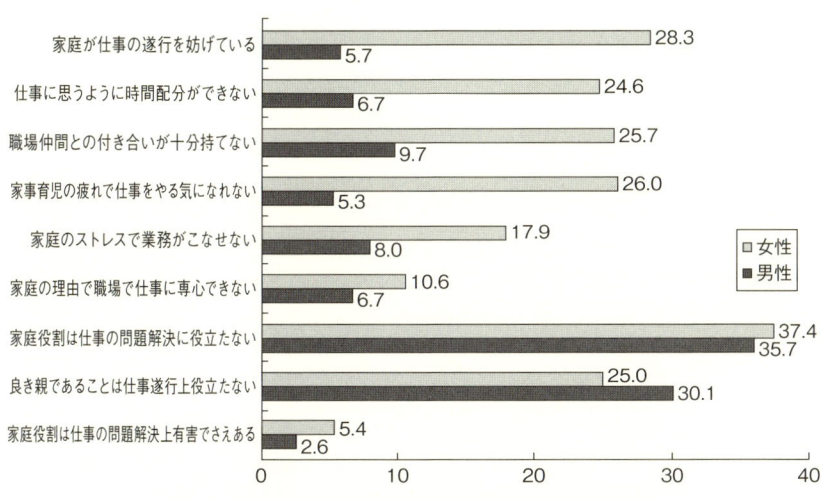

項目	女性	男性
家庭が仕事の遂行を妨げている	28.3	5.7
仕事に思うように時間配分ができない	24.6	6.7
職場仲間との付き合いが十分持てない	25.7	9.7
家事育児の疲れで仕事をやる気になれない	26.0	5.3
家庭のストレスで業務がこなせない	17.9	8.0
家庭の理由で職場で仕事に専心できない	10.6	6.7
家庭役割は仕事の問題解決に役立たない	37.4	35.7
良き親であることは仕事遂行上役立たない	25.0	30.1
家庭役割は仕事の問題解決上有害でさえある	5.4	2.6

図12-2　家庭生活から仕事への葛藤（F→WC）：男女比較
〔「よくあてはまる」と「あてはまる」の合計割合(％)〕

から家庭への葛藤をより頻繁に経験していることを示している。しかし，これら3つ以外の項目では男女格差は比較的小さく，ストレインおよび行動に基づく仕事から家庭への葛藤については，男女ともにほぼ同レベルの葛藤を経験しているといえそうだ。この図の中で目を引くのは，働く男女のほぼ2人に1人が「仕事のあと家に帰っても疲れてしまい，何かしようという気持ちになれないことがしばしばある」と回答している点である。

図12-2は「家庭生活から仕事への葛藤（F→WC）」の男女比較で，図12-1と同様に各項目について肯定の合計割合を男女別に示している。結果からわかるように，家庭生活から仕事への「時間に基づく葛藤」および「ストレインに基づく葛藤」については女性の方が圧倒的に多く経験しており，男性はほとんど経験していない。つまり，家庭における育児や家事責任の仕事へのしわ寄せは女性に大きく偏っているといえる。図が示すように，時間とストレインに基づく葛藤では，非常に顕著な男女差が現れている点は大変興味深い。

このように，男性の場合は仕事が家庭生活における時間に影響しやすいのに対し，女性にとっては家族的責任が仕事における時間や集中力などに影響しやすいことから，全体的傾向として，性別によって葛藤の性質が異なる可能性が高いといえる。これは仕事と家庭の両立支援を考える場合に，男女が経験する葛藤の質的差異を考慮する必要があることを示唆しているといえよう。

第3節　企業のファミリー・フレンドリー施策

（1）ファミリー・フレンドリーとは

前節で見てきたようにワーク・ファミリー・コンフリクトは仕事と家庭生活の間で生じる役割葛藤であるが，個人レベルでこのコンフリクトを解消することは決して容易ではない。そこで近年注目されるようになってきたのが，企業による従業員の家族生活支援，すなわちファミリー・フレンドリー施策である。わが国で「ファミリー・フレンドリー」という言葉が用いられるようになったのは比較的近年のことである。平成11年の厚生労働省による「ファミリー・フレンドリー企業表彰制度」の導入以来，受賞企業の取り組みが新聞な

どで紹介されるようになり，この言葉は一般の人びとにも知られるようになった。組織がファミリー・フレンドリーになるということは，働く男女が経験する仕事と家庭生活の葛藤を緩和し，両立を支援するために組織がさまざまな施策を展開することを意味しているともいえる。

　欧米ではこの概念は1970年代末ごろから普及し始めたが，それは「従業者の家族責任に配慮した」「仕事の都合を常に優先させるのではなく，仕事と家庭生活の両立をめざした」などの意味をもっている。一般的に，企業がファミリー・フレンドリーであるかどうかは，支援制度の充実度，すなわち育児あるいは介護休業，フレックスタイム，短時間勤務，事業所内託児施設などが，職場においてどの程度整備されているかによって測られやすい。しかし，制度は導入されていてもそれを利用する者が少ないという問題は，わが国のみならず欧米の企業にも存在する。制度が利用しにくい状況の背景には，「職場に家庭の事情をもち込むべきではない」「労働時間の長い者ほど『良い』労働者だ」「管理職に長時間労働は不可欠だ」などの伝統的な仕事観が存在しており，このような仕事観は職場における「標準的」働き方を支える風土として存在している。このような風土の変革は，企業がファミリー・フレンドリーになるために欠かすことができない要件である。すなわち，企業のファミリー・フレンドリネスとは，単に支援制度があるかどうかの問題ではなく，従業員の性別に関係なく，家族を犠牲にせずに働くことができるか，支援制度を利用してもキャリア形成上不利益を被らずに働くことができるかなど，より根源的な「働き方の文化」の問題であるといえる。

　ファミリー・フレンドリーという概念に関して注意が必要なことは，まず，ここでいう「ファミリー」とは必ずしも夫婦と子どもからなる世帯だけを意味するのではなく，単身者の世帯も含む多種多様な家族を前提にしている点である。近年，家族形態は多様化しつつあり，特定の形態をとる家族だけを「家族」として定義することが困難になりつつある。このような動向を反映して，最近では「ファミリー」の概念は家族構成員だけではなく本人をも含むようになりつつある。従業者には仕事以外にも自分自身の個人的生活があり，家族をもつ者に限らず，すべての従業者は私的生活を有するものとして配慮する必要があると認識されるようになりつつある。近年用いられる「ワーク・ライフ・バラ

ンス」は，家族を含む，より広い私的生活に関する認識のあらわれであるといえよう。また，ファミリー・フレンドリーの対象は女性だけではなく，男性も含んでおり，仕事と家庭生活の両立は男女共通の課題としてとらえることも重要である。

このような個人の私生活を含めた概念の拡大には，個人の多様性，すなわちダイバーシティの尊重の考え方が関係している。人種，性別，年齢，エスニシティなど，職場は多様な特性をもつ従業者によって構成されるようになってきている。さらに，個人の仕事に対する価値観やライフスタイルも多様化してきており，企業にはこのような多様性を尊重する人的資源管理のあり方，すなわちダイバーシティ・マネージメントが求められている。仕事も大切だが家庭生活も大切にしたいと考える従業者，育児に参加したい男性の増加など，従業者の価値観は多様化しており，企業に求められるファミリー・フレンドリネスとは，ダイバーシティ・マネージメントと密接に関係しているといえる。そのような価値観やライフスタイルの多様性を認識，尊重せずに，画一的な人的資源管理を継続していては，従業者のモティベーションに大きな支障をきたすことになりかねない。

（2）なぜ企業はファミリー・フレンドリー施策を展開するのか

企業によっては，ファミリー・フレンドリー施策を積極的に展開するものとそうでないものが存在する。企業の施策展開を促進あるいは抑制する要因にはどのようなものがあるのだろうか。ここでは，経済的合理性，組織を取り巻く制度環境，女性労働の低価値化の3つを取り上げる。

1）経済的合理性　経済的合理性の理論に従えば，企業がファミリー・フレンドリー施策を展開するのは，それが優秀な労働力の確保に役立ち，従業員の生産性を上げ，離職やそれに関わるコストを抑制するなど，組織に対してプラス効果をもつためと見ることができる。すなわち，ファミリー・フレンドリーが経営戦略上合理的であるときに施策が展開されるといえる。一般的に男性よりも女性の方がより多くの家庭責任を負っている現実を考えると，とくに女性比率の高い企業において，女性従業員の離職や欠勤，また意欲・モラールや生産性の低下などが問題になりやすい。このように企業構成員の多くが家庭

責任を抱え,その結果組織全体の効率に影響が出やすい場合,企業は従業員の家族ニーズに配慮することにより,組織効率の維持または向上を試みるといえる (Friedman, 1990)。

　業種の特性も,企業のファミリー・フレンドリー制度導入判断に影響を与える。労働力が豊富な業種の場合,女性労働力の確保はとくに重要な課題ではなく,家庭責任のため離職する可能性が高い女性従業員は,離職コストが低く生産性があまり問題にならない職種に隔離し,離職が発生した時点で労働力の補充により対処することができる。労働力が豊富な業種の場合には,このような事業主の行動は合理的であるといえる。しかし,労働力が不足しがち,あるいは女性労働力に強く依存する業種の場合,事業主にとって女性労働力の確保は重要課題であり,確保のためにファミリー・フレンドリー施策が展開される可能性がある。このような場合,施策の組織効果が確実ではなくても導入展開される可能性が高い。このように労働力確保の容易さは,ファミリー・フレンドリー制度導入の背景要因となるが,市場の特性は事業所の女性占有率と相互に作用し合い,施策展開に影響を与える。つまり,女性労働力に依存する業種においては,事業所レベルでの女性占有率が高いほど施策展開の可能性が高まるといえる。

　2) 組織の制度的環境　　経済的合理性理論が事業主の合理的判断とファミリー・フレンドリー施策の展開を関連づけるのに対し,制度理論は組織が置かれている環境が雇用慣行の制度化に与える影響に注目する (DiMaggio & Powell, 1983; Meyer & Rowan, 1977)。制度理論の考え方によると,組織において雇用慣行が制度化される過程では,まずその慣行の合理性,効率性,また望ましさなどが社会的に認知され,それらについての関心が行政,経営,また一般の人びとの間に浸透することが前提になる。つまり,経済的合理性理論のようにファミリー・フレンドリー施策の展開が企業にとって本当に有効であるかという問題よりは,有効であるというある種のコンセンサスができ上がっていることが重要な前提となる。制度が働く母親のストレスを緩和したり,継続就労を可能にするなど,制度の効果に対して社会的な注目が集まると,企業に対する行政指導(たとえば,家族介護者に対する労働時間短縮の配慮や休業の提供など)が強化され,そのような慣行の制度化に対する一般の人々の関心や期待も

高まり，事業主としても対応を迫られることになる。この場合，事業所の規模や女性従業員の多さは，行政や一般に対するその組織の「目立ちやすさ」を高めるが，「目立ちやすい」事業所ほど制度導入へのプレッシャーを強く受けることになる。

3）女性労働の低価値化　ファミリー・フレンドリー施策の展開を抑制する要因もある。キルボーンら（Kilbourne *et al.*, 1994）による低価値化理論は，経済的報酬とその報酬を受ける個人の社会的価値との関係に注目し，とくに個人に対する価値付与の社会的過程がジェンダー化されている点を強調する。この理論によると，一般的に多くの社会では，女性の社会的価値は低く，女性的と考えられている社会的役割（たとえば，家庭役割）や，女性に特有といわれる技能（たとえば，細かい手作業や，対人ケア）の社会的価値を相対的に低くとることが多いという。そして，事業主が従業員の性に対してもつ価値観（たとえば，男女どちらの従業員の方がより高い報酬を受けるに値するか）は，女性を低価値化する文化の影響を受けている可能性が高く，女性占有率が高い仕事や職場ほど報酬はより低くなると予測する。したがって，ファミリー・フレンドリー施策が一般的に女性の家庭役割に応えるためのものととらえられるため，女性労働の低価値化傾向が強いほど，ファミリー・フレンドリー施策の展開は抑制されることを示唆している。

女性労働力の低価値化は，必ずしもあからさまな雇用差別という形でのみ生じるとは限らない。父権主義（paternalism）とは，父親と子どもとの間の関係にたとえられる，「守る者」と「守られる者」との関係を意味しており，組織に父権主義的な風土がある場合，女性は守られるべき対象として庇護を受け，男性とは異なる存在として取り扱われることになる。父権主義はあからさまな差別とは一線を画すものの，このような価値傾向が組織に存在すると，女性保護の認識につながる一方で，男女の処遇に格差が生じ，性差別的な結果を生むことになる。

(3) ファミリー・フレンドリーに効果はあるか

ファミリー・フレンドリーに対する社会的関心は高まりつつあるものの，企業には施策展開によってどのようなメリットがあるのかに関する効果測定はあ

まり行なわれていない。ファミリー・フレンドリーには従業員の福利厚生という面だけではなく，人材の確保・定着，また従業員モラールの向上など，経営戦略や人事戦略の面においても効果は大きいといわれるが，やはり，それが確実な証拠によって裏づけられない限り，コストを伴う施策展開にはつながりにくい。

決してファミリー・フレンドリー施策の効果測定研究が皆無なわけではない。事実，欧米の研究者を中心にこれまでにいくつもの研究は行なわれてきている。効果の指標として取り上げられたものは，企業の対コスト効果に関係するものが中心となっており，たとえば，従業員の募集・採用効果，離転職抑制，欠勤率の低減，また組織コミットメントの強化などである。これら以外にも，たとえば，労働組合化の回避，政府による規制への対応，社会的イメージの形成などの効果も指摘されている。

しかし，先行研究の結果が安定しているとはいいがたい。たとえば，フレックスタイムには一般的に従業員の怠惰，欠勤，また離職の抑制などの組織効果があることが指摘されている。しかし，従業員個人に対しては効果なしとする研究と，効果ありとする研究の両方が混在している。効果ありとする研究の一例を見てみると，看護師（99％が子をもつ母親）を対象に調査を行なったトーマスとガンスター（Thomas & Ganster, 1995）の研究によると，フレックスタイムはワーク・ファミリー・コンタクトやうつ傾向を緩和し，さらに身体的疾患や血中コレステロール値を低下させる働きもあるという。また，フレックスタイムは家族と過ごす時間を増加させる効果をもつという。しかし，仕事と家庭生活の葛藤を緩和する効果は，育児責任をもたない従業員に対してもっとも大きく，既婚または子どもがいる女性に対してはあまり効果がないことも報告されている。

このように，研究結果に安定性が欠けていては施策展開の後押しにはなりにくい。結果が不安定になるひとつの原因は，効果測定方法のばらつきにある。研究の中には従業員本人による自記式回答をもとにしているものもあれば，上司による評価を用いているものもある。また結果の不安定さの問題以上に，これらの結果が欧米企業で働く欧米人従業員を対象にした調査に基づくものであることから，研究から得られた知見が果たして日本の組織で働く日本人従業員

に対して同様に適用できるのか，やはり疑問が残る．したがって，それらの研究結果を日本企業における人的資源管理に反映させるには十分な説得力に欠けるといえる．

　ここでは上述した2002年調査のデータの一部を用いて，ファミリー・フレンドリーな職場環境が，働く親の①仕事と家庭生活の葛藤，②モラール，また③子どもの意識とどのように関係しているかを見てみよう．このデータの長所は，働く親だけではなくその子どもに対しても意識や経験をたずねているため，親と子どものデータをリンクし，親の職場環境が子どもの生活に与える影響を直接探ることが可能な点である．簡単に分析に用いた変数を紹介しておこう．まず，ファミリー・フレンドリーな職場環境は，親による自記式回答をもとに2つの側面にまとめた．第1に，「支援制度の利用に関する職場の雰囲気」は11種類の支援制度に関して，申請・利用に関する職場の風土を測定したものである（合成尺度）．第2に，仕事と家庭生活の両立に関わる職場風土として，「支援的な上司」（直属の上司が仕事と家庭生活の両立に関して理解を示し，支援的であるか），「仕事時間の柔軟性」（仕事のスケジュール調整等を自由に行なうことができるか），「仕事裁量の柔軟性」（仕事において裁量権を委ねられているか，自律的に仕事を行なうことができるか），「支援制度利用がキャリアにおよぼす悪影響」（職場で制度を利用すると，利用取得者のキャリア形成に悪影響があるか），そして「長時間労働の原則」（職場で長時間労働が期待されたり，家族よりも仕事優先といった雰囲気があるか）の4変数を用いている．

　仕事と家庭生活の葛藤については，前節で見たように時間，ストレイン，行動の3種類の葛藤を用いた．また，モラールとして「会社への愛着」（自分の会社がすばらしい働き場所であるといえる，選んで本当によかったと思う，など），および「離転職性向」（現在勤めている会社を辞めたり転職したりすることを考えているかどうか）を用いた．さらに，子どもの意識や生活経験として，「親との接触頻度」（会話，夕食など），「親の学校行事参加頻度」，「親の両立葛藤」（子どもから見て，親は仕事が原因で疲れやいらいらなどを経験しているか）の3つを用いた．

　ここではこれらの変数間の相関を見ることにする．厳密にいえば，相関だけではファミリー・フレンドリーの効果そのものについて言及することはできな

第3節　企業のファミリー・フレンドリー施策

表12-1　母親の職場環境と両立葛藤，モラール，および子どもの意識との相関

【母親の職場環境】	《母親》					《子どもの意識》		
	両立葛藤（時間）	両立葛藤（ストレイン）	両立葛藤（行動）	会社への愛着	離転職性向	母親との接触頻度	母の学校行事参加	母親の両立葛藤
支援制度利用に関する雰囲気	.042	.064	−.097	.287***	−.181***	.002	−.125*	−.010
支援的な上司	−.134*	−.179**	−.206**	.403***	−.329***	.009	.009	−.106†
仕事時間の柔軟性	−.393***	−.227***	−.163**	.260***	−.192***	−.018	.122*	−.141*
仕事裁量の柔軟性	.112†	.132*	.074	.278***	−.151**	.021	−.107†	−.083
支援制度利用のキャリア影響	.263***	.220***	.252***	−.251***	.224***	−.049	−.023	.119*
長時間労働の原則	.466***	.379***	.313***	−.097	.296***	−.070	−.048*	.127*

注）†$p<.10$; *$p<.05$; **$p<.01$; ***$p<.001$

表12-2　父親の職場環境と両立葛藤，モラール，および子どもの意識との相関

【父親の職場環境】	《父親》					《子どもの意識》		
	両立葛藤（時間）	両立葛藤（ストレイン）	両立葛藤（行動）	会社への愛着	離転職性向	父親との接触頻度	父の学校行事参加	父親の両立葛藤
支援制度利用に関する雰囲気	−.053	.032	−.038	.141*	−.097†	.080	.132*	.071
支援的な上司	−.065	.069	.018	.340***	−.084	.056	.129*	−.093
仕事時間の柔軟性	−.236***	−.148***	−.034	.365***	−.136*	.111*	.187***	−.125*
仕事裁量の柔軟性	−.017	−.053	−.020	.283***	−.193***	.111*	.065	.003
支援制度利用のキャリア影響	.234***	.197***	.255***	−.167**	.366***	.065	.003	.060
長時間労働の原則	.427***	.404***	.143***	−.168**	.272***	.068	.003	.131*

注）†$p<.10$; *$p<.05$; **$p<.01$; ***$p<.001$

いが，その可能性は推測できるはずである。

　表12-1と表12-2は，母親と父親それぞれについて，5つの職場環境変数と5つの親関連変数，および3つの子ども関連変数の間の相関をまとめたものである。結果を見て，まず最初に強調すべき点は，両親ほぼ同様に，ファミリー・

フレンドリーな職場環境とモラールの間には注目すべき相関関係があるということである。支援制度が利用しやすく，上司が部下の家族生活に理解を示し，また自律的に働くことができる職場であるほど，働く親たちの組織に対する愛着心は高まり，また離転職の可能性は低下する。逆に，支援制度を利用すると上司や同僚によく思われなかったり，長時間労働をよしとする雰囲気のある職場では，愛着心は低下し，離転職の可能性が高まる。もちろん，愛着も離転職性向も被験者の態度であるため，これらが労働生産性に対して直接影響を与えると断言することはできない。しかし少なくとも，今の会社を選んでよかったと思うこと，また自分の会社にこれからもとどまろうと考えることが，前向きな働き方を支える重要な要素になり得ることは想像できよう。

　相関を見る限りでは，職場で支援制度が利用しやすいかどうかは，中学生の子をもつ親の仕事と家庭の葛藤の度合いには関係していないようである。やはり休業や短時間勤務などの支援制度は，オールマイティに仕事と家庭生活の両立を容易にするものというよりは，子どもが幼少のころ，あるいは家族に要介護者がいる場合など，期間および状況が限定的な場合にのみ効果を発揮する可能性がある。逆に，両立葛藤を緩和できるかは，とくに母親の場合，上司が支援的であるか，また仕事時間を柔軟に調整できるかにかかっていることを結果は示唆している。これまでの研究も指摘するように，制度によるフォーマルな支援よりも，上司や同僚によるインフォーマルな支援の方が，日常的な葛藤の解消には効果的であるといえる。また，支援制度の利用が好意的に受け取られない職場や，長時間労働が暗黙の了解になっている職場では，両親ともに葛藤の度合いが高まる。とくに，長時間労働の原則の相関係数は，父母とも表中で最大規模である。

　親関連の変数に比べると，子どもの意識・経験と職場環境との間に際立つ相関は少ない。いくつかのポイントを挙げるならば，親の職場において長時間労働の原則が強いほど，子どもは親が家に帰ってもいらいらしたり，疲れていると感じやすい。これは両親ともにいえることで，親の仕事ストレスが家庭生活へとスピルオーバーしていることが示されている。また父親の場合，上司が支援的だったり，仕事時間が柔軟に調整できるほど子どもとの接触頻度や学校行事に参加する機会が増える。重要なことは，親がそのように感じているのでは

なく，子どもが実際にそのように認知していることである。さらに母親の場合，職場における長時間労働の原則は子どもとの接触や学校行事参加の機会を抑制する。わが国の現状では，子どもに対する日常的なケアは母親の役割とされる傾向が依然強いが，働く母親にとって長時間労働の原則はその役割遂行を脅かす可能性がある。

第4節　仕事と家庭生活の両立のための課題

　本章では働く人びとのワーク・ファミリー・コンフリクトと企業のファミリー・フレンドリー施策の2つについて見てきたが，最後に仕事と家庭生活の両立に関して重要な課題について述べておきたい。まず第1に，仕事と家庭生活の両立は休業制度の利用だけでは達成できないという点である。休業は仕事と家庭生活の両立を実現するための有効策のひとつだといえる。仕事から離れて家族のケアに専念することが必要な人にとっては休業が利用できることはとても重要なことだろう。しかし，本当に重要なことは「休むか休まないかの二者択一」，すなわち「休業を利用せずにフルタイムで働き続けること」と「休業を利用して完全に仕事から外れること」の2つの選択肢があることだとは限らない。現状では，正社員の短時間勤務は日本の企業ではあまり活用されていないが，おそらく今後は休業取得を希望するよりも，「勤務時間を短縮しながら育児や介護を行なう」という，第3の働き方を望む人が増加するのではないか。しかし，男性や管理職が実際に勤務時間を減らさないことには，女性や一般従業員が短時間勤務を希望することは容易ではないだろう。なぜなら，短時間勤務を希望することによりキャリア形成に影響が出るなど，ペナルティを受けることになるのではないかという心配を伴うからである。時間短縮をしないで働くことが基本で，時間短縮が特別措置であるという認識の変革が重要である。

　第2の点は，管理職の仕事と家庭生活の両立である。管理職ならば家族生活が犠牲になるのは仕方がないことなのだろうか。また，家族役割を重視する者は管理職として不適格なのだろうか。この問題の根底にあるものは，長時間労

働は利益追従のための必須条件で，管理職にとって長時間労働は不可避的とする考え方，すなわち「働き方の文化」である。これは企業が従業員の仕事と家庭生活の両立を支援すること自体例外的な措置で，仕事と家庭を両立することとキャリア形成（昇進）は調和不可能という考え方ともいえる。

なぜこれまで管理職は仕事と家庭生活の両立問題の対象外だったのだろうか。やはり，管理職は昇進という評価，およびそれに伴う報酬を受けているのだから「仕事も家族も」というわがままは許されないという考え方が経営者や働く人びとの間にあったのではないだろうか。管理職こそ仕事で能力を発揮する必要があり，その能力発揮のための方法は一元的であるべきではないだろう。そのためには働き方の「一元的長時間労働モデル」から「多元的労働モデル」へのシフトが重要になる。

第3の点は「働き方の文化」の変革の必要性である。仕事と家庭生活の両立を実現できるかどうかは，どれだけ組織が「働き方の文化」を変えることができるかにかかっているといえる。たとえば，「週40時間労働」の当たり前を変えることができるか。1週間当たりの所定内労働時間を組織全体で一律短縮できるか。残業しなくては仕事を終えることができないような仕事のあり方を見直すことはできるか。現在よりも従業員本人に働き方の裁量権を与えることはできるか。職場にいる時間（face time）で従業員を評価するのではなく，真の意味での労働成果で勤務評定することはできるか。

このような変革は，現状では組織の常識に反するものかもしれない。そして「働き方の文化」を変えることは決して容易ではないことは明らかである。しかし，「働き方の文化」を変えていかない限り，展開されるさまざまなファミリー・フレンドリー施策も一時的な「対症法的」なものにとどまり，大きな組織効果をもたらすことができずに終わってしまうのではないだろうか。

まとめ

- 本章では，働く人びとが経験するワーク・ファミリー・コンフリクトと，企業によるファミリー・フレンドリー施策に焦点を当てて論じた。本章のまとめとして4つの点を強調しておきたい。
- 第1に，ファミリー・フレンドリー施策には公式，非公式の両側面がある。

したがって，必ずしも公式に導入される制度だけがファミリー・フレンドリーというわけではなく，職場レベルにおける非公式な取り決めにも重要なファミリー・フレンドリー効果がある。とくに，日常的なワーク・ファミリー・コンフリクトの緩和に関しては，公式制度よりも非公式な取り決めの方が効果は大きいかもしれない。

- 第2に，幼少期の子をもつ親だけが両立支援を必要とするのではなく，思春期の子をもつ働く親に対する支援も重要である。働く親が経験するワーク・ファミリー・コンフリクトの質は子どもの成長とともに変化していく可能性が高い。子どもの幼少期が終わっても支援は必要であり，従業者のライフコースに合わせた支援制度の設計および運用が重要であることを認識しなくてはならない。
- 第3に，ファミリー・フレンドリーは「女性（あるいは母親）に優しい」制度としてとらえられることがあるが，ファミリー・フレンドリーな職場環境は女性だけではなく男性（あるいは父親）の意欲も高める。ワーク・ファミリー・バランスは男女共通のニーズだと企業が認識せずに，女性のニーズに応えるための施策として位置づけていると，男性のモティベーションを低下させる可能性があるともいえる。男性が自分のキャリアに不安を感じることなく支援制度が利用でき，上司が男性部下の家族ニーズに対しても理解を示し，男性ならば仕事優先は当たり前と決めつけない風土のある職場環境で働くことは，パフォーマンスを高める可能性は高い。
- 第4に，企業のファミリー・フレンドリネスとは，「働き方の文化」の問題である。暗黙の了解のうちに成り立つ長時間労働の規範など，組織の慣性に関するリエンジニアリングは決して容易ではない。しかし，それを抜きにして真のファミリー・フレンドリーはあり得ないだろうし，支援制度の効果を完全に引き出すことは困難であろう。

演習課題

1. 就業者の生活の中で実際に起こり得る W→FC および F→WC の具体的な状況例を考えなさい。また，男性と女性では，それらのコンフリクトの経験の仕方に差異はありますか。どのような形で男女差が現れるか検討し

なさい。
2. 企業が従業者のワーク・ファミリー・コンフリクトに対してきちんと対応しない場合，どのような問題が職場で発生すると考えられますか。
3. あなたの職場でファミリー・フレンドリー施策を展開する場合，具体的にどのような事柄がハードルになると考えられますか。また，それらのハードルを克服するためにはどのような対応策が必要になりますか。
4. 中小企業がファミリー・フレンドリー施策を展開するとき，どのようなことが問題となる可能性がありますか。
5. 長時間労働を是正するために，職場レベルでできることにはどのようなことがありますか。具体例を考えなさい。

---- トピックス　ファミリー・フレンドリー企業の３ステージ ----

アメリカの「家族と労働研究所」(Families and Work Institute) は，ファミリー・フレンドリー企業は段階を経て発展するという視点にたち，３つのステージに分類している。

ステージ１企業
　①ファミリー・フレンドリー施策は，主として育児責任を負う従業者の労働生産性の低下を防ぐことを目的に実施される。
　②育児支援制度が中心で，導入される制度の数は限られている。
　③社内の一部の担当者によって推進され，導入制度が少なくても十分と認識される。
　④基本的に従業者の家庭問題は個人の問題であり，企業は介入すべきではない，また特定層に対する支援は従業者間の不平等を生むため望ましくないと認識される。
　⑤全般的に，対症療法的な対策を展開する。

ステージ２企業
　①育児や介護などの家庭における問題は，従業者のライフサイクルの中で必然的に発生するもので，人的資源管理の面から対応が必要と認識される。
　②育児支援制度以外にも，多くの制度・措置が相互に関連づけられて実施される。
　③企業幹部が制度の導入や実施に直接関与し，専門部署が設置される。
　④従業者の仕事と家庭の葛藤から生じるストレスを緩和させるために，柔軟な働き方を可能にする制度をもつ。

⑤全般的に，統合的な対策を展開する。
ステージ3企業
　①従業者には仕事以外に自らの私生活や家族があり，これを尊重する必要があると認識される。
　②男女雇用機会均等施策の観点からも措置が実施される。
　③企業幹部は，仕事と家庭生活の両立支援を組織イノベーションの手段として認識し，企業文化の変革を試みる。部下の両立を容易にすることが管理職の責任となり，教育訓練など組織的な取り組みが行なわれる。
　④育児や介護に関わる周辺地域の活動に対して積極的な支援が行なわれる。

　しかし実際には，ステージ3レベルに到達している企業は多くはない。アメリカのステージ3企業には，たとえば，ジョンソン・エンド・ジョンソン，IBMコーポレーション，イーストマン・コダックなどが挙げられるが，国際的大企業であることが多い。一般的に，企業の多くはその実態においてステージ1レベル，あるいは未だ「ステージ0」レベルにとどまっている可能性が高いといえる。

文　献

DiMaggio, P. J., & Powell, W. W.　1983　The iron cage revisited: Institutional isomorphism and collective rationality in organizational fields. *American Sociological Review*, **48**, 147-160.

Fridman, D. E.　1990　Corporate responses to family needs. *Marriage and Family Review*, **15**, 77-98.

Greenhaus, J. H., & Beutell, N. J.　1985　Sources of conflict between work and family roles. *Academy of Management Review*, **10**, 76-88.

Kilbourne, B. S., Farkas, G. K., Beron, K., Weir, D. & England, P.　1994　Returns to skill, compensating differentials, and gender bias: Effects of occupational characteristics on the wages of white women and men. *American Journal of Sociology*, **100**, 689-719.

Meyer, J. W., & Rowan, B.　1977　Institutionalized organizations: Formal structure as myth and ceremony. *American Journal of Sociology*, **83**, 340-363.

Parasuraman, S., & Greenhaus, J. H.　1993　Personal portrait: The life-style of the woman manager. In E. A. Fagenson (Ed.), *Women in management: Trends, issues, and challenges in managerial diversity* Vol.4. Newbury Park, CA: Sage. pp. 186-211.

Parasuraman, S., Purohit, Y. S., Godshalk, V. M., & Beutell, N. J.　1996　Work and family variables, entrepreneurial career success, and psychological well-being. *Journal of*

Vocational Behavior, **48**, 275-300.
Pleck, J. H.　1977　The work-family role system. *Social Problems*, **24**(4), 417-427.
Powell, G. N.　1988　*Women and men in management*. Newbury Park, CA: Sage.
Small, S. A., & Riley, D.　1990　Toward a multidimensional assessment of work spillover into family life. *Journal of Marriage and the Family*, **52**, 51-61.
Thomas, L. T., & Ganster, D. C.　1995　Impact of family-supportive work variables on work-family conflict and strain: A control perspective. *Journal of Applied Psychology*, **80**, 6-15.
吉田　悟　2001　ワーク・ファミリー・コンフリクトの規定要因に関する検討——主要研究レビュー——　人間関係学研究, **2**, 73-88.

第Ⅴ部

経営組織心理学の応用分野

第13章

経営組織の国際化

　本章の目的は，ビジネスがますますグローバル化する今日，経営組織（以後「企業」という）のマネジメントはどうあるべきかについて，アメリカ経営学の枠組から検討することである。そのためにまずマネジメントとは何か，とくにその機能について概説する。そのうえでグローバル企業の諸活動のうち経営戦略，組織設計，人的資源管理のあり方について検討する。最後に，多様な文化の中で活動するグローバル企業はそれらの文化にどのように対応すべきかについて述べる。

第1節　マネジメントとは

　アメリカ経営学において，企業に限らずすべての組織を理解するためのキーワードは「マネジメント（management）」である。マネジメントは日本語では通常「経営」と呼ばれているが，正確にはマネジする人すなわちマネジャーの行なう活動を意味している。そして英語のマネジャーは日本語のマネジャーよりはるかに広い意味に使われる。企業内においては，一般従業員より上のいわゆる役付社員はすべてマネジャーである。マネジャーは中規模以上の企業では3つの階層に分けられ，トップマネジメント（top management），ミドルマネジメント（middle management）およびローワーマネジメント（lower management）からなる。マネジメントが3つの階層を成すのは日本でも同様で，それぞれ経営者，管理者および監督者と呼ばれる。これに一般従業員層（non-managerial employees）を加えて図示すれば，次ページの図13-1のとお

```
       経営者 ………… トップマネジメント
       管理者 ………… ミドルマネジメント
       監督者 ………… ローワーマネジメント
       一般従業員
```

図 13-1　マネジメントの階層

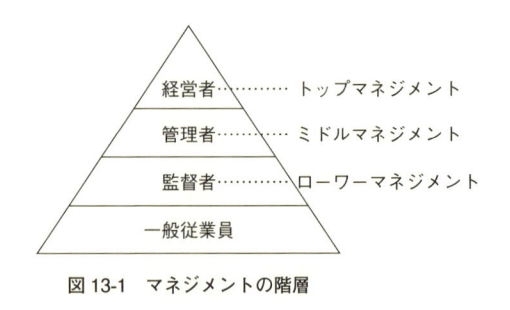

りである。

　日本の一般企業では，経営者階層は，経営陣，役員層とも呼ばれ，会長，社長，副社長，専務，常務，取締役（いわゆる平取）などから成る。管理者階層は，中間管理職とも呼ばれ，典型的には部長，課長がこれに相当する。支店長，工場長も中間管理職である。部長の上に本部長，事業（本）部長職が設けられるケースが多いが，取締役に任命されていない限り，これらも中間管理職である。監督者階層は，部下がいわゆる「役付」ではなく一般従業員である点が，経営者層および中間管理職との相違点である。伝統的には，係長，主任および工場の職長などがこれに当たる。

　したがって，マネジメント活動は言及されているマネジャーのレベルに応じて経営，管理，または監督することであり，これらを総合して，マネジメントとは「組織およびその構成単位を経営・管理・監督して組織目標を達成すること」と定義することができる（大津，2004）。

　それでは，マネジャーの行なう経営・管理・監督とは，より具体的にはどのような活動を意味するのであろうか。マネジャーの現実の活動内容は，担当する部署によって大いに異なるように見える。たとえば，製造部長と販売部長，経理部長と人事部長との間では，その職務内容に大きな差異があることは容易に想像できる。しかし，彼らの職務には，中間管理職として共通の部分がある。この共通部分は，中間管理職のみでなく，経営者層，管理者層にも存在する。そしてこの共通部分こそがマネジメントなのである。

　今日のアメリカ経営学の主流の考え方によれば，マネジメントを一連のプロセスとみなし，以下の4つの活動から成るとしている。それらは，計

画化 (planning)，組織化 (organizing)，指揮・命令 (leading) および統制 (controlling) の4つである。これらがマネジャーに共通の職務であり，マネジメントの4つの機能ともいわれる。マネジメントの機能の概要は以下のとおりである。

計画化とは，「組織の使命と目標を設定し，それらを達成するために必要な活動の方向を決定する」ことである。活動の方向は，基本方針 (policies)，プロジェクト (projects)，プログラム (programs)，手続 (procedures)，システム (system)，予算 (budgets)，戦略 (strategies) などにより決定される。

組織化とは，「組織目標を達成するのに必要な資源と活動を組み合わせて公式の組織構造をつくり，責任を割り当て，権限を委譲する」ことである。公式の組織構造は，組織の階層に反映され，命令系統 (chain of command)，部門化 (departmentalization)，コミュニケーションの流れなどを含む。さらに，職務の内容を知り，特定の職務を達成するために必要なスキルをもった部下をその職務に任命することも含む。

指揮とは，「部下に影響を及ぼして目標を達成すること」である。そのためには，権力，懲戒だけでなく，適切なリーダーシップスタイルに基づくコミュニケーション，動機づけなどにより，指示，命令，協力要請，諮問などを行なう。

統制とは，「計画された仕事が実際に達成することを確実にするための方法や手段を案出する」ことである。そのために必要な行動とは，遂行水準の設定，遂行測定方法の決定，遂行測定，遂行と水準の比較，必要に応じた修正行動の実施などである。

これら4つの機能は前述したマネジメントの3つのレベルのすべてで行なわれる。たとえば計画化をとれば，経営者は全社的な長期・中期・短期経営戦略を立てる。それに基づき各部門はそれぞれの計画を立てる。販売部門であれば部長は年間の販売計画を立てる。課長は担当する課の月間販売計画を立てる。さらに係長・主任クラスは担当するグループの週間販売計画を立てる。これは他のすべての部門についても同様である。また他の3つの機能についても同様である。

これらの機能の間で重要度において差はない。すべての機能が重要であり，

またそれらの間には綿密な調整が必要である。またこれらの機能は企業だけでなく，政府機関を含むすべての組織体の運営にとって不可欠である。さらにその必要性は特定の国や文化に限定されることなく，世界のすべての国，文化における組織体に共通する。これを「経営機能の普遍性（universality of management functions）と呼ぶ（Mosley et al., 1996）。

しかしながらマネジャーがこれらの機能を実行する方法については，組織，従業員，文化などのタイプに応じて多様なものがある。したがって国際企業にとって母国の本社における慣行をそのまま海外の事業所で実施する必要はない。現地の文化，従業員に適した方法で実施するほうがよりよい結果が得られるのは当然である。

第2節　企業の国際化

企業の国際化は一定のプロセスに従って進展するといわれる（Mosley et al., 1996）。日本企業で国際化がもっとも進んでいるとされる製造業を例に取れば，国際化は以下の段階をたどる。①限定的輸出，②継続的輸出，③海外販売支店（子会社）の設立，④ライセンス契約による海外生産，⑤現地生産・販売，⑥他機能の海外移転，⑦グローバル企業への進化。

このような発展のパターンは製品ライフサイクル理論に基づく（Taoka & Beeman, 1991）。この理論によると，新製品は，導入，急成長，競争的動乱，成熟，および衰退の5つの段階をたどる。企業の国際化の段階は主としてこの製品ライフサイクルの段階に対応している。なお，導入から衰退に至るプロセスは，あくまでも一製品についてであって，異なる段階にある多くの製品を同時に生産する企業のライフサイクルを意味するものではない。

新製品の導入の段階においては，製品は国内市場向けに生産される。この段階では輸出は行なわれない。急成長段階では多くの企業が市場に参入する結果，競争が起こり価格は下落する。この段階で国内市場が一時的に不振となった場合，企業は海外に市場を求める。その際多くの企業は海外市場についての情報に乏しいため，海外貿易を専門とする仲介業者（貿易商社）を通じて輸出

する。しかし国内需要が回復すると，輸出は中断する。

　競争的動乱期に入り国内市場における他企業との競争が激しくなると，企業は輸出のために継続的努力をするようになる。すなわち生産の一部は当初から輸出のために行なわれる。輸出はまず他の工業国へ，次に発展途上国に対して行なわれる。この段階においても輸出は仲介業者を通じて行なわれる。競争的動乱期の後期になり国内競争がますます激化するにつれて，輸出はより本格的となる。もはや仲介業者に依存することなく，企業は直接輸出に携わる。そのために海外販売支店が設立され，やがて現地法人の子会社となる。

　輸出がさらに拡大すると，輸出先国において保護主義政策がとられる。これを回避するために，現地生産が始まる。現地生産は当初，リスクが比較的低いライセンス契約がとられることが多い。これは現地企業に特許を含む生産（および必要に応じて販売）に必要なノウハウを提供する対価として，ノウハウ使用料（loyalty）を受け取るという契約である。ライセンス契約は低いコストで容易に海外から利益を得る方法である。しかし契約終了後（通常10年）契約の相手である現地企業が競争相手となるという欠点もある。事実，日本の多くの企業は1950年代60年代にこの方法で欧米企業から技術を獲得し，70年代以降彼らの強力なライバルとなった。

　したがって，有望な海外市場においては自社が直接生産し販売する方法がより魅力的となる。一方で，成熟段階に入ると国内市場の成長は期待できない。そのためすべての新規投資は海外で行なわれることになる。海外直接投資は全額出資子会社の設立，現地企業（工場）の買収，現地企業との合弁会社の設立等種々の形態をとる。輸出は減少し，やがて海外子会社で生産された製品が本国に逆輸入されるようになる。

　衰退の段階になると，本国において生産される製品は輸入品との競争に敗れ，本国における生産は停止する。企業は生産を維持するために海外の最適地（たとえば低賃金地域）での生産を拡大する。さらには生産・販売以外の機能（たとえば研究・開発）も世界の最適地に移転する。このようにして，国内企業はグローバル企業へと進化する。

　ここで，国際化とグローバル化という用語について言及する必要がある。企業が自国の国境を越えて海外で種々の事業活動を展開するようになるプロセス

という意味では国際化とグローバル化の間に大きな差異はない。しかしどのような戦略に基づいて海外で事業活動を行なうのかという点に関して，国際戦略とグローバル戦略の間には大きな相違がある。「国際」におけるキーワードは国（nation）であるのに対し「グローバル」においては地球（globe）である。したがって国際戦略においては国ごとに異なる戦略を想定する。この意味からは国際戦略は「国別戦略」であり，以後そのように呼ぶ。これに対し，グローバル戦略においては地球レベルの総合的・統一的戦略を想定する。もちろん国別戦略においても各国別戦略間の調整がはかられなければならないし，またグローバル戦略においても国別に多少の変化が必要になる。しかし，前者は競争すべき市場は多数の国別市場であるとするのに対し，後者では競争すべき市場はグローバル市場という1つの市場である，とする基本姿勢において両戦略は大いに異なる。

　戦略についての見方の相違は社会科学上のあらゆる分野の国際比較上の2つの見解，すなわち文化相対論（cultural relativism）および収斂仮説（convergence hypothesis）の反映といえる（Ohtsu & Imanari, 2002）。前者は国民文化（national culture）の多様性を強調するのに対し，後者は「豊かさの追求」など各国民間の共通性を強調する。本章では「国際化（またはグローバル化）の高度に発展した段階では，企業の国別戦略はグローバル戦略に向けて進化する」との立場をとる。以下ではグローバル企業の総合的戦略，組織設計および人的資源管理について検討する。これらは経営の4つの機能のうちそれぞれ計画化，組織化，指揮に相当する。

第3節　グローバル企業戦略

　イップ（Yip, 2003）によればグローバル戦略は以下の5つの要素からなる。それらは①グローバル活動拠点，②グローバル市場参入，③グローバル製品・サービス，④グローバル・マーケティングおよび⑤グローバル競争戦略である。
　グローバル戦略をとる企業は，先ずその価値連鎖（value chain）を世界規模で張り巡らし，各活動を世界の最適地で行なう（図13-2）。

```
A国          B国        C国        D国        E国           F国        G国
研究開発 ⟹ 設計  ⟹ 購買 ⟹ 製造 ⟹ マーケティング ⟹ 販売 ⟹ 物流
```
　　　　　　図13-2　グローバル価値連鎖活動

　このように研究開発を優れた科学者・技術者の多いA国で行ない，製品の設計を優れた設計者の多いB国で行ない，原材料・部品の購入を価格の安いC国で行ない，製造を労務費の安いD国で行ない，などである。このようにして各国のもつ比較優位性を利用してコストを削減することができる。この際各活動を一国で行なう必要はない。むしろ不測の事態に備えて，複数国で行なうのが普通である。これに対して純粋な国別戦略では，研究開発からサービスまですべての活動を各国ごとに行なう。各国の消費者のニーズに的確に対応することはできるが，多くの活動が重複し，無駄なコストがかかる。

　グローバル戦略の第2の要素はグローバル市場参入である。グローバル企業は世界のすべての国別市場に参入するのではない。以下の3つの条件を考慮してグローバル市場に参入するのである。①戦略的に重要な国，②グローバルなバランス，③グローバルな市場占有率，の3つである。先ずグローバル企業は戦略的に重要な国に進出する。戦略的に重要な国とは，①当該企業の売り上げまたは利益の大きな割合を占める国，②グローバル顧客の母国，③グローバル競争相手の母国，④グローバル競争相手の重要な市場，⑤当該産業のイノベーションの源泉国，などである。

　グローバルなバランスとは，当該企業の売り上げの地理的構成が，全企業の売り上げの地理的構成とほぼ一致していることである。グローバルな市場占有率とは，進出している国での市場占有率が高いことである。これは，短期間で市場占有率をあげることができる国に進出することを意味する。

　第3の要素はグローバル製品・サービスの製造である。グローバル製品とは完全に標準化された製品ではない。中核部分は標準化され，周辺部分は市場ごとに異なる特徴をもった製品である。グローバル製品の主な利点は，国別製品と比べてコストの低いことである。中核部分を標準化することにより，研究開発，購買，生産において規模の経済性を発揮することができるからである。

　第4の要素はグローバル・マーケティングである。グローバル・マーケティングも中核部分は標準化され，周辺部分は市場ごとに異なるマーケティング手

段（marketing mix）である。中核部分の大きさ（割合）は手段によって異なる。大きい順に，包装・容器，価格，製品，広告，物流，販売促進となる。たとえばコカ・コーラの容器は標準化されているのに対し，その販売促進方法は顧客へのアピールを考慮して国ごとに違う。グローバル・マーケティングの主要な利点もまたコストの削減である。たとえばテレビ・コマーシャルを各国別に多数作成した場合と，コカ・コーラのように世界共通のものを1つ作成した場合のコストの差は明らかである。またこのようにして節約した資金の一部を1つのコマーシャルに集中することで，その質を格段に向上させることが可能となる。

グローバル戦略の最後の要素は競争戦略である。グローバル競争戦略の目的は，各国別市場での競争に勝つことではなく，グローバル市場での競争に勝つことである。そのためには多様な戦略がとられる。たとえば，ある国からの利益を他国での競争に使う戦略，ある国での競争相手からの攻撃に対し他国で反撃する戦略，各国間で順序づけた競争活動（たとえば新製品の発売）をとる戦略，グローバル競争相手を目標として攻撃，回避，協力，買収などを行なう戦略などである。グローバル競争戦略の最大の利点は，当該企業の有する全世界的な資金を特定国における重要な競争行動に集中的に投入できることである。これに対して各国別戦略をとる企業は有効な対抗策をもたない。

以上からどの程度標準的なグローバル戦略が使用できるかは，製品およびマーケティング手段の中核部分（したがって周辺部分）の大きさに依存していることがわかる。すなわち中核部分の割合が大きければ大きいほどグローバル戦略がとりやすい。反対に周辺部分が大きな割合を占めるにつれて，戦略は限りなく国別戦略に近づく。この2つの部分の割合は産業によって異なる。中核部分の大きい例としては，医薬品（処方箋薬），航空機，自動車産業がある。小さい典型としては出版業が挙げられる。

これまでは，企業の全体的戦略について述べた。以下では機能別戦略のうち組織設計と人的資源管理について検討する。

第4節　グローバル組織設計

　グローバル企業はどのような組織構造およびプロセスを使用すればよいかを論ずるに当たり，まず組織設計について簡単に触れておく。

　組織設計の具体的な方法を部門化（departmentalization）という。部門化とは，「個人を職場の最小単位にまとめ，それをさらに部門やより大きな単位にまとめることにより，組織目的の達成を促進するプロセス」と定義される。もっとも基本的な部門化のパターンは，機能別部門化（functional departmentalization），事業部別部門化（divisional departmentalization）およびマトリックス部門化（matrix departmentalization）の3つである。

　部門化の最初のタイプは，機能別部門化である。その定義は，「共通の機能または同様の活動をまとめて組織単位とする方法」である。下記の図 13-3 は，典型的な機能別組織の図である。

　上記でライン部門とは企業目的に直結した部門，スタッフ部門とはそのライン部門を補助する間接部門である。「共通の機能または同様の活動をまとめて」というわけであるから，たとえば研究開発部であれば，研究開発をやっている人はみんなその部に入る。さらにその下に専門に応じていろいろ課があってよい。このように機能別部門化は専門性を重視した組織である。

　機能別組織がどんどん大きくなっていくと，その会社が製造している製品や取引している顧客の種類も数も非常に増えてくる。また地理的範囲も拡大して

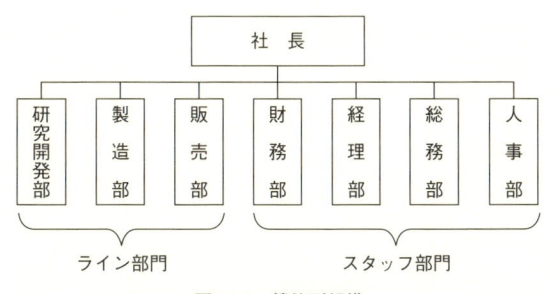

図 13-3　機能別組織

くる。したがって何らかの方法で事業を分割する必要が生ずる。分割の基準としては通常「製品」「地域」「顧客」の3つがある。これが事業部別部門化であり，日本では通常，事業部制といっている。事業部制の定義としては，「単一の事業に関連するすべての機能を一まとめにする部門化」である。図13-4は事業部別部門化の組織図であり，これは製品別になっている。

下図でスタッフ部門は全社単位となっているのに対して，ライン部門は事業部別に分かれている。そして事業部の中にはすべてのライン機能が1セットある。各事業部はそれぞれが独立した会社のように運営されている。これを独立採算制といい，事業部同士を競争させて全社的業績をあげることができる。

部門化の第3番目のタイプは，マトリックス組織である。マトリックスとは数学でいうところの行列であるから，縦と横から成る。通常のマトリックス組織は，機能別組織（縦）と製品，顧客または地域別事業部制組織（横）を組み合わせたものである。しかしグローバル企業のマトリックス組織は製品別組織（事業）と地域別組織を組み合わせたものである。

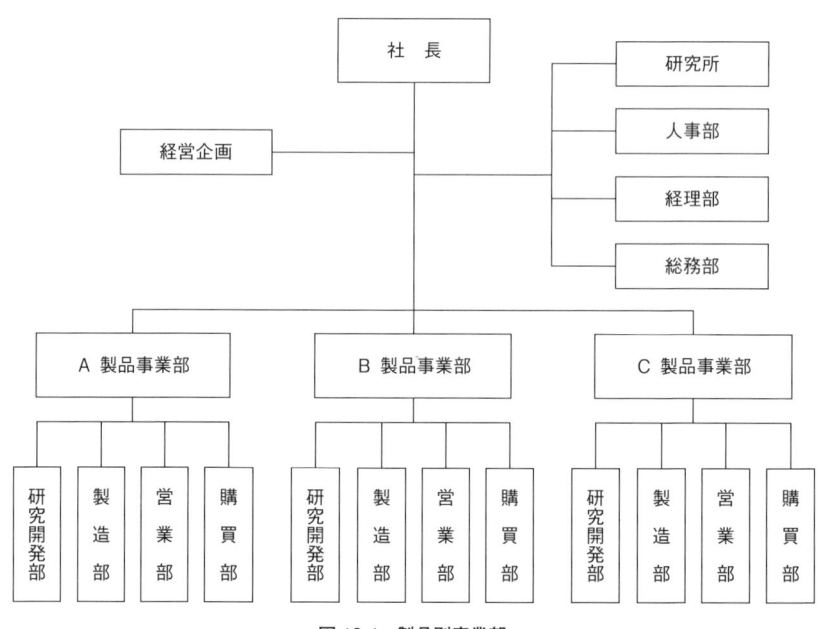

図13-4 製品別事業部

下図13-5はグローバルマトリックス組織の一例である。

グローバル組織戦略の特徴として，①（製品別）事業部長のグローバルな権限，②本社組織における国内／海外部門の分割の欠如，③地理的側面より事業的側面の重視の3つがある。第1の特徴は，国内を含め各国における特定の事業 (lines of business) の責任者は，単一のグローバル総責任者の指揮・監督下に入ることを意味する。そしてこの総責任者は担当する事業のグローバル収益（採算性）について全責任を負う。第2の特徴は，本社内に海外事業所を統括する「海外（国際）事業部」を置かないことを意味する。そうすることによってはじめて，国内事業と海外事業を一体化したグローバル戦略が可能となる。

第3の特徴は，国別総責任者（海外支店長，現地法人社長）に対しては強い権限を与えず，前述したようにグローバル事業部長の管轄化に置くことを意味する。これに対して国別戦略では当然のことながら国別組織は本社に対して強い自立性をもち，また国別総責任者に対しては強い権限が与えられる。グローバル組織における国別総責任者の権限は，担当する国内におけるすべての事業間の調整，ならびにその国における当該企業の代表者としてホスト国政府，供給業者，流通業者，顧客，および地域グループとの折衝に限定される。

このような組織構造を運営するためには，以下の管理プロセスが必要とな

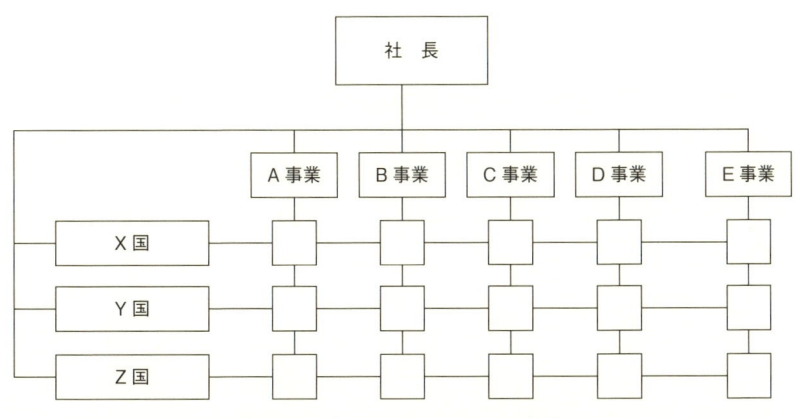

図13-5 グローバルマトリックス組織

る。まず，本社および各国事業所が新しい知識および戦略情報を収集し共有すること，そしてそれに基づき協力して活動を調整することである。次に，グローバルなレベルで戦略計画および予算を立てること，顧客を管理すること，および人事評価を行なうことである。最後の点は以下に述べるグローバル人的資源管理に密接な関連がある。

第5節　グローバル人的資源管理と国民文化

　人的資源管理についてはさまざまな側面がある。人員計画，募集・採用，訓練，賃金管理，昇進，退職管理などである。ここではグローバル企業における人的資源管理の個々の側面に重要な影響を与える人員配置の基本的傾向（predisposition）と部下の動機づけについて，文化との関連において検討する。

　グローバル企業の文化に対する基本的姿勢については，4つの異なる傾向があるという（Hodgetts & Luthans, 2000）。それらは自国文化中心主義（ethnocentrism），多国文化中心主義（polycentrism），地域文化中心主義（regiocentrism）および地球文化中心主義（geocentrism）の4つである。自国文化中心主義とは，自国の文化がもっとも優れていると信じて行動する傾向である。多国文化中心主義とは，それぞれの国の文化を尊重する傾向である。地域文化中心主義とは，複数国からなる地域の文化を尊重する傾向である。最後に地球文化中心主義とは，国家・地域を越えた世界文化の存在を信じ，育成し，尊重しようとする傾向である。

　自国文化中心主義に基づく人員配置とは，海外事業所の重要なポジションを本社から派遣する自国人によって占めるというものである。多国文化中心主義では，海外事業所が存在する国ごとにその国の人びとを重要なポジションに任命する。地域文化中心主義では，特定地域（たとえばEU）内の重要なポジションにはその地域に属する国の人びとを任命する。地球文化中心主義では，本社を含むすべての重要ポジションを，国籍を考慮せずそのポジションにもっとも適した人びとで占めるというものである。これら4つの方法のうち第1の

自国文化中心主義は海外においてもっとも文化的摩擦を起こしやすい。第2・第3の多国・地域文化中心主義はそれぞれ国別戦略・地域別戦略にふさわしい。このように考えるとグローバル戦略にもっともふさわしいのは地球文化中心主義といえる。これはグローバル企業が高度に発達し，株主と取締役が多くの異なる国籍の人びとから構成された状態を想像すれば容易に得られる結論である。

以上のいずれかの方法で任命されたグローバル企業の管理者にとって重要な任務は，往々にして国籍の異なる部下の業績をいかにして向上させるかである。個人の業績に影響を与える要因については以下の方程式がよく知られている（Schermerhorn, 2003）。

$$個人業績 = 能力 \times 努力 \times 組織支援$$

すなわち個人の業績は，その個人の能力と努力と組織の提供する支援の積であり，どれが欠けても業績はあがらない。ここで組織支援とは個人が能力と努力を向上させるために必要な支援を企業および上司が提供することである。能力向上に必要な支援は種々の能力開発プログラムである。それでは努力の向上に必要な支援とは何であろうか。これは一口でいえば「動機づけ（motivation）」である。動機づけ理論についてはすでに第3章・第4章で述べられたのでここでは触れない。以下では努力に影響を及ぼすもう1つの要因である「価値観」について述べる。経営行動心理学の立場からは，個人の価値観と行動様式について，以下の関係を想定する（Schermerhorn *et al.*, 2004）。

$$価値観 \rightarrow 態度 \rightarrow 行動（努力）$$

すなわち，個人の価値観（values）は態度（attitudes）に影響する。価値観とは「何が正しく，何が間違っているか，何が良く，何が悪いか，何が重要で，何が重要でないか，についての基本的信念」である。個人は価値観を両親，友人，教師などから学び，そのルーツは少年期に形成されるという。価値観が一般的な信念であるのに対し，態度は特定の状況における対象物や人に対する「好き，嫌い」の感情である。たとえば，「仕事においてもっとも重要なのはやり甲斐である」という価値観をもつ人が，やりがいのない仕事に配属された場

合，「この仕事は嫌いだ」という態度をもつ。このように個人の内部に存在する態度は，行動（behavior）となって外部に現れる。仕事が嫌いな個人は仕事を一生懸命行なわない。すなわち努力をしない。この例からも，個人の価値観を正しく認識することがマネジメントにとっていかに重要であるかが明らかである。

個人の価値観はその生い立ちによって多様であるが，特定のグループの間ではある程度共有される。共有された価値観，態度および行動様式を「文化」という。グループは小さなものから大きなものまで多種多様であるが，経営組織心理学において通常取り上げられるのは，国家と組織，すなわち国民文化（national culture）と組織文化（organizational culture）である。グローバル企業にとって，活動する国々の国民文化は重要な外部環境要因である。一方従業員の共有する組織文化は重要な内部環境要因である。これらにどのように対応するかがグローバル企業にとって重要であることは論を待たない（一例として章末に「トピックス」を挙げる）。

国民文化の比較についてもっともよく知られている研究は，オランダの心理学者であるホフステード（Geert Hofstede）によって行なわれた。彼は1970年代にグローバル企業であるIBMの70カ国以上の現地子会社で働く12万人近くの従業員を対象に，国民文化の主要な側面（要因）について比較研究を行なった。予備的研究の結果，以下の4つの要因が国民文化の主要な要因をなすことが判明した。①権力の距離（power distance），②不確実性の回避（uncertainty avoidance），③個人主義（individualism），④男性度（masculinity）の4つである。

権力の距離とは，グループの成員間の身分・地位と権力の相違を受け入れる程度である。この距離が長い文化では受け入れる程度が高く，短い文化ではその程度が低い。組織内において前者では階層や地位の差が容易に受け入れられるのに対して，後者では反対である。ホフステードのサンプルでは中南米諸国は前者であるのに対しイスラエルやオーストリアなどは後者である。日米比較では日本のほうがアメリカより階層や地位の差を容易に受け入れる傾向が強い。

不確実性の回避とはリスクと不確実性を不快と感じる程度である。不確実性回避の高い文化ではリスクを避け，明確性を好むのに対し，低い文化ではその

反対である。組織内において前者は構造化と規則を好むのに対し，後者では柔軟性と個人の率先性が好まれる。ギリシャ，ポルトガルは前者の典型であるのに対し，後者の典型はシンガポール，香港，デンマーク，スウェーデンである。日米比較では日本のほうがアメリカより不確実性回避の傾向ははるかに強い。

　個人主義とは自分自身および直接の家族の幸福を第1と考える文化である。これに対して集団主義とはグループに属することおよびグループへの忠誠心と引き換えに成員間でお互いに助け合う文化である。組織内において前者は個人の能力や業績を重視するのに対し，後者は個人の協調性とグループの業績を重視する。もっとも個人主義の強い文化はアメリカ，イギリス，オーストラリアなど英語圏諸国の文化であるのに対し，もっとも集団主義の強い文化はガテマラ，エクアドル，パナマなど中南米諸国の文化である。日本は諸国の中ではほぼ中位にあるが，アメリカと比べるとはるかに集団主義的である。

　最後の男性度とは社会における価値を成功，金，物質に求める傾向のことである。反対に女性度とは他人に対する思いやりや生活の質に価値を求める傾向である。組織において前者は競争，給与，昇進を重視するのに対し，後者は協力，友好的雰囲気，および雇用保障を重視する。ホフステードによれば男性度のもっとも高い国は日本であり，もっとも低い国はスウェーデンなど北欧諸国である。アメリカは男性度がやや高いが日本よりははるかに低い。

　このような文化的差異はマネジメントにどのような影響を及ぼすであろうか。第1節で述べた「経営機能の普遍性」から，4つの経営機能の必要性はすべての国，文化における組織体に共通する。しかし文化はマネジャーがこれら

表13-1　ホフステードの文化要因とマネジメント・スタイル

文化要因		計画化	組織化	指揮・命令	統制
権力格差	大	集権的	多階層	権威主義的	直接的
	小	分権的	少階層	民主主義的	間接的
不確実性回避	高	低リスク	多規則	低離職率	強
	低	高リスク	少規則	高離職率	弱（自己責任）
個人主義			個人の職務	率先性	個人責任
集団主義			グループワーク	忠誠心	連帯責任
男性度	高		階層	競争	
	低		ネットワーク	平等	

の機能を実行する方法，すなわち「マネジメント・スタイル」に多大な影響を及ぼす。ホフステードの文化の4要因がマネジメント・スタイルに及ぼす影響については，表13-1に要約することができる。

表13-1から，たとえば権力格差の小さなアメリカでは民主主義的，大きなギリシャでは権威主義的なマネジメント・スタイルが好まれる。本章末のトピックスに挙げた対立の原因はこれらの基本的価値観の相違に由来するといえる。このように，グローバル企業はとくに部下の管理については文化と整合的なマネジメント・スタイルをとる必要がある。しかし次節で述べるようにこれは必ずしも多国文化中心主義的アプローチを取るのが常に正しいことを意味するものではない。

第6節　グローバル組織文化の創造

国民文化と同様，組織文化もまたグローバル企業のマネジメントにとって重要な要素である。それは組織の内部環境要因として，マネジメントの諸機能，とくに第4の統制機能に密接に関連している。

組織文化とは「組織の成員を結び付ける共通の価値観（values），態度（attitudes），および行動（behavior）のシステム」と定義することができる。組織文化には機能と逆機能があり，前者にはモティベーション促進機能と組織統合機能の2つがある。

国民文化の担い手である国家は，多くの場合自然発生的な民族国家であるのに対して，組織，とくに企業は意図的につくられた合目的な存在である。企業文化は創設者の強い価値観や経営理念を反映しており，時代とともに強化され，慣行や社則のもととなっている。したがって組織の成員にとっては，組織文化を内部化し，組織目的を共有すること自体が彼らの内的動機づけを高め，好ましい職務遂行につながる。組織統合機能とは，多様な価値観や態度をもつ組織の成員を共通の目的に向かって結びつけることにより，成員間の対立を緩和・解消するという効果である。

組織文化の逆機能は，いったん組織文化が確立されるとそれは固定化・硬直

化する傾向にあることから生じる。外部環境は常に変化し，組織はその変化に適応しなければならない。近年のIT化やグローバル化のような環境の激変期には，組織の適応力がその存亡を決定するといっても過言ではない。組織が変化を必要とするときに，硬直的な組織文化は障害となる。これが組織文化の逆機能である。

グローバル企業の国民文化に対する基本姿勢には，自国文化中心主義，多国文化中心主義，地域文化中心主義，地球文化中心主義の4つがあることについては既に述べた。これらと組織文化とはどのように関連しているのであろうか，企業のグローバル化の発展段階にそって見てみよう。

グローバル化の初期の段階では，企業は本社においてはもちろん，海外事業所においても，自国文化主義に基づく組織文化を前提としたマネジメントを行なう。その結果，海外事業所において「トピックス」で述べられるような摩擦が生じる。

海外事業年数の経過とともに，海外事業所において多国文化中心主義が取り入れられ，本国とホスト国文化に基づく「ハイブリッド」組織文化が作られる。しかしそのような動きは本社の組織文化には何の影響も及ぼさない。したがって，本社と海外支社には二元的な組織文化が存在し，両者間で摩擦が生じる。

進出先国の数が増えると，世界の多数の事業所で異なるハイブリッド組織文化が作られる。本社の組織文化は依然として変化しない。したがってこの段階では海外事業所の自律性が最大限発揮される国別戦略が最適となる。この段階ではまた海外事業所では，本国人，ホスト国人の他に同一地域からの第3国人（たとえば，マレーシアの日系企業における香港出身のマネジャー）も働くようになる。その場合には，日本の文化と東南アジア共通の地域文化に基づくハイブリッド組織文化がつくられる。

グローバル化がさらに進み，グローバルな統一戦略のもとに本社および海外事業所間の緊密な連携が必要となると，国別に異なる戦略をもつことは，グローバル戦略の実施にとって障害となる。一方本国においても本国人の他に外国人社員が増える。現業レベルだけでなく，管理者層やトップ経営陣に"inpatriates"と呼ばれるホスト国出身者が任命される。さらには企業の資本構成を反映して，取締役にも外国人が選出されるようになる。この段階で本国

においても自国文化中心主義を維持することは不可能となり，組織文化の見直しが必要となる。ここで組織文化の逆機能が表面化し，いかにして現存の組織文化を変革してグローバル企業にふさわしい組織文化をつくり出すかが，トップマネジメントにとって重要な課題となる。そのような組織文化の前提となるのが地球文化中心主義であることは論を待たない。

これまではグローバル企業内における国民文化の対立という観点から述べてきた。しかし文化を構成する基本的要素は前述したように個々人の価値観，態度，行動様式である。それらは同一国内においても個人間で多様であり，国民文化はその平均値に過ぎない。また国籍の他に，性別，年齢等さまざまな属性ごとに平均値は異なってくる。グループの平均値のみで論じることは，「ステレオタイプ化」することであり，正確な認識の妨げとなる。このように考えると，グローバル企業のトップマネジメントにとって真に必要なのは，本社を含むすべての組織単位におけるメンバーの多様性（diversity）の認識に基づく新しい組織文化の創造であるといえよう。

第7節 結　　論

第3節で述べたように，グローバル企業は競争優位性を確保するために単一のグローバル戦略をとる必要がある。経営戦略論が教えるように，企業にとって戦略上もっとも重要なのは，明確な「組織使命（organizational mission）」すなわち「組織が存在する理由」をもつことである。そして組織使命の重要な要素が成員間に共通な価値観，態度，および行動様式からなる「組織文化」なのである。

グローバル企業は一方ではグローバルな組織文化を開発・強化すると同時に，他方ではローカルな国民文化を尊重するという矛盾した要求を満たさねばならない。それはどのようにして可能であろうか。第3節でグローバル戦略について述べたように，文化についても「中核部分は標準化し，周辺部分は多様化する」ことによりそれは可能となる。どのようにして標準的な組織文化の中核部分を開発・強化するかについては組織開発の上級書に譲りたい（たとえば

Adler, 2002)。

まとめ

- マネジメントに共通な機能とは①計画化，②組織化，③指揮・命令，および④統制の4つである。
- 企業の国際化は以下の段階をたどる。①限定的輸出，②継続的輸出，③海外販売支店（子会社），④ライセンス契約による海外生産，⑤現地生産・販売，⑥他機能の海外移転，および⑦グローバル企業化。
- グローバル経営戦略は以下の5つの要素からなる。①グローバル活動拠点，②グローバル市場参入，③グローバル製品・サービス，④グローバルマーケティング，および⑤グローバル競争戦略。
- 組織設計の基本的パターンには①機能別組織，②事業部制，および③マトリックス組織の3つがある。
- グローバル企業は通常，製品別組織と地域別組織を組み合わせたマトリックス組織構造をとる。
- グローバル企業の国民文化に対する基本的姿勢には①自国文化中心主義，②多国文化中心主義，③地域文化中心主義，および④地球文化中心主義の4つがある。
- グローバル企業にとって好ましい組織文化とは，中核部分は標準化し，周辺部分は多様化した文化である。

演習課題

1. グローバル経営戦略は国際経営戦略とどのように異なるか。
2. 企業の国際化の最終段階とはどのようなものか。
3. グローバル企業はどのような組織設計をすべきか。
4. グローバル企業は多様な国民文化にどのように対処すべきか。
5. グローバル企業にとって組織文化はどのような役割を果たすか。

トピックス　異文化コミュニケーションのむずかしさ

（文中で，（　）内は各人が心の中で思ったこと，「　」内は各人の発言，──内は事実についての補足である）

アメリカ人上司：（部下に一方的に命令するのはよくない。部下の自主性を最大限尊重すべきだ。）「この件について報告書を作成してもらいたいが，何日かかるかね。」

ギリシャ人部下：（上司が命令するのは当然だ。部下がそれに従うのも当然だ。）「さあ，何日で作成すればよいでしょう。」

アメリカ人上司：（部下はなぜ自主性を発揮しないのだろう。）「この仕事については君のほうがよくわかっていると思うが。」

ギリシャ人部下：（なぜ明確な指示をしないのだろう。とにかく何らかの答えをしなくては。）「多分 10 日ぐらいでしょうか。」──何の根拠もない数字──

アメリカ人上司：（彼は仕事にかかる時間の推定をする能力がない。10 日ではとても無理だ。）「それでは 15 日としよう。それでよいね。」──実際はこの仕事は 1 ヶ月かかる仕事だった──

ギリシャ人部下：（ようやく命令が出た。とにかく命令には従わなければならない。）「はい。」──部下は残業をして必死に働いたが，仕事は終わらなかった──

アメリカ人上司：「約束の 15 日がたった。報告書を提出してもらいたい。」

ギリシャ人部下：「まだできていません。明日中には提出します。」

アメリカ人上司：（彼は約束を破った。無責任な部下だ。責任を追及しなければならない。）「しかし今日できると約束したではないか。」

ギリシャ人部下：（もともと命令が無理だった。できないのは無理な命令を出す上司が悪い。それに上司は私の努力をぜんぜん認めてくれない。こんな上司のもとで仕事を続けたくない。）「会社を辞めさせていただきます。」

アメリカ人上司：「……。」──予想していない部下の反応に驚く──

(Triandis, 1977)

文　献

Adler, N. J.　2002　*International dimensions of organizational behavior* (4th ed.) Cincinnati, OH: South-Western.

Deresky, H. 1997 *International management: Managing across borders and cultures* (2nd ed.), Reading, MA: Addison-Wesley.
Hodgetts, R. M., & Luthans, F. 2000 *International management: Culture, strategy, and behavior* (4th ed.) Boston, MA: McGraw-Hill.
Hofstede, G. 1980 *Culture's consequences: International differences in work-related values.* Beverly Hills, CA: Sage Publications.
Mosley, D. C., Pietri, P. H., & Megginson, L. C. 1996 *Management: Leadership in action* (5th ed.) New York: Harper Collins.
Ohtsu, M., & Imanari, T. 2002 *Inside Japanese business: A narrative history, 1960-2000.* Armonk, NY: M.E. Sharpe.
大津　誠　2004　経営学総論─アメリカ経営学と日本の経営　創成社
Schermerhorn, J. R. Jr., 2003 "The individual contributor ─ Hidden value for improved organizational performance?" 中部大学　経営情報学部論集．17（1）（2），29-42.
Schermerhorn, Jr., J. R., Hunt, J., & Osborn, R. N. 2004 *Core concepts of organizational behavior.* Hoboken, NJ: John Wiley & Sons.
Taoka, G. M., & Beeman, D. 1991 *International business: Environments, institutions, and operations.* New York: Harper Collins.
Triandis, H. C. 1977 *Interpersonal behavior.* Montrey, CA: Brooks / Cole.
Yip, G. S. 2003 *Total global strategy II.* Upper Saddle River, NJ: Prentice-Hall.

第14章

病院組織の管理

第1節 わが国の医療制度のあり方

　医療はきわめて制度依存的な存在である。社会の仕組みや制度が異なれば，医療そのものの姿も大きく異なる。

　本節では，病院管理，医療管理に関わるいくつかの心理学的問題を論じるのに先立って，まずわが国の医療制度のあり方を概観する。

（1）医療提供施設の種類

　広義の医療とは，保健・医療・福祉の連携のもと，健康の保持，健康増進，疾病予防，疾病早期発見，早期治療，末期医療，リハビリテーション，介護に至る広範なサービスを提供するものを指す。そのため医療提供施設には保健サービス施設（保健所，市町村保健センター，健康増進施設）を含むことになるが，本書ではこれよりやや狭く，わが国の医療施設のあり方を定めた法律である医療法に挙げられている施設に限定して整理する。医療施設は，病院，診療所，その他（助産所，老人保健施設など）に大きく分けられる。

　1）病院　　医師（または歯科医師）が医業を行なう場で，20人以上の収容施設（入院病床）を有するものを病院という。

　病院は大きく，一般病院，精神病院，結核療養所に分けられ，2005年7月現在のわが国総病院数9,032は，一般病院7,952（88.0％），精神病院1,079（11.9％），結核療養所1（0.0％）の割合である。

　一般病院の中には，500床以上の所定の設備を備えた高度医療を行なう特定

機能病院（大学病院など全国で82病院），地域のかかりつけ医との連携を支援する地域医療支援病院（99病院）がある．前者は厚生労働大臣，後者は都道府県知事の承認を得たものである．

2) 診療所　医師（または歯科医師）が医業を行なう場で，患者の収容施設20人未満のものを診療所という．このうち収容施設をまったく有しないものを無床診療所，19人以下の収容施設を有するものを有床診療所という．2005年7月現在，診療所総数97,819のうち，無床診療所83,551（85.4％），有床診療所14,268（14.6％）である．

3) その他の施設　助産師がその業をなす場を助産所という．収容できる妊産婦・褥婦（出産直後の女性）の人数は10人未満と定められる．助産師が，委託医との連携を保ちながら，助産，妊婦・褥婦や新生児の援助を行なう．

老人保健施設は，病状が安定した高齢患者が短期間に機能訓練を行なう施設で，病院とも老人ホームとも異なる家庭復帰のための療養を行なうものである．

（2）わが国の医療制度の特徴

1) 保険医療制度　一般に人がサービスを受ける場合，その受益者が代価を支払う．しかし医療の需要は，他のサービス購入の場合のように，自分の支払い能力を考慮して購入を控えたり取り止めたりできるものではなく，支払い能力を超えた緊急性や絶対的必要性を有するものである．そのため医療需要の充足においては個人の支払い能力という障害を除去することを考える必要がある．

医療費の支払い形態には，患者自費，保険，公費などの種類が考えられるが，わが国では保険制度を中心とした医療供給体制を整備している．わが国の医療制度の特徴の多くは，わが国の医療保険制度の特徴ともいえる．

わが国の医療保険には，被用者保険（事業所に使用・雇用されている者を被保険者とする保険）と国民健康保険（自営業，一般地域居住者を被保険者とする，市町村の健康保険）がある．

わが国における医療保険の特徴として，①国民皆保険，②社会保険方式，③現物給付，④出来高払い，⑤医療機関の自由選択を挙げることができる．

①国民皆保険：日本国民全員に，住居地または職域団体による何らかの健康

保険に加入することを強制するもの。終戦直後，医療保険の適用者は全国民の約2分の1であったが，その後の被用者保険の適用拡大，市町村公営の国民健康保険の全国普及が進み，1961年から皆保険となった。

②社会保険方式：保険を運営する団体が被用者から保険料を徴収してその団体を運営し，その中から医療費を支払う方式のこと。ただしわが国では社会保険方式でありながらも，すべてが保険料で賄われているわけなく，税金も投入されている。

③現物給付：社会保険の医療給付として，現金（療養費の給付）ではなく医療サービスそのもの（療養の給付）を給付することを現物給付という。

④出来高払い：診療行為個々の合計が診療報酬として請求される仕組みのこと。ただし現在では包括払い制が一部に導入されている。

⑤医療機関の自由選択（フリーアクセス）：保険診療に関して，患者は保険医療機関であればどこでも自由に受診できること。

2) 保険診療の仕組み　わが国における保険診療の仕組みは，次のような流れになっている。

①被保険者（保険に加入し，必要なときに保険給付を受けることができる人）は，保険者（保険事業を運営するために保険料徴収や保険給付を行なう運営主体）に対して，毎月一定額の保険料を支払う。

②保険者は被保険者に対し，健康保険証を発行する。

③被保険者が患者として医療機関（保険医療機関）を受診する場合，窓口で保険証を提示して診察・治療を受け，医療費の一部負担金を医療機関に支払う。

④医療機関は，患者別に1ヶ月分の診療報酬明細書（レセプト）を作成し，審査支払い機関（社会保険診療報酬支払基金，または国民健康保険団体連合）に提出する。

⑤審査支払い機関は提出されたレセプトを査定し，問題がなければ保険者に送付する。

⑥レセプトを受け取った保険者は，再度レセプトの審査を行なったうえで，医療機関別に診療報酬をまとめて支払う。通常，保険請求から支払がなされるまでの期間は2ヶ月程度である。

3）診療報酬制度　このように，医療保険制度のもとで，医師が医療保険制度に基づく診療行為を行なった場合に，その診療行為に対して報酬が支払われる制度のことを診療報酬制度という。診療報酬は，医療保険が適用される診療行為を，「保険医」の登録を行なった医師が，「保険医療機関」の指定を受けた医療機関において提供した場合にのみ支払われる。

なお診療報酬の価格（1点単価10円の点数表示）は，診療報酬点数表によって詳細に定められた公定価格である。医学・医療の進歩を取り入れるため，中央社会保健医療協議会（厚生労働大臣の諮問機関）によって，この点数は定期的に改訂される。

4）わが国の医療制度のその他の特徴　次に，上述した保険医療制度以外の，わが国の医療制度（医療供給体制）の特徴を挙げておく。

病床規制（地域医療計画）：医療法では，都道府県において，医療圏の設定と地域医療計画の策定を義務づけている。これは日常生活圏域（二次医療圏＝入院医療レベル）で完結する医療を確保するためのもので，全国369（2003年現在）の二次医療圏ごとに基準病床数，医療施設の整備目標などを規定するものである。基準病床数は，当該地域の病床整備目標を示す意味の他，それ以上の病床増加を抑制するという規制的意味も有し，病床過剰地域においては都道府県知事が病院を開設しないよう勧告することとなる。

非営利性：医療法では，営利を目的とする医療機関には開設許可を与えず，また余剰金の分配を行なってはならないことが規定されている。すなわち医療機関には非営利性が求められる。このため開設者には法人格を与えて資金調達を容易にし，医療機関の運営に継続性と健全性を担保する目的から，医療法人制度（1950）が整備されている。

2005年7月現在，わが国の病院の63%（他に個人立8%），診療所の31%（他に個人立52%）が医療法人を経営主体とする。その意味で，民間非営利医療機関を主体とした医療提供体制は，わが国の医療制度の特徴のひとつである。

（3）病院の組織構成

病院の組織は大きく，①診療部，②医療技術部，③看護部，④事務部に分けられる。このうち①～③が医療の実体活動を担う部門であり，④は経営管理

に関する部門（総務，人事，経理），現場サービスに関する部門（医事，用度，施設，ハウスキーピング）を含んだものである．

1) 診療部　　診療科目別に分けられた，医師で構成される部門であり，外来診療と入院診療を担当する．なお各診療科には部長あるいは科長が配置され，管理責任を負う．

なおわが国の病院では「医局」という言葉がしばしば使用されるが，これはもともと大学病院の医局講座制を模倣したものであり，大学病院以外の病院ではその定義，実体はあいまいである．「医師の集団」という意味で使用される場合もあるし，「医師のたまり場」「サロン」といった場所を指す場合もある．

2) 医療技術部　　もともとは医師の診療を補助する部門であり，「パラメディカル部門」といわれたこともあった．現在では新たな専門職（コメディカル・スタッフという）が教育養成され，専門業務部門として位置づけされている．

手術部（手術の計画・調整を行なう），放射線部（X線やラジオアイソトープなどによる診断と治療を行なう），臨床検査部（血液・尿などの検体検査や心電図・脳波など生理機能検査を行なう），薬剤部（調剤および製剤，患者の薬歴管理や服薬指導，その他薬品に関する管理を行なう），栄養部（患者給食に関することや患者栄養指導を行なう），リハビリテーション部（リハビリテーションとしての理学療法，作業療法，言語療法などを行なう），医療社会事業部（医療ソーシャルワーカーが，患者の社会的問題解決に協力するため公的な補助制度を調整したり，転院先病院や退院後の受け入れ施設を探したりする），診療記録管理部（患者診療録の収集，整理，管理，および集計分析を行なう）などがある．

3) 看護部　　看護職員で構成され，人数的には病院内で最大の職員数を擁する部門である．構成員の大部分は有資格看護職（看護師・准看護師）であるが，一部に看護助手，ケアワーカーなどを含む．統括責任者は看護部長である．

看護部の中心的役割は病棟（入院病棟）看護である．通常30～60床のまとまりを1看護単位とし，これを十数人～30人の看護職員が24時間2交替あるいは3交替で看護にあたる．看護単位ごとの管理責任者を看護師長という．

外来診療部門において，医師の診断・治療の手助けを行なうのが外来看護である。なお外来部門では，看護師の専門性を必要としない業務（患者の呼び出しやカルテの出納，伝票記載）も多いため，近年では医療秘書などの配置により，看護師の業務軽減がはかられている。なお外来看護部門の管理統括者は1人の看護師長（外来看護師長）が負う場合が多い。

その他，手術室や滅菌材料室も看護部に含まれることが多い。手術室看護では，看護師は医師の介助として手術に参加する他，手術室（および資材機器類）の管理などはすべて手術室看護師長が責任を負う。滅菌材料室は，各種衛生材料の補給，器機類の滅菌処理，手術器械のセットづくりを行なう部門であり，実際の作業は看護助手など無資格者が実施するが，管理責任は滅菌材料室の看護師長が担う。なお手術室と滅菌材料室の師長を1人の看護師が兼務する場合も多い。

なお，看護部が病院内で組織的に独立したのは，1950年に国立病院に総婦長制が設けられてからのことである。それ以前は，各診療科ごとに看護師が分断され，各科長の下に従属する組織構造であり，病院全体としての統一構造ではなかった。

4) 事務部　病院事務部門は，一般的な意味での事務管理分野だけでなく，さらに広い分野（医療に直接関わる分野以外のすべて）を含むものと理解できる。医療事務だけでなく，資材の購買補給管理，施設の維持管理，洗濯，清掃，プラントサービスまでが事務部にまとめられる。

まず管理事務を担当する部門として，人事課，会計（経理）課，総務課などがある。これらの部署は，企業における類似名称の部署とその機能は同一である。

一方，現場サービスを担当する部門として，医事課，用度課（資材課），施設管理課などがある。

医事課は，医療機関に独特の部署であり，受付，診療記録管理，診療費の計算・請求を行なう。また近年導入が著しい病院コンピュータシステム（病院情報システム，オーダリングシステム，電子カルテなど）についてその管理を担うことも多い。

用度課は，医薬品，衛生材料などの購入，保管，補給を担当する。施設管理

課は，建物・付帯設備の維持・修繕，光熱水の管理，空調・エレベーター，通信設備の管理などを行なう。他にハウスキーピング担当の部署も置かれている場合があるが，近年はこの種の業務は外部委託される場合が多い。

(4) 医療関係者の職種と資格制度

医師をはじめ，医療に関連する資格にはさまざまなものが法制化されている。表14-1に医療関係者の資格の種別，その養成の概要を示した。

1) 医師　医療および保健指導を掌ることによって公衆衛生の向上および増進に寄与し，もって国民の健康な生活を確保する者を医師という（医師法第1条）。医師は，高校卒業後6年間，医科大学・大学医学部で教育を受け，卒後医師国家試験に合格し，医師免許を得ることができる。なお2004年からは，卒後の臨床研修（2年以上）が義務化されている。

医師は，名称独占（有資格者でなければその資格を名乗れない），業務独占（有資格者でなければその業務を行なうことができない）の資格であり，応召義務（診察治療の求めがあった場合，正当な理由なくこれを拒めない）を負うことが医療法に規定されている。

2004年末現在，わが国には270,371人の医師が働いており，うち病院従事者は163,683人（60.5％），診療所従事者は92,985人（34.4％）である。

なおわが国では，病院・診療所の開設者は，医師（もしくは歯科医師）であることを原則としているため，病院などの管理者（院長）はほぼ例外なく医師が当たる。これに対し英国では，医師団の代表者はメディカル・コミッティーのチェアマンであり，病院の全般的管理者とはならない。アメリカでも，医師団は基本的に病院職員ではないため，医師が病院長となることはない。

2) 看護師等　厚生労働大臣の免許を受けて，傷病者もしくはじょく婦に対する療養上の世話または診療の補助を行うことを業とする者を看護師という（保健師助産師看護師法第5条）。通常は，高校卒業後3年間の教育を受けた後，看護師国家試験に合格し，看護師の資格を得る。ただし看護師資格の補助資格として准看護師資格（中学卒業後2年間の教育）もあり，看護職については資格制度，教育制度ともに複雑化している。

看護師を基礎資格とし，さらに各1年程度の教育を経て受験資格を得るもの

第1節 わが国の医療制度のありかた 275

表14-1 医療関係者（あん摩マッサージ指圧師，きゅう師，はり師，柔道整復師含む）養成の概要
(厚生統計協会, 2004)　　　　　平成16年（'04）4月現在

区 分	根拠法規	免許付与者	養成機関 指定権者	養成形態	入学資格	修業年限
医　師	医　師　法	厚生労働大臣	文部科学大臣	大　　　学	高　校　卒	6 年
歯科医師	歯科医師法	厚生労働大臣	文部科学大臣	大　　　学	高　校　卒	6 年
薬剤師	薬剤師法	厚生労働大臣	文部科学大臣	大　　　学	高　校　卒	4 年
保健師	保健師助産師看護師法	厚生労働大臣	文部科学大臣	大　　　学	高　校　卒	4 年
				短期大学専攻科	短大卒で看護師国家試験受験有資格者	1 年
			厚生労働大臣	専修・各種学校	看護師国家試験受験有資格者	1 年
助産婦	保健師助産師看護師法	厚生労働大臣	文部科学大臣	大　　　学	高　校　卒	4 年
				短期大学専攻科	短大卒で看護師国家試験受験有資格者	1 年
				各　種　学　校		
				専修・各種学校	看護師国家試験受験有資格者	1 年
看護師	保健師助産師看護師法	厚生労働大臣	文部科学大臣	大　　　学	高　校　卒	4 年
				短大 3 年課程	高　校　卒	3 年
				大学 2 年課程	高校卒の准看護師	2 年
				高等学校専攻科	高　校　卒	
				専修・各種学校 3 年課程	高　校　卒	3 年
				専修・各種学校 2 年課程	准看護師業務経験3年以上または高校卒の准看護師	2 年
			厚生労働大臣	3 年課程	高　校　卒	3 年
				2 年課程	准看護師業務経験3年以上または高校卒の准看護師	2 年
准看護師	保健師助産師看護師法	都道府県知事	文部科学大臣	高　等　学　校	中　学　卒	3 年
			都道府県知事	各　種　学　校 専修・各種学校	中　学　卒	2 年
診療放射線技師	診療放射線技師法	厚生労働大臣	文部科学大臣	大　　　学	高　校　卒	4 年
				短　期　大　学		
			厚生労働大臣	専修・各種学校		3 年
臨床検査技師	臨床検査技師，衛生検査技師等に関する法律	厚生労働大臣	文部科学大臣	大　　　学	高　校　卒	4 年
				短　期　大　学 専　修　学　校		
			厚生労働大臣	専修・各種学校		3 年
理学療法士	理学療法士及び作業療法士法	厚生労働大臣	文部科学大臣	大　　　学	高　校　卒	4 年
				短　期　大　学 盲学校高等部専攻科		3 年
			厚生労働大臣	専修・各種学校		
作業療法士	理学療法士及び作業療法士法	厚生労働大臣	文部科学大臣	大　　　学	高　校　卒	4 年
				短　期　大　学		3 年
			厚生労働大臣	専修・各種学校		
視能訓練士	視能訓練士法	厚生労働大臣	厚生労働大臣	専修・各種学校	高　校　卒	3 年
					大学卒で2年以上修業し指定の科目を修めたもの	1 年
言語聴覚士	言語聴覚士法	厚生労働大臣	文部科学大臣	大　　　学	高　校　卒	4 年
				短　期　大　学		
					大　学　卒	2 年
			厚生労働大臣	専修・各種学校	高　校　卒	3 年
					大学卒で2年以上修業し指定の科目を修めたもの	
歯科衛生士	歯科衛生士法	厚生労働大臣	文部科学大臣	短　期　大　学 専　修　学　校	高　校　卒	2 年
			厚生労働大臣			
歯科技工士	歯科技工士法	厚生労働大臣	厚生労働大臣	専修・各種学校	高　校　卒	2 年
臨床工学技士	臨床工学技士法	厚生労働大臣	文部科学大臣	短　期　大　学	高　校　卒	3 年
			厚生労働大臣	専修・各種学校	高　校　卒	3 年
					大学卒で2年以上修業し指定の科目を修めたもの	1 年
義肢装具士	義肢装具士法	厚生労働大臣	厚生労働大臣	専修・各種学校	高　校　卒	3 年
救急救命士	救急救命士法	厚生労働大臣	厚生労働大臣	専修・各種学校	高　校　卒	3 年
あん摩マッサージ指圧師，はり師，きゅう師	あん摩マッサージ指圧師，はり師，きゅう師等に関する法	厚生労働大臣	文部科学大臣	大　　　学	高　校　卒	4 年
				短　期　大　学	高　校　卒	3 年
				盲　学　校	高　校　卒	3～5 年
			厚生労働大臣	専修・各種学校	高　校　卒	3 年
					中学卒（視覚障害者）	3～5 年
柔道整復師	柔道整復師法	厚生労働大臣	厚生労働大臣	専修・各種学校	高　校　卒	3 年

資料　厚生労働省医政局医事課調べ
注　この一覧表は，医療関係者の養成の実態に沿って掲載したものであり，「衛生検査技師」については新規に養成されていないため区分には入れていない。

に保健師と助産師がある。

　保健師は，厚生労働大臣の免許を受けて，保健指導に従事することを業とする者（保健師助産師看護師法第2条），助産師は，厚生労働大臣の免許を受けて，助産又は妊婦，じょく婦もしくは新生児の保健指導を行うことを業とする女子（保健師助産師看護師法第3条）をいう。

　看護師，保健師，助産師については，医師のように卒業後に研修を義務づける制度はない。就業先の医療機関などにおいて，独自の卒後研修プログラムを用意している。

　なお，看護師，助産師の資格は業務独占のみ，保健師の資格は名称独占のみであるが，看護師については名称独占とする必要性も認識されてきている。

　2004年末現在のわが国の看護師数は760,221人，保健師数39,195人，助産師数25,257人，准看護師数385,960人であり，このうち看護師においては病院従事者582,268人（76.6％），診療所従事84,571人（11.1％），助産師においては病院従事者17,539人（69.4％），診療所従事者4,111人（16.3％），准看護師では病院従事者199,109人（51.6％），診療所従事者126,167人（32.7％）である。なお保健師においては病院勤務（4.7％），診療所勤務（3.0％）はきわめて少なく，市町村22,313人（56.9％），保健所7,635人（19.5％）が多い。

　3) 薬剤師　　調剤，医薬品の供給その他薬事衛生をつかさどる者を薬剤師という（薬剤師法第1条）。高校卒業後，4年間の薬科大学・大学薬学部での教育を経た後に薬剤師国家試験に合格し，薬剤師免許を得ることができる。現在，卒後薬剤師を対象に，1年間の実務研修を病院・薬局で行なう，薬剤師実務研修事業が実施されているが，さらに2006年4月からは，薬剤師養成課程の就業年限が6年に延長され，長期実務実習が課されることとなった。なお薬剤師の資格は，名称独占であり，かつ業務独占である。

　2004年末現在のわが国薬剤師数241,369人のうち，薬局従事者116,303人（48.2％），病院・診療所従事者48,094人（19.9％），医薬品関係企業の従事者45,261人（18.8％）である。

　4) その他　　診療放射線技師は，厚生労働大臣の免許を受けて，医師または歯科医師の指示の下に放射線を人体に対して照射することを業とする者であり（診療放射線技師法第2条の2），名称独占かつ業務独占である。2003年末

現在，免許取得者数は 56,156 人である。

　臨床検査技師は，検体検査や生理学的検査を行うことを業とする者であり（臨床検査技師，衛生検査技師等に関する法律第 2 条），名称独占かつ業務独占である。2003 年末現在，免許取得者数は 150,613 人である。

　その他，リハビリテーション関連の資格として理学療法士，作業療法士，視能訓練士，言語聴覚士が，医療機器・装具関連の視覚として臨床工学技士，義肢装具士が，また歯科医療に特化したものとして歯科医師，歯科衛生士，歯科技工士がある。

第 2 節　医療の質の管理と医療事故対策

(1) 医療の質の評価

　ドナベディアン（Donabedian, 1966）は，医療の質は，①構造（ストラクチャー），②過程（プロセス），③結果（アウトカム）の 3 つの視点から評価されるべきであると主張した。この体系化は，今日でもっとも一般的に使用されるものである。

　①構造（ストラクチャー）：医療が提供される条件（セッティング）。施設や設備などの物的資源，専門家の数，多様性，資格などの人材資源，医師・看護師スタッフの組織，教育研究機能など。

　②過程（プロセス）：診断，治療，リハビリ，患者教育など，専門家によって行なわれる医療活動，および患者や家族の医療への参加。

　③結果（アウトカム）：提供された医療に起因する個人や集団における変化（望ましいもの，望ましくないものを含む）。具体的には健康状態の変化，患者または家族が得た将来の健康に影響を及ぼし得る知識の変化，将来の健康に影響を及ぼし得る患者または家族の行動の変化，医療およびその結果に対する患者や家族の満足度など。

(2) 病院機能評価

　医療機関の第三者評価を行なうとともに，その改善を支援することを目的と

して設立された（財）日本医療機能評価機構が，1997年から実施している事業が，病院機能評価である。医療サービスを提供する体制の整備の程度を評価するものであり，医療の質そのものの評価を意図したものではない。前述のドナベディアンの医療の質の3側面のうち，構造（ストラクチャー）に該当するものである。

　書面審査（自己評価）と，サーベイヤー（評価調査者）が実際に病院に出向いて行なう訪問審査からなり，サービス提供体制が整備されていると判断された場合には認定証（有効期限5年）が交付される。「病院の㊙マーク」ともいわれる。

表14-2　病院機能評価：評価対象領域（Ver.5.0）
(http://jcqhc.or.jp/html/assessment.htm よりダウンロード)

共通項目／固有項目	対象領域	内容
共通項目	1. 病院組織の運営と地域における役割	病院の基本方針と中・長期計画や病院全体の管理体制，情報管理機能の整備，地域の保健・医療・福祉施設との連携等について評価。
	2. 患者の権利と安全確保の体制	患者の権利の尊重や患者に十分な説明をし同意を得る体制の確立，患者の安全確保の体制等について評価。
	3. 療養環境と患者サービス	来院者への接遇と案内，患者・家族の医療相談の体制やプライバシー確保への配慮，療養環境の整備体制等について評価。
	4. 医療提供の組織と運営	診療，看護，コメディカル，手術・麻酔，救急，診療録管理や外来など，院内の各部門の組織運営を「人員・施設設備」「教育」「運営・手順」「業務改善の仕組み」等の面から評価。
	5. 医療の質と安全のためのケアプロセス	病棟における医療の方針と責任体制，入院診療の計画的対応，患者に関する情報の収集と伝達，評価と計画，ケアの実施，ケアプロセスにおける感染対策，診療・看護の記録，病棟での環境と薬剤・機器の管理について評価。
	6. 病院運営管理の合理性	人事管理，財務・経営管理，施設・設備管理等の合理性と適切性や，訴訟等への適切な対応等について評価。
固有項目	7. 精神科に特有な病院機能	精神科病床を有する場合に，精神科に特有でかつ重要な機能を評価。
	8. 療養病床に特有な病院機能	療養病床を有する場合に，療養病床に特有でかつ重要な機能を評価。

2002年4月の病院広告規制緩和（医療法改正）に伴い，個別評価結果が広告可能になったことから，受審病院が大幅増加している。2005年11月現在，認定を受けた病院数は1,835であり，わが国全病院の2割を超える。

2005年7月から使用されているver.5.0の評価項目は，表14-2に示す6つの共通評価対象領域と，2つの固有対象領域（精神科に特有な病院機能，もしくは療養病床に固有な病院機能）で構成される。第1～第6領域の共通領域は，55の大項目，162の中項目，532の小項目を含む。たとえば，第1領域「1. 病院組織の運営と地域における役割」の中の大項目「1.1. 病院の理念と基本方針」に記された中項目，小項目の例（および回答選択肢）は次のとおりである。

【中項目】
1.1.1 理念および基本方針が確立されている。
(5・4・3・2・1・NA)

5：極めて適切に行われている／極めて適切な形で存在する／極めて積極的に行われている／他の施設の模範になると自負できる
4：適切に行われている／適切な形で存在する／積極的に行われている
3：中間
2：適切さにやや欠ける／存在するが適切さに欠ける／消極的にしか行われていない
1：適切でない／存在しない／行われていない
NA：評価非該当

【小項目】
理念および基本方針が明文化されている 1.1.1.1 　(a・b・c・NA)
　　①理念が明文化されている
　　②基本方針が明文化されている

a：適切に行われている／適切な形で存在する／積極的に行われている
b：中間

c：適切さに欠ける／存在しない／行われていない

（3）ISO9001

　もともと製品の品質を保証するために構築するべきシステム（質マネジメントシステム）の国際規格として，製造業などで広まっていたのがISO9001である。ISO9001は国際標準化機構（International Organization for Standardization）が1987年に制定したもので，2000年版に改訂されて以降，サービス業など非製造業にも広がりを見せている。医療機関におけるISO9001の運用指針（ISO規格の医療機関への読み替え）も作成され，近年その認証取得を目指す医療機関は少なくない。

　ISO9001は，自分たちの病院ではこのようにして医療の質を確保し改善しているという質保証のしくみを見えるようにしたものである。製品の品質ではなく品質のシステム（品質管理を実施するために必要となる組織構造，手順，プロセスおよび管理資源）の規格，すなわち責任と権限が明確化され，業務手順がマニュアル化・文書化され，そのとおりに実行されているかどうかが審査される。

（4）患者の意見の収集

　わが国の医療機関で，医療機関側が医療サービスに対する患者の意見を収集するために実施している方法としては，投書箱の設置，患者満足度調査の実施が挙げられる。

　1）投書箱　ご意見箱，提案箱など呼び名はさまざまであるが，院内のさまざまな場所に設置された文書投函箱であり，医療施設利用者（患者，その家族など）が病院側に対する意見を自由記載式に書いた紙片を投入する。ほとんどの場合，無記名式記載であり，用紙や筆記具が投書箱付近に備えてある場合も多い。

　水野ら（2001）が，日本病院会会員病院2,588院に対して実施した調査（回収率28.7％）では，84％の病院が投書箱を設置しており，病床数100床当たりの設置箱数は2.0個（レンジ0.1〜75），また1病院当たりの投書件数は98.6件／年（レンジ0〜2100件）であった。

病院機能評価の評価項目（Version.5.0）の第3領域「療養環境と患者サービス」の中には，「3.3.1.1 意見や苦情を聞くための手段があり，周知されている」の項目があり，受審病院にとっては投書箱の設置は必須のものとなっている。

2）患者満足度調査　病院機能評価の審査項目に挙げられたため（「3.3.1.4 入院患者の満足度調査が定期的に行われている」），最近とみに実施施設が増えているのが，アンケート形式の患者満足度調査である。

定まった形式があるわけではないが，質問票に病院のサービスや接遇に関するいくつかの質問項目とそれに対する回答選択肢が並び，回答者である患者やその家族は，無記名にて回答を記載する。郵送にて配布・回収が行なわれる場合もあるし，在院時（入院時，外来受診時）に配布・記載・回収を行なう場合もある。

現在わが国の医療施設で多く行なわれているのは，病院機能評価受審を視野に入れた，院内の事務部門や現場の委員会などが主導して実施するものである。そのためデータの分析はごく単純なものに留まるが，その代わり多くの施設では集計結果を患者・市民に対して公開している。

一方，研究レベルでの患者満足度調査も数多く行なわれている。ただし患者満足度という概念規定そのものがあいまいであること，測定方法も十分確立できていないこと，さらに患者満足度調査に特有の反応バイアス（寛容反応，盲諾反応）の問題もあり，大きな成果をあげるには至っていない。

なお最近では，サービス品質の測定法であるSERVQUALや，ピッカー研究所が開発した患者経験調査など，新しい形の患者満足度測定法が試みられている。SERVQUALは，あるサービスに対する事前期待と現状認知とのギャップを測定し，これを当該サービスの質の評価指標とするものであり，従来マーケティングの分野で使用されていた方法である。またピッカー患者経験調査は，患者が受診時に問題と感じた経験（事象）の有無をたずねる方法であり，これについては既に日本語版の開発，有用性の検証が完了している。

3）健康関連 QOL　患者満足度調査とはその発展の経緯が異なるが，患者立脚型アウトカムの測定ツールとして，健康関連 QOL（Health Related Quality of Life：生活の質）尺度を挙げることができる。いずれも質問紙形式で，個人の健康状態に関する数個〜数十個の質問項目で構成される。

健康関連 QOL とは，個人の健康に由来する生活の質の良し悪し（高い／低い）を指す概念であり，その測定尺度は，選好 (preference) に基づくものと，プロファイル型とに分けられる。選好に基づく尺度は，最終的に一次元的な指標（数値）を算出し，コスト - 効用分析における QUALYs (Quality-Adjusted Life Years：質調整生存年) にあてられる。一方，プロファイル型は，健康を多元的に測定することを目的とし，複数の領域で多次元のまま表示する。プロファイル型尺度はさらに，包括的尺度（特定の疾患に限定した内容ではなく，さまざまな疾患の患者，健康な人びとにおいて測定可能），疾患特異的尺度（特定の疾患に限定した QOL 尺度）に分けられる。

以下は欧米で開発され，翻訳や標準化を終えてわが国でも利用可能な健康関連 QOL 尺度である。

① SF-36 (MOS Short-Form 36-Item Health Survey)：米国 MOS (Medical Outcome Study) の実施に伴って作成された包括的健康関連 QOL 尺度。短縮版 SF-12 や SF-8 もある。50 ヶ国語以上に翻訳される。日本語版で標準化が完了しているのは SF-36 version 1.2。

② DLQI (Dermatology Life Quality Index)：皮膚疾患に関連した健康関連 QOL 測定尺度。1992 年にイギリスの A. Y. Finlay らによって作成された，10 項目からなる簡易な尺度。

③ Skindex29：皮膚疾患に関連した健康関連 QOL 測定尺度。1996 年にアメリカの M. M. Chren らによって作成された，29 項目からなる尺度。

④ KDQOL (Kidney Disease Quality of Life)：腎疾患患者の QOL 測定尺度。現在使用可能な日本語版は，KDQOL-SFversion1.3 で，133 項目あったオリジナルの KDQOL の短縮版。腎疾患特異的な項目 43 項目と包括的項目 36 項目 (SF-36) で構成される。

⑤ GOHAI (General[Geriatric] Oral Health Assessment Index)：1990 年，米国 KA Atchison らによって作成された 12 項目からなる口腔関連 QOL 尺度。口腔に関連した困りごとによる，身体的，心理社会的な生活側面の制限の程度を測定する 3 つの領域（下位尺度）から構成。機能面は摂食，嚥下および発音，心理社会面は審美や社交，疼痛・不快には薬の使用や知覚過敏に関する項目を含み，全 12 項目の総合得点で評価。

⑥ VFQ25（The 25-item National Eye Institute Visual Function Questionnaire）：1998年に米国で開発されたNEI-VFQ（51項目）の短縮版で，25項目から構成される視機能関連QOL尺度。生活場面における視機能と，見え方による身体的，精神的，社会的な生活側面の制限の程度を測定する12の領域（下位尺度）から構成。これらの領域は，眼疾患者だけでなく，非疾患者にも共通の内容で構成されているので，異なる疾患をもつ患者のQOLを比較したり，一般の人と比較したりすることが可能。

（5）医療事故対策

1999年1月，横浜市立大学病院で発生した，2人の男性患者の手術取り違え事故の発生以来，病院における医療事故の発生に対し衆目が集まり，マスメディアでは毎日のようにどこかの病院の医療事故の報道が流されている。

病院に対し，世の中の不審の目，批判の目が向けられる中，病院側もこの種の事故が発生した場合，情報を隠し立てすることなく公表，謝罪し，2度とこの種の事故が起こらぬようさまざまな対策を講じている。

表14-3 医療事故に関する用語の定義
(http://www1.mhlw.go.jp/topics/sisin/tp1102-1_12.html よりダウンロード)

1 医療事故
医療に関わる場所で，医療の全過程において発生するすべての人身事故で，以下の場合を含む。なお，医療従事者の過誤，過失の有無を問わない。
ア　死亡，生命の危険，病状の悪化等の身体的被害及び苦痛，不安等の精神的被害が生じた場合。
イ　患者が廊下で転倒し，負傷した事例のように，医療行為とは直接関係しない場合。
ウ　患者についてだけでなく，注射針の誤刺のように，医療従事者に被害が生じた場合。
2 医療過誤
医療事故の一類型であって，医療従事者が，医療の遂行において，医療的準則に違反して患者に被害を発生させた行為。
3 ヒヤリ・ハット事例
患者に被害を及ぼすことはなかったが，日常診療の現場で，"ヒヤリ"としたり，"ハッ"とした経験を有する事例。
具体的には，ある医療行為が，(1) 患者には実施されなかったが，仮に実施されたとすれば，何らかの被害が予測される場合，(2) 患者には実施されたが，結果的に被害がなく，またその後の観察も不要であった場合などを指す。

2000年に当時の国立病院などが作成したリスクマネージメント・マニュアル作成指針では、「医療事故」「医療過誤」「ヒヤリ・ハット事例」の用語の定義を整理したうえで（表14-3）、リスクマネジメント・マニュアルの作成、医療事故防止対策規程の作成、リスクマネージャーの配置、ヒヤリ・ハット事例の報告及び評価分析などを求めている。

事故報告書、ヒヤリ・ハット報告書に対しては、マクロ的な分析とミクロ的な分析が行なわれる。マクロ的な分析では、事故・インシデントの件数を、診療科別、行為者の経験年数別、診療行為別、内容別、深刻度別等で集計し、事故・インシデントの傾向を把握する。一方、ミクロ的な分析では、エラーをした本人に対してインタビューを行なうなどの方法により、さらに詳しく事故・インシデント発生の背景要因を精査し、再発を防止するために医療施設全体で取り組むべき方策について検討が行なわれる。

なおミクロ的分析方法としては、4M－4Eマトリックス表による分析、SHELモデルによる分析などが用いられる。4M－4Eマトリックス表はアメリカ国家航空宇宙局が採用する、事故原因・対策の整理方法である。4M［事故原因の分類：① Man（人間），② Machine（物・機械），③ Media（環境），④ Management（管理）］，4E［事故対策の分類：① Education（教育・訓練），② Engineering（技術・工学），③ Enforcement（強化・徹底），④ Example（模

図 14-1　SHEL モデル

範）] で構成されるマトリックスを用いて，事故の原因ごとの対策案を網羅的に整理する。

SHEL モデルは航空業界で使用されるものであり，システムの中心に人間（L：Liveware），その周囲にソフトウェア（S：Software），ハードウェア（H：Hardware），環境（E：Environment）および人間（L：Liveware）を配置し（図14-1），中心のL自体の問題とあわせて，L-S，L-H，L-EおよびL-Lのそれぞれのインターフェースに問題がなかったかを分析し，その結果に基づいて改善方策を検討するものである。

まとめ

- 本章では，わが国の医療制度の特徴，病院の組織構成とそこで働く人びとの職種と資格制度を概観したうえで，今日の病院管理上のホットな話題である医療の質の管理，医療事故対策について述べた。
- 本章冒頭で述べたように，医療は制度依存的な存在であり，法律・制度が変われば医療そのものの姿もガラリと変わる。そしてそこでは，重要視される管理上の課題もまったく様変わりする可能性すらある。すなわち医療管理・病院管理を学ぶためには，まずは今の医療を支えるしくみ（わが国の医療制度，社会保障制度）を正しく理解することが必要となる。

演習課題

1. 特定地域を限定し（あなたの出身地，現在住んでいるところ），インターネットを使ってそこに存在する"すべての病院"をリストアップし，各病院が以下の情報を Web ページで一般公開しているかどうかを調べなさい。
   ①病院の基本情報（所在地，交通アクセス，診療科目，外来診察時間，入院ベッド数，職員数など）
   ②病院機能評価や ISO9000 など第三者評価の認証取得状況
   ③投書箱などで得られた患者側からのクレーム・意見の内容，およびそれに対する病院側の回答
   ④患者満足度調査などの集計結果
   ⑤医療事故，ヒヤリハット事例に関する情報（院内集計結果，事例報告含む）

2. 一般のサービス産業と比較し、病院に求められる顧客サービスの特質を整理しなさい。

―― トピックス　EBM（科学的根拠に基づく医療） ――

　近年の医療界における大きな潮流として、EBM（Evidence-based Medicine：科学的根拠に基づく医療）を挙げることができる。入手可能で最良の科学的根拠（エビデンス）を把握したうえで、個々の患者に特有の臨床状況と価値観に配慮した医療を行なうための一連の行動指針をさす言葉である。

　従来、医学的行為を行なうための判断の多くを、医師の経験や権威者の提言、あるいは生理学的原則・知識に基づいた判断に従って下してきたことへの批判として提起されたものであり、権威者の意見や個人の経験に依らないのみならず、生化学的・生理学的研究によって得られた知識や説明すらも重視せず、無作為的な大規模実験の結果を「根拠」として最重視すべきことを主張するものである。

　かつて臨床疫学（clinical epidemiology）と呼ばれたものを土台に、1990年代、D. L. Sackettが主張したものである。今日その原理は狭義の医学に留まらず、薬学、看護学、健康政策などヘルスケア全般に応用されている。

　EBMは本来、医師が目の前の患者について生じた疑問（Aという治療法を選択すべきか、Bという治療法を選択すべきか）についてこれを定式化し（問題の定式化）、定式化された問題の答えを得るための根拠となる情報を収集し（情報収集）、入手した情報をその妥当性や有用性の点で吟味検討し（批判的吟味）、そのうえでこれを実践し、事後評価するという一連のステップを踏むものである。

　EBMの普及は、Web技術の発達抜きには考えられない。いくつかの世界規模の医学情報源がWebサイトとして完備され、医師たちは、患者を診察・治療する現場から、Web経由で世界中の情報を軽々と収集する。

　とくにイギリスではじまったコクラン共同計画（Cochrane Collaboration）は、「治療、予防に関する臨床試験を系統的な方法で吟味し、臨床家に対し現時点での標準的な治療、予防の情報を提供することを目的とした医療の評価調査プロジェクト」であり、そこが提供するコクランライブラリー（Cochrane Library）（http://www.cochrane.org/）は、さまざまな臨床上の疑問に対応する系統的レビューを、メタ分析のグラフとともに表示してくれる。

　またアメリカ国立医学図書館が提供する二次文献データベースサービスPubMED（http://www.ncbi.nlm.nih.gov/entrez/query.fcgi）は、利用料がまったく無料で、世界中の医学文献の検索が可能である。

文 献

Donabedian, A. 1966 Evaluating the quality of medical care. *Milbnnk Memorial Fund Quarterly*, **44**, 166 -206.
一条勝夫 1997 医療経営管理論 篠原出版
池上直己他 2001 臨床のための QOL 評価ハンドブック 医学書院
厚生統計協会 2004 国民衛生の動向 厚生の指標, **51**(9).
厚生労働省大臣官房統計情報部 2004 平成 16 年（2004）医師・歯科医師・薬剤師調査の概況 http://www.mhlw.go.jp/toukei/saikin/hw/ishi/04/（2005/12/11 DL）
厚生労働省大臣官房統計情報部 2004 平成 16 年保健・衛生行政業務報告（衛生行政報告例）結果（就業医療関係者）の概況 http://www.mhlw.go.jp/toukei/saikin/hw/eisei/04/（2005/12/11 DL）
厚生省保健医療局国立病院部政策医療課 2002 リスクマネージメントマニュアル作成指針 http://www1.mhlw.go.jp/topics/sisin/tp1102-1_12.html（2005/12/11 DL）
水野 智他 2001 患者満足度測定ツールとしての患者用投書箱の実態と可能性 第 38 回日本病院管理学会学術総会抄録集
日本医療機能評価機構 2005 病院機能評価 http://jcqhc.or.jp/html/assessment.htm（2005/12/11 DL）
日本医療情報学会医療情報技師育成部会 2004 医療情報：医学・医療編 篠原出版
日本看護協会 2005 医療・看護安全情報 http://www.nurse.or.jp/anzen/index.html（2005/12/11 DL）
日本ものづくり・人づくり質改革機構 2003 医療の質の保証のための ISO9000s 平成 14 年度情報経済基盤整備（保健医療福祉分野の標準化に向けたシステムの設計・実証研究） http://www.meti.go.jp/policy/servicepolicy/contents/health_welfare/files/ISO9001QMS_honbun.pdf（2005/12/29 DL）
NPO 健康医療評価研究機構 2005 QOL 調査票 http://www.i-hope.jp/tool/（2005/12/11 DL）
尾形裕也 2004 「医療経営学」序説：課題と展望 医療と社会, **4**(3), 97-110.
菅原浩幸 2005 病院機能評価 Ver.5.0 の概要と審査の動向 病院, **64**(2), 20-25.
上原鳴夫 2005 医療質管理の取り組みの発展と現在 病院, **64**(2), 14-19.

第15章

福祉組織の管理

第1節 論点の提示

(1) 福祉組織とは何か

　福祉組織を管理論の立場からとらえようとすると，そのサービスは組織（高齢者や障害者のための施設など）の中で提供されるのか，それとも組織の外（多くは在宅）で提供されるのかによって考え方は大きく相違する。前者は，前章の病院組織の経営論と限りなく近い関係にある。病院管理で適用された概念や仮説はそのまま，あるいは多少の修正を施せば，通用できるところは多い。病院と特別養護老人ホームは経営管理における制度や運営上の制約などについては大きく相違するであろうが，そこで働く関係者，たとえば看護師と施設職員の間のモティベーションやストレスなどについて，その相違は小さい。筆者（1995, 2001）は，医療と福祉におけるサービスをヒューマン・サービスとして一括できることを示した。
　しかし，相違するところもまた多くある。組織行動の論点から相違があるとすれば，以下のような点である。
　①医療では，厳密な資格制度がよりいっそう徹底していて，医師や看護師はプロフェッショナルとして働いている。福祉でも制度として近年充実される傾向にはあるが，多くはセミプロフェッションとして働き，クリティカルな状況では医師や看護師の判断に従うようなところがある。
　②従来，福祉では措置ということでサービスの受け手の裁量が制限されていた。介護保険の導入や関連諸法の改正などで，受け手のサービス選択の自由が

保障されつつあるが，それでも医療に比べると，その残滓は色濃く残されている。

③医療に比べると，福祉では長期間の収容であることが多く，人格に関わるクライエント支配（Lipsky,1980）の可能性が大きい。それを緩和するために，制度的な，倫理的なしくみに配慮されることが多い。わが国でも事業所（とくに第一種）の設立は病院・医院に比べると制約条件が厳しい。

④医療では，回復，あるいは治療の終了という達成点を明らかにすることができることが多いが，比較的に，福祉では，サービスの，いわば果てしのない持続を当然とすることが多い。回復ということが少ない。

⑤医療では，回復に向けてさまざまな技術が動員される。また，それぞれの技術も洗練されている。洗練されるにしたがって分業の度合いも大きくなり，システム化が進んでいる。システム化のために，ビュロクラシーが構築される。それに対して福祉では，回復よりも，現状を維持させるための技術（Hasenfeld, 1983）が優先される。サービスを送る人たちの熱心な関与，そして一対一的な全人的な対応が重要とされる。したがって，ビュロクラシーのシステムは発達しない。むしろフラットな仕組みになりやすい。

しかし，以上の差異は相対的であり，程度の差といってよい。医療と福祉を区分しなければならない論理的な，そして実際的な必然性はない。とはいいながら，質的に，論点が決定的に相違する領域が福祉にはある。それは介護サービスである。ホームヘルパーという人たちがクライエントの自宅に出向き，家事を手伝い，介護するのである。訪問看護や医師による往診もあるが，ホームヘルプとは在宅介護を前提として成り立つサービスである。しかもこの介護を担う小規模経営体（それのある部分は大規模企業に率いられてはいるが，現地のそれは零細企業にたとえられる）は，介護保険を導入して以後，語弊はあるが雨後の筍のように林立し，しかも，そこには介護保険料の請求などカネの経営はあっても，ヒトに関する論点はほとんど議論されていない。未開の分野であり，病院組織論の延長では議論できない分野である。

（2）論点整理

本章では，介護サービス，そしてそれを提供する労働と，それのための組織

について議論を試みる。それを介護者としてはどのように望ましく提供するか，サービスを受ける要介護者の視点に立てば提供されるのか，を的確にとらえるための論点整理である。

今さらいうまでもないが，高齢者の多い社会では介護が必須のことになる。病弱になれば，寝たきりになれば，また，痴呆になれば，介護なしには生きていけない。介護サービスは，その社会において欠かせないものである。それを社会的に（ということは，家族を越えて）担うということは，それが一つの制度として，一つの職業として，そして一つの経営体として今以上に重要な位置を得るのではないかと考える。

以下のように論点を整理したい。

①まず，介護サービスの主な担い手であるホームヘルパーの仕事一般について，ホームヘルプ労働の特異性を明示したい。介護は，子どもたちや嫁などによる介護から，さらに，配偶者による老老介護といわれるものまでさまざまである。それに対して被雇用者としてのホームヘルパーが，近年大きくこれに関るようになった。これらの広範な介護の相互関連に配慮しながら，契約関係を前提としたホームヘルパーという専門的なサービスの送り手を中心に議論を展開したい。

②それに合わせて，ホームヘルパーという職業を，介護労働という広範なドメインの中で，どのようなものであるかをとらえたい。それをどのようにとらえるかによって，その相貌は大きく相違する。相違するほど，送り手も受け手も，またそれをマネジメントする人たちも，互いに価値観や考え方を共有できずに，誤解や曲解に至ることもなくはない。その職業的なドメインを確定して，その範囲を明確にとらえて，関係者の間で，職業的な概念が共有されることがあるのである。

③さらに，在宅という，従来とは区別される職場でのサービスであり，それをマネジメントすることの問題点を整理したい。事業所からは遠く隔たったところでサービス活動があり，それをマネジメントすることには，特有のむずかしい問題があるはずである。そのサービスを提供している（零細な）事業所をよりよく経営するためには，家族による介護から，行政による措置的介護，そして契約的な関係の中での介護サービスへの変遷を見る中で，相応のコストや

④その特徴に準拠して，ホームヘルパー自身について，あるいは，事業所そのものについて，マネジメントは可能か，また，可能であるためには，どのようなことが，枠組みとして整備されるための条件であるのかを考えたい。より上質のサービスがそこから発給されるためには，工夫すべきところがどこにどのようにあるのかを探るべきである。よりいっそう望ましい介護サービスとは何かということを一人一人のホームヘルパーに還元できるような，研修や再教育，人事評価などについても議論を深めるべきである。

⑤以上の議論に目途が立てば，事業所の経営管理，つまりマネジメントの方式も，さらにいっそうの工夫ができそうである。

なお以下では，ホームヘルパーの人的資源管理も事業所管理も，目標の達成に向かう人為的な試みという意味で，すべてマネジメントという用語に統一した。

（3）マネジメントの視点

以上のような論点から，ホームヘルプ・サービスの現場で，どのような変化が起きているのか，それが望ましい変化であるのか，それとも逆に障碍にもなるような変化であるのか，それを見極める必要がある。事業所，つまり，経営体があれば，マネジメントを必然とする。

マネジメントを考えるという視点から，その供給システムをどのようにデザインし，どのように管理すべきであるかを考えたい。極論をいえば，措置として位置づけられた保険導入以前のホームヘルプ・サービスには，マネジメントという視点はなかったといってよい。事業所経営となって初めて，それを真正面から議論しなければならなくなったのである。

第2節　介護労働を考える

（1）ヒューマン・サービスとしての介護労働

モノであれば，できたかできないか，不良品を一目で仕分けることも可能である。しかし，これが，ヒトを相手のヒトの仕事であれば，そのでき具合を確

かめることは簡単ではない。まして，それを事業として取り組むためには，相当の苦労があると覚悟したほうがよい。マネジメントの基本的な考えは，できるだけ少ないコストで，できるだけ多くの利得を得ることであり，また，組織の目標を達成するために，最短の経路を見つけることである。そのような合理性に準拠しなければならない，というのであれば，サービス提供のための組織は，モノをつくる組織に比べるとマネジメントは相当程度むずかしいといわざるを得ない。

　ホームヘルプ・サービスの事業所もこの中に含まれるのは当然で，マネジメントのむずかしさは当然予想されることである。そのサービス組織一般の中で，ホームヘルプ・サービスとは，対人的な，つまりヒューマン・サービスの一部である。ということは，モノづくりの仕事などに比べても，そのマネジメントは，さらにいっそう非常にむずかしい問題があるということを承知しなければならない。

　まず，ヒューマン・サービスとは何か，その対人的なサービス労働の特異性を明らかにしなければならない。介護労働とはヒトによるヒトのための対人的なヒューマン・サービス労働の一部である。

　対人サービスの特徴は，サービスの送り手と受け手がいるということである。受け手はクライエントであり，そのクライエントは，必ずしも消費者（＝コンシューマー）ではない。むしろ，送り手に一方的に依存するような社会的弱者であることが多い。したがって，ストリート・レベルのビュロクラット（Lipsky, 1980）で議論できるような対象である。しかもそれがために，サービスが個人の基本的な福利（人権）に関わることも少なくない。

　以上のようなヒューマン・サービスの延長線上で介護労働とは何かを考え，さらにその中でホームヘルプ労働を位置づけ，その雇用の場としての事業所のマネジメントを考えるという順序で議論を進めたい。介護労働のマネジメントは，ヒューマン・サービスの経営管理上の困難な問題をすべて引き継ぐことになる。しかも，高齢者の多い社会の到来はその困難な問題に真正面から向き合うことを否応なく，迫るのである。

（2）介護労働とは

　介護労働とは，要介護者が日常的な生活が営めるように，その維持をはかること，その支援のためにあるので，できるだけ日常の生活に近いところで，普段の生活が営めるように，また，そのような場面を想定してのサービス提供である。そのサービスを，専門的な職業として提供するのがホームヘルパーである。サービスの受け手としての要介護者には，日常の，あるいは普通の生活ができないような何らかの支障があって，それを補うために，補えなければ何か他の手だてで生活一般を支えるために，送り手であるホームヘルパーはサービスを提供するのである。

　したがって，他の労働に比べれば，いっそう互いの信頼関係が重要になる。濃密な人間関係を前提にしているといってもよい。ということは，受け手も送り手も，互いが互いの生身の部分にふれ合うことが少なくはない。生活の裏側を覗き見ることになる。いわば内面への関与が当然であり，私的な部分に介入(intervention)することは避けがたい。受け手が受け入れるか，受け手に受け入れられるか，その背後には，好き嫌いや相性などがそのサービス関係に介在してしまう。

　しかし，このことは逆に，さまざまな問題を含むことになる。介護を受けなければ，日常生活の維持が困難ということは，介護サービスの受け手と送り手に，弱者と強者の関係，つまり，一方的な依存関係をもたらす。というよりも，それが本質的といえばよい。その中では，いっそう閉じられた関係になりやすい。ということは，サービスの量や質の是非などについて，送り手の一方的な判断が優先される，それを第三者が評価できるかということがある。

　しかも，再度いえば，これらは労働集約的である。送り手の，相手に対する精一杯の努力が成果となる。また，極端をいえば，送り手と受け手の一対一の作業を繰り返すことになる。これは単調，もしかすると，さらにいっそう単純な労働を繰り返してこそ，受け手の福利が向上したということになる。送り手からいえば，この労働環境は，必ずしも好ましいとはいえないであろう。逆に，何か急な事態があると，その場その場で急場をしのぐだけのことにもなる。

　したがって，その労働は，ヒューマン・サービス労働の中でも，前述したと

おり，維持的であり，支援的とされ，大きな変化，たとえば，向上や回復のような大きな成果を得るようなことは期待できない。専門的な知識や技術も維持的，支援的なものに向けられる。その反面，日常生活を可能にしているかどうかは，明確に結果の見えることであるから，アカウンタビリティはよりいっそう問われやすく，その重要性が問題とされ，しかも，相手方への責任を規範的に強調しやすいということがある。

（3）ホームヘルパーという職業の特徴

ホームヘルプとは，サービスの受け手である居宅に入り込んでサービス提供を行なうことであり，そこで働くひとたちをホームヘルパーといっている。この人たちは，家政婦のように一方的な指示に服するのではなければ，医師のように，確立された職業人としてプロフェッショナルとして指示を下して，それに準拠させるほどの強いパワーをもつこともない。その中間に位置すると考えるのが，もっとも妥当な位置づけであろう。

以下で，ホームヘルパーという職種の特徴を5つにまとめてみた。

1）居宅を中心にサービス提供　　通常，介護労働は施設を含むが，ホームヘルプと限定されると，サービスを受ける受け手の居宅でサービスを提供することになる。要介護者の自宅で，原則的にサービス提供している。このことには多くの意味が含まれる。

1つは，ホームヘルパーは，閉じられた関係＝完全に個人的な次元で働いているということである。送り手と受け手の関係が，それぞれ個別的でかつ特異的である。直行直帰（自宅から相手先に向かい，仕事を終えるとそのまま帰宅すること）が多くなればなるほど，要介護者との関係だけで完結し，上司も同僚による統制も効かなくなる。マネジメントが困難（管理的介入がほぼ不可能）である。

2つ目には，それでは極端な場合，上司や同僚からのソーシャル・サポートを得ることはできない。職場集団が成り立たないこともあるので，相談相手が身近にいないということもある。逆をいえば，規範形成が困難で，独りよがりになりやすいこともある。勝手なサービスなどでネガティブな結果に至る恐れがないとはいえない。とくに，慣れないホームヘルパーの場合，さまざまの困

難が予想される。

2) 要介護者は，概して自立困難　ホームヘルプの場合であれば，在宅生活に困難がある人にサービスを提供することになる。施設介護ではない，在宅介護である。施設に収容してのサービスではないことに留意すべきである。原則として，弱者を対象とはするが，少なくともトータル・インスティテューション（Goffman, 1961）（全体組織と訳されることがあるが，受け手の生活全般を監視するようなサービス組織である。刑務所がその典型であるが，特別養護老人ホームなどは，その要素を有している）であってはならない。

多くは障害のある人たちが，在宅の生活を自立的に営むために，できる限り生活の質を維持し，向上させることができるために，支援的にサービス提供することである。したがって，自立を支援，原則的には側面援助のサービスである。

それと関連するが，在宅であるほど，女性が，このサービスに関わらざるを得ない。それと重なるように，ホームヘルパーも女性中心に考えられることになる（春日，2001）。

3) 市場化＝契約関係　それでもなお，自立困難，社会的には弱者という特徴は払拭できないが，施設に収容という形式を採用しない。送り手と受け手は，雇用され，雇用するという関係が成り立つのである。それもとりあえずは市場を前提とした場で，取り引きされる。したがって，サービスを受けるか受けないかは，その人が決めればよいことである。

また，個別的に対応する，扱われることを本旨とする。日常生活は，その人固有のものであり，要介護者は「まな板の鯉」にはならないことが最小限，厳守されるべきである。入院患者ではないし，収容者でもない。多少の支援さえあれば，日常生活が可能という前提にたってサービスが提供されなければならない。

したがって，その関係はさまざまに態様を変えるであろう。少なくともホームヘルパーと，そのサービスを提供される側の関係は，「双方が対等な関係」として位置づけられる。ただし，自立の支援ということでは，ただ対等だけを強調するだけでは，提供者と受け手という関係の本質的な部分が見えない。それは，雇用されたというニュアンスを残しながらの，情報の非対称性ともいう

べき関係が見え隠れするからである。協働といいながら，二人三脚という関係が，サービスの送り手と受け手の間に成り立つかどうかを考えなければならない。

4）プロフェッショナリティ（専門性）について　ヒトを扱う以上，専門的な知識も必要であるし，技術的な訓練も必要になる。プロフェッショナルの要件を充たさなければならない。資格制度ができるのには必然性があるというべきである。試験制度もでき専門的な団体もできた。しかし，自立自営や高度の専門性などの古典的なモデルが必須としている要件に欠けるということがある。医師などのフル・プロフェッショナルになるためには基本的な障碍があるという指摘もある。現在において，たとえば，ケア・マネジメントの存在によってサービス内容が制約される，あるいは医師や保健師などが介在してプログラムの決定の最終的な主導権はない，あるいは，あっても乏しいといえる。

また，現場のサービス提供活動に専念してほしいという期待があるが，専念すればするほど，社会的な地位の低さは改善されないままの状況が続くということは，プロフェッションとしては認知されない状況が今後とも続くということである。今後，どのような職業になるか，これは資格制度との関連で，大いに議論されることになるであろう。

ホームヘルパー自身の現場からの声としても，たとえば，高度の知識・技術が必要かについて，「家庭の主婦なら誰でもできる，しかし，人の嫌がる仕事」という指摘があり，どのような論点から専門性が成り立つかについては，サービス全体についてというよりも「部分的に限られた解釈」が横行しているのではないかといわれ，「その人固有のその人にしかないその人の生活支援」という観点からいえば，その人との信頼関係がすべてで，ことさら一般的に基礎づけられた方法の適用があるのか，とも疑問視される。これは専門性の否定につながる。

5）何でもするという仕事の特異性　したがって，何かを与える，何かを補う部分労働ではない，その人の全体としての生活を見通せる能力が必要とはされるが，すなわちこれは，専門性の論拠に該当するが，しかし，そのためにどのような知識・技術が望まれるのかについてはほとんど議論がない。別途の専門性の論議が必要になる。日常生活の支援に関わるだけに，さまざまの些末

な事柄に関わらざるを得ない仕事になる。家事一切がそのサービスの対象になるということである。いわば何でもかんでもということになる。しかし，その何でもかんでも，というところが肝心である。

　主な仕事といえば，人間の人権とか生活権の基礎的なところであるから，雑多ではあるが，細心の注意を必要とする。とくに，ホームヘルパーにとっては，その雑多な中でも，公共，この社会への責任を常に明確に意識しなければならないから，受け手に対するアドボカシー（代弁的支援）を中核にすえ，送り手としての倫理の重要が強調される。

（4）コミュニケーション技術の必要性

　以上のような特異性から，ホームヘルプ・サービスの当事者たち，つまり，それを提供するヘルパーと，それを受け取る要介護者の間に，それが日常生活の支援に関わるほど，できる限りムダもムリもなくすためには，相互理解が欠かせなくなる。サービスを円滑に提供するためには，相互理解が前提であるのは当然である。そのためには，コミュニケーション技術の修得が欠かせない。その駆使が介護労働の中心にならざるを得ないのである。受け手である要介護者だけではなく，同僚である他のホームヘルパーや，ケア・マネジャー，さらには，行政などの関係者と，情報漏れや欠損がないように，誤解などがないようにしなければならない。

　介護される人も，介護するホームヘルパーも，さらに，ケア・マネジャーも，そのために事業所も，そして，行政のさまざまな機関も，互いに依存し合うネットワークの中にあり，その絡み合った網の目の中を，誤解や曲解をできるだけ少なくなるように，情報が行き交うようにしなければならない。

　そのためには，それを円滑にするための仕掛けが要る。また，その技術に長けるように仕掛ける工夫もいる。それこそがマネジメントであるといってよい。信用や信頼を互いに重視する雰囲気が，事業所，そして個々のサービス現場を通じてなければならない。同じように生きる，という共感を示し合うようなことでもある。

　これは単なる親切ということではない。受け手である要介護者の，生活上の，心身の変化に対応して，それが自立への意欲を向上させるような親切であ

る。極端をいえば，生身を相手にしてのことであり，その人の日常生活の援助構造が絶えず変化しているのであるから，援助が成果に至れば至るほど，それだけ支援の方式も変化する。自立の度合いに合わせて，サービスの方式も変化する。ルーティンの作業の積み重ねではない。それだけに要介護者の変化を的確にとらえるためのコミュニケーション技術，伝える技術，それをとらえ，見極める技術，あるいはそれを発展させる能力が互いに求められる。とくに，サービスの送り手であるヘルパーには期待される。

第3節 マネジメントのために

（1）マネジメントの問題点

以上の特異性を踏まえながら，その独自のマネジメントの基本的な枠組み，あるいは前提となる条件について考えたい。それは，マネジメントは必要であるが，直ちに民間の企業モデルを適用できるものではないことを考えることでもある。

1）雇用関係のあいまいさ　ホームヘルプの事業所には，正規の雇用ではない人たちが就業している。その多くが登録ヘルパーであるとされる。常勤の被雇用者は非常に少ない。これは新しい勤務形態であるが，他方で，非常に不安定な雇用形態でもある。経営的な問題を指摘すれば，不安定雇用のものでは，事業体などへの組織帰属が希薄になることや，自らの職業への矜持（プライド）などが低下するような変化が少なからずあると考えられる。上司と部下という関係も成り立ちがたい。ということは，経営体というアイデンティティが成り立つのかという不安が払拭できないことでもある。

2）組織人としての意識の希薄さ　事業所に対して正式に雇用されているという気持ちが乏しくなれば，組織人としての行動はしなくなる。いわば派遣された家庭教師のような人たちであり，彼らが熱心に働くのは，どのような要因によってかという問題である。不完全，したがって不規則な雇用であるために，経済的な報酬は少なく，また，職場の人間関係も多くは期待できない。それが専門的にはまだ中途であるために，職業的な矜持も強固ではない。何に

よって動機づけるかという問題は決定的に重要である。さらに不規則な雇用であるために，そのサービス過程，その成果の是非について，だれが責任を負うのかという問題も重要である。

3) サービスにおける二者関係への注目　介護労働は二者関係によって成り立っている。それは，介護される人と介護する人である。繰り返しになろうが，介護される人たちというのは，自立の困難な人たちであり，何らかの事情で，だれかに依存せざるを得ない人たちである。それは，だれかに対して，何かに対して弱い立場，少なくとも，生活資源の乏しいこと，自ら調達できないことを意味している。そのことが自身に，または，周囲に与える意味について考えなければならないことを意味している。

要介護認定の程度も重要ではあるが，それよりも，介護されるということが，介護される人において，どのような心理的な，社会的な問題を招来するのかを論じなければならない。それが，家族関係の中で，地域社会の中で，どのような問題を生じることになるのかを論じなければならない。

他方，介護する人たちとは，自立への資源を提供できる人たちである。その手持ちの資源を駆使して，介護の必要な人たちを自立に向けて支援できる人たちである。家族における介護を超えて，そのサービス技術に長けることが要件となる。ただし，広義で理解すれば，ホームヘルプには，家族も含めてさまざまの介護する人を想定することになる。その絡み合いの中でホームヘルプ・サービスは成り立つのである。

4) 労働集約的　ヒューマン・サービスにおける二者関係，つまり，サービスされる人とする人が一対一の関係になることは理想的である。これは，サービスを受ける人と同数のする人を投入することを意味している。できないことではあるが，できるだけ多くの労働力を投入すべきことはいうまでもない。本来労働集約的である。高コストは本来当然である。そのような高コストは理念としてはあっても，それほどの人的資源の調達は，ほとんど不可能であろう。その不足をたえず認識すべきである。逆に，少ない資源をできるだけ効果的に活用しなければならない。それができるかどうかという経営的な問題が厳然としてある。

5) 多様なネットワーク　ということは，介護というサービスが日常生活

における自立を支援するということであれば，それに関わる，家族も含めてあらゆる人たちを関係者として巻き込むのは，当然の成り行きというべきである。ホームヘルパーは，その中心に位置するが，それ以外にも看護師も保健師も，介護福祉士も含まれる。プロフェッショナルから，そうではない職種までも含むことになる。行政の担当者や，学校関係者なども関係することになる。集約的であることは，逆に，ネットワークを必要にしている。ネットワークのマネジメントは必然である。

　以上を要約すれば，ホームヘルプとは，事業所という組織的な要件を揃えた環境の中で実行されているのではなく，その外で，主に，受け手の家庭で実行されている。したがって，事業所の経営者や管理者が精密に関与できないところで行なわれている。しかも，それは，さまざまな広範囲な関係者のネットワークを下地にしている。企業における方式とは相違するのは当然であるが，病院や施設など（公共の建物の中で）のマネジメントとも相違する。

（2）マネジメントのための与件

　とはいいながら，事業としては，よりよい成果を出して，クライエントである要介護者から評価されなければならない。マネジメントは不可避である。そのための要件は何かという観点から問題点を整理する。

　1）共感重視　　その労働が日常生活の延長線上にあるために，明日は我が身ということがある。提供者が受給者になる可能性，いつ，送り手が受け手になるかもしれないという身近さを感じることができるかどうかは，それの質を決める大きな要因である。共感，それを身中に入れ込む感性が重視されることになる。ただし，それを互いに共有することを当然として，それが日常的でありすぎて，共感を先行させすぎると，必要分を強制的に調達することになり，さらに二者関係の隔壁が低いほど，無定量無際限の奉仕労働となる。それは二者関係に歪みを与え，不要なコストを重ねることになる。共感は自発的でなければならないのはいうまでもない。

　2）アドボカシー優先　　共感とは介護される人を相手の立場に立って理解することである。その人を支えるという働きに至らなければならない。介護とは，自立のむずかしい人の生活を支援することである。ホームヘルプとは，そ

れを，その人の居宅で行なうことである。支援という関わりには，当然，その人を，その人に代わって支える，あるいは，本来近親者（だけではないかもしれないが）によって代行するはずの人に代わって，この私が支えるというアドボカシー（代弁的支援）がなければならない。それは共感重視を行動的に表現することである。ただし，どのように，制度的，行動的，心理的にそれを担えるかについてはまだ，議論が十分ではない。

3）責任意識　二者関係でサービスが提供されるのであるから，送り手であるホームヘルパー自身が，その正否について責任をもつべきである。それができなければ，ホームヘルパーとしては職業人としての自覚が疑われる。公共への関わりの責任が問われることである。個人としてのアカウンタビリティである。しかし，これは，個々の仕事の責任をヘルパーの個々の責任に帰することを一方的に強調するのではなく，それを全体として支援できるようなシステムがなければならない。責任を強調するだけでは萎縮に向かうだけである。

4）適性に配慮　サービスの提供者には，相応の資質や能力を考えなければならない。プロフェッショナルとしての認定はむずかしいところもあるが，少なくとも対人サービスには，人間関係を円滑に処理できる技能がいる。既に述べたようにコミュニケーションの技術が要る。信用や信頼を得るなどの，関係を維持させるための基礎的な技能の延長線上に，さらに，ともに同じ目標に向かって協力し合うような雰囲気を構築できるような説得の技術が要るのである。そのためには，採用の段階で，このサービスに向いた適性を備えているかどうかの確認し，さらに，そのような技能を取得する（研修など）機会を設けることも欠かせない。

5）過重ストレスへの対応　対人的にサービスを提供するというのは，概して人に気を遣うことが多くなり，というよりも，気を遣うことがそのエッセンスでもある。それは，モノを扱うことに比べると，ストレスの多い職業でもある。共感もアドボカシーも，介護労働に大きな負荷をかけることになる。熱心に，その仕事への関与を深めるほど，ストレスも過重となり，バーンアウトも予想されることである（田尾・久保，1986）。また，障害の程度によって，それを支援することで身体的な負担を考えなければならない。腰や頸部，腕などの身体的な負担が少なくなるような工夫も必要になるであろう。

（3）マネジメントの実際

　効果的な経営を行なうためには，それが労働集約的で，さらに，それを担当する人たちの個人的な能力や適性も，その成果に大きく影響するということで，いわゆる人的資源の管理の考え方を適用すべきである。ヒトを資源として活かせるかどうかということである。労働集約的で共感を下敷きにすれば，コストが大きく膨らむのは避けられない。避けられないことではあるが，適正に管理することは大切なことである。サービス資源の適正な，適切な有効活用とは，ホームヘルプ・サービスを経営する事業所にとって，真剣に議論される問題である。

　これを，以下のような3つの問題に区分して対策を考えたい。それは，意欲＝モティベーション管理，プロフェッショナルとしての処遇，サービス資源の共有化である。

　1）意欲＝モティベーション管理　ホームヘルプ労働を担う，とくにホームヘルパーの人たちの意欲をどのように向上させるかということである。それは前述のように，一対一のサービスという労働集約的な形態で，サービスを提供する人たちの意欲や熱意がそのままサービスの質に関わってくる。それが乏しければ，質の低下はいうまでもなく，積み重なれば，地域社会から得る信用や信頼を低下させ，事業所として成り立たなくなる。

　ホームヘルプを担う人たちが，それぞれ熱心に，そして，ストレスの少ない状況で働くことができれば，疑いなくその事業所の業績は向上に向かう。そのためには，以下のようなモティベーション管理が必要になる。

　①サービス技術への自信：プロとしての自信を植えつけることができるか
　②現場裁量への可能性：現場での自律的な判断を，どこまで許容できるか
　③適正な評価と適正な報酬：仕事の質を評価して，それに報いることができるか
　④前向きの職場風土の醸成：熱心に働こう，互いに支え合おうという雰囲気ができるか
　⑤対人的なストレスを少なくする：嫌になるとか徒労だとかいった気分を少なくできるか（バーンアウトの防止でもある）

　以上の管理手法は，他のヒューマン・サービスの事業体も含めて，あらゆる

経営体で有効とされる経営技法である。介護の場合，小さな事業所が多いので，いっそう職場の人間関係が重要になる。登録ヘルパーの直行直帰で，孤立的な気分を放置すると，モティベーションが低下するのはよく知られていることである。仲間による支え合い（ソーシャル・サポート）はモティベーション管理の肝心をなしている。

2）プロフェッショナルズとしての処遇　ホームヘルパーをプロフェッションとしてとらえるかどうかについては，すでに述べたように異論も多い。しかし，少なくとも対人関係の専門家ではなければならない。

専門性の由来するところ，その詳細な職務分析を行なって，看護師などと比較すれば，たえず人員の入れ替えがあり，しかも，不安定な雇用である。専門的な技能の蓄積が少なく，プロフェッショナルであろうかという疑問は大いにあるとされる。また，ケアプランを立てるケア・マネジャーと，それを実行するホームヘルパーとの関係は，自立や自律を重視する専門性の議論とは隔たって，ヘルパー自身の専門性を懐疑的にさせる。つまり，ヘルパーはプランに従って，決められたサービスを提供するだけであり，サービス・マシーンというだけで，現場で自由に裁量できる余地はほとんどないというのである。

さらに，専門的な技能は必要か，ホームヘルパーの専門性についても，他の専門職の人たち（たとえば看護師など）と比較して，ホームヘルパーは，中間的な専門職として位置づけるという考え方がある。というのは，サービスの受け手，被介護者との関係において，プロフェッショナルの要件である専門性や自律性が，いわば中途半端である。たとえば，医師や看護師のように，そのサービスは体系的に整備された知識や技術を背景に提供されてはいない。医師や看護師の場合，その間違いや不足について，受け手が注文をつけたり，異議を唱えることは少ない。異議を申し立てても，多くの場合が専門性の壁によってはじき飛ばされる。しかし，他方，家政婦とも大きく相違している。ヘルパー自身が，そのサービスの受け手に直接雇用されていて，その注文に服するということでもない。自律といい専門的な関与の余地は大いに残されている。受け手の自らの生活を維持したいという意欲を支援するためには，場合によっては，受け手の意向に逆らっても，サービスを提供しなければならないことも大いにあると考えられる。

このような職種にプロフェッションとしての要件に何か要るかといえば，いうまでもなく，善意であり温かさである。プロフェッションには階層があって，医師や弁護士のようなフル（完全）プロフェッションになるほど，高度な専門性を背景に，素人的な部分を削ぎ落として，いわば人間的な温かさよりも，客観的な事実を重視してサービスを提供するようになる。しかし，本来，プロフェッションの成り立ちは，（とくに，キリスト教世界では）弱い人，困った人を援助することから始まっている。少なくとも温かさをその基盤としているのである。

3）サービス資源の共有　だれが介護するのか。これは公助だけではない，公的な介護サービス従事者，つまり，ホームヘルパーだけではない。家族もボランティア，あるいは非公式的なサービス提供者も含まれる。地域社会全体がセルフヘルプ的といってよい（田尾，2007）。地域社会そのものが介護サービスに関わっていると考え，それらの間に緩やかではあるがネットワークがあるとみなすと，その基本的な枠組みが見えやすくなる。このような連携関係，つまり，サービス資源を融通することで，よりよいサービスを提供することができ，そのためには，ネットワークによるサービス資源の共有をはからなければならない。互いはそれぞれ乏しいながらも，その中で，資源を共有し合っている。

（4）好ましいサービスとは何か＝評価の問題

ホームヘルプ・サービスを経営的にとらえるということは，それの是非や可否を評価することにつながる。しかし，むずかしい。これには明らかに評価の限界があるからである。サービス本来の特異性，つまり，明確ではない成果，つまり不可視・不可触ということがあり，クライエントの満足，いわば消費者満足を主観的にしか評価できないことがある。自立支援によるクライエントの生活が変化，向上しても成果として評価しようにも何が変化なのか，客観的で正確な，そして決定的な指標はない。まして向上のない慢性疾患や寝たきり老人などのクライエントに対するサービス提供の成果をどのように評価するか，評価の議論には限界がある。

また，それが，基本的人権に配慮し，社会規範への遵守によって評価される

ので，実態との乖離がなくはない。クライエントも含めた広い正当性の賦与が欠かせないとされれば，当然それに抵触しないような後ろ向きの考えや行動になりやすい。前向きに，何を具体的にすればよいのかわからないようなこともある。社会の監視（ガラス鉢のなかの金魚のたとえ，Cupaivolo & Dowling, 1983）などはクライエントとの合意以上の具体的な管理施策を示唆してはいない。しかし，それでも評価から逃げることはできることではない。より望ましいホームヘルプのサービスとは，どのような論点から論じられるのか。

現状では，事例報告として論じられることが多い。これらが蓄積されれば，その総体は，非常に多くの，有意味な示唆を含んだテキストになるであろう。しかし，この議論の延長線上には，ホームヘルパーそれぞれの，いわば特異な技能の紹介の域を出ないこともないことではない。しかし，介護サービスが，全体としてより質的に向上を目指すのであれば，個々の事例ではなく，一般化できるものをとらえ，それに依拠して，個々の事例の平均からの外れの程度を考える手法に立つことも必要である。

いわば＜淡々と＞日々の生活を支えること，そのために，ホームヘルプには，

①どのような作業細目が要るか
②それに対して，どのような負荷（ストレス）が掛かるか
③また，そのために，どのような個人的資質を必要とするか
④それにどの程度耐えうる人材を確保できるか

などを考えるべきで，そのために，個々の事例を織り込みながら，一般的な，サービス・モデルの構築を考えなければならない。事例（失敗事例も含めて）の公開と，それをシステマティックに蓄積することが何よりの前提である。

第4節　サービスの質の評価について

（1）サービスの質のさらなる向上のために

ホームヘルプ・サービス，あるいは介護労働一般の質的な部分を向上させるための方途として，ルーティン化できるところと，できないところを区分する

ことである。ルーティンとして提供できるところはプログラム化して，できるだけ，余分の手間を省けるように作業の標準化をはかることである。この部分は，無定量無際限ではない。適正な作業とは何かを計量的に表示でき，だれもが慣れれば，直ちにできるようになる。

しかし，介護はそれだけに尽きない。サービスの相手方の不都合とはさまざまであり，特殊的，個別的である。それに逐一対処するというのは，過剰な負担を伴う場合も含めて，少なからざる努力がいる。必ず例外がある，逸脱例があることを認識していなければならない。逸脱した事例に対しては，そのためにどれくらい特異な作業，資質が要るのか，それが，個人的な努力の限界を超えるようなことも少なくない。

そのために負荷されるストレスも相当である。それの軽減をはかることも必要になる。また，相手が好ましい感情をもつことが何よりも好ましい成果であるとすれば，介護する人が，その仕事に生きがいを感じるべきである。モティベーションは何にもまして優先する（田尾，2007）。嫌々の仕事は，好ましい成果をあげることもない，結果として好ましいサービスにはならないであろう。好ましいサービスのためには，その職業の社会的な地位の向上も考慮されるべきである。クライエントや社会の信用や信頼を得るために，プロフェッションということが議論されるのも，このことの延長線上においてである。それに少しでも近似するために，制度的な対応も考えられなければならない。

以上は，すべて適正なマネジメント・システムの構築ということでつながっている。

（2）事業所としての評価

すでにふれたように，クライエントがそれぞれさまざまで，それに合わせた差別化による対応が欠かせられなくなる。個別的に事情に配慮したサービスであると言い換えてもよい。差別化によって，ルーティンから個別の管理に移行することは，マネジメントに非常な負荷をかける。サービス過程を複雑にして，コストを大きくする。だれであるかという具体的な個人である。彼，あるいは彼女であるからこそ，このサービスを提供しなければならないというのである。それぞれが個別にサービス需要を有している。

差別化にはいくつかの論点がある。

1) 必要性　一つは，介護におけるその必要度がある。要介護認定があるように，障害の程度はさまざまである。その障害の程度によって，サービスの量が相違し，当然，その技法が違えば，質も相違する。家事の支援と，身体的な介護，さらに心理的な相談や生活の質の向上などは，質も量も相違する。一括してのプログラム作成などあり得ないことである。

2) 階層性　次に，階層化の促進ということがある。生活に余裕のある人たち，ない人たちをさらに差別化するようなことがある。経済的に良質のサービスを受ける人もいれば，それができない人もいる。高齢者になればなるほど，資産の差が大きく広がり，保険によってある程度の差は解消できても，それを超えると格段の相違がみられるようになる。

3) 活用性　さらに，サービス利用の巧拙とでもいえばよいであろうが，上手に活用する人たちとそうではない人たちが，どのように相違するか。情報近接による有利さ（親族，同居，資産の保有など）などもあり，地域ネットワークにおける相違，たとえば，都市域に居住すればメリットが大きいようなこともある。

それらの差違をなくするような万全の方策はない。これらの差別化をならして，サービスの公平や公正を図ることが管理でもある。必要なところへ必要なサービスが行き届いているかどうかである。そのためにホームヘルプはマネジメントを必要にしている。

（3）好ましい事業所とは

以上のマネジメントのためには，それを行なう事務所が円滑に稼動しなければならない。マネジメントを担当する経営者がいて，企業と同じように中長期の戦略を練り，それの実現に向けて，経営資源の調達をはかり，よりいっそうのサービスの量的な拡大と質的な向上をはかるのである。

1) 中長期的な見通し　当面のサービスの管理は当然重要であるが，マネジメントという視点からは，来年や再来年のこと，そして，中長期的な事業を構想すべきである。今日のこと，明日のことだけで精一杯という事業所も多いのであろうが，ミッションとも絡めながら，少しでも長期的な展望を有するべ

きである。

2）**資源のできるだけ低コストの調達**　労働コストに多大の負担が行きがちなので，それ以外のコストはできるだけ少なくしたほうがよい。コストを削減できるような，できるだけ少なくできるような資源調達は欠かせない。このコストの判断が中長期的な戦略と密接に対応している。他の事業所とのネットワークやパートナーシップが不可避になる。

3）**良質のホームヘルパーの雇用**　労働集約的であることを前提していえば，人という資源を低コストで調達したいというところであるが，低コストを徹底すれば，人材が逃げる。その果てに受け手から信頼されなくなる。サービスの最前線にはできるだけ優秀な人員を配置することが必須のことである。調達だけではなく，研修や再教育なども欠かせない。

4）**現場サービスとそれを支えるスタッフの協働関係の構築**　これは，相互のコミュニケーションの円滑化が最大の関心事である。ホームヘルパー同士の協力関係は重要である。直行直帰などの勤務形態がしばしばであるが，仲間という職場集団が形成されないと，モラールが高くならないこともある。相談など互いに支え合うような仕掛けは不可欠である。

ケア・マネジャーとホームヘルパーの関係も議論されるべきである。ただケア・マネジャーのプランどおりにホームヘルパーがサービスを提供するだけでは，いわゆる血の通ったサービスができるかどうかは疑問がないとはいえない。

5）**よりよいサービスのための評価の実施**　サービスに慣れるほど，いい加減になりがちで，そうならないような備えが必要になる。評価という見直しを絶えず欠かさないということが，サービスを良質にする。より大きく制度的な仕掛けとしては，オンブスマンとか第三者評価機関の設置が議論されるようになるであろう。

6）**さらに，行政との関係の重視**　市町村などとの関係を考えなければならない。介護とは公共サービスの一部を成している。自助，共助，公助の均衡を考えるべきである。具体的にいえば，行政の果たすべき役割は非常に大きい。行政を中心としたコラボレーション，つまり相互の有機的な関連づけは不可欠である。

まとめ

- 本章で繰り返し強調したいことは，ホームヘルプを事業として展開することは，通常の企業経営よりもむずかしい問題がある。生半可な始末では済まない。マネジメントの欠けた事業所は，早晩，介護事業から撤退することになる。したがって，これまで以上にマネジメントへの関心は大きくならざるを得ない。組織として，経営体として考えなければならないということである。

演習課題

ホームヘルプの事業所が，よりよいサービスを提供するためにはどのようなマネジメントの工夫が必要なのかを考えなさい。ホームヘルパーの多くは直行直帰といわれる勤務形態である。それではマネジメントが行き渡らないとされる。これの長所と欠点を指摘して，どのような工夫，あるいは改善がサービスの質をいっそうの向上につながるかを考えてほしい。

付　記

なお，本章は，佐藤卓利（立命館大学経済学部）・重田博正（淀協社会医学研究所）・福島知子（吉備国際大学社会福祉学部）の3氏から得た示唆，および情報によるところが大きい。感謝を記したい。私を加えた4人で私家版報告書「介護労働とマネジメント　京都市内の事業所を事例として」〔大学コンソーシアム京都から調査研究と出版の助成を受けた〕を出版した。本章は，それの第1章と第2章を大幅に修正したものである。

トピックス　介護保険導入後……

2000年春の介護保険導入に伴って，福祉組織の有り様は大きく変化することになった。実際，変化しつつある。そして，今後，いっそう変化を続けるであろう。しかも，その変化は望ましい，あるいは，当初，期待していたようなことだけではない。その進展によって，そこで仕組まれた制度が，旧来の慣行や枠組みと軋轢を来して，適切かつ円滑に運用されないようなこともあるのではないかと危惧される。

とくにホームヘルプ事業については，すでに，サービス・システムが，公

的，また，私的にもビルトインされており，介護保険の導入による供給システムには，さまざまの構造変化，さまざまの紆余曲折が予想された。制度として定着するほど，問題点が浮き彫りになってきたと考える識者も多い。

導入によって大きく変化したことは，ホームヘルプ・サービスは，公的サービスと考えられていたことから，私的，少なくとも準公的なサービスに変換されたことである。というのは，従来，医療保険で対応してきた介護を，それから切り離して，独自の保険制度を創設し，また，措置によるサービスを，その中に統合したということであり，措置から保険へという制度の変換としてもとらえられる。保険制度であるので，それを必要とする人たちは，患者が病院や医院，医師を選ぶのと同じように，サービス提供者を選択することができる。それに応えて，民間業者の大いなる参入が期待される。そこに市場原理が導入されて企業感覚の経営が成り立ち，もしかすれば，より上質のサービスを受けるであろうという期待もいだくことができる。その逆の，コストに気遣うあまり，サービスの質が低下することもなくはないことである。どちらかといえば，後者への危惧がむしろ現実になろうとさえしている。

ということは，まさしくマネジメントが不可欠になろうとしていることを意味しているのである。

文　献

Cupaivolo, A. A., & Dowling, M. J.　1983　Are corporate managers really better? Public management requires special skills and knowledge. *Public Welfare*, **41**, 13-17.
Goffman, E.　1961　*Asylums: Essays on the social mental patients and other inmates.* Garden City, NY: Anchor Books.（石黒　毅訳　1984　アサイラム　せりか書房）
Hasenfeld, Y.　1983　*Human service organizations.* Englewood Cliffs, NJ: Prentice-Hall.
春日キスヨ　2001　介護労働の社会学　岩波書店
Lipsky, M.　1980　*Street-level bureaucrasy.* Russell-Sage.（田尾雅夫（訳）　1986　行政サービスのディレンマ　ストリートレベルの官僚制　木鐸社）
田尾雅夫　1995　ヒューマン・サービスの組織　法律文化社
田尾雅夫　2001　ヒューマン・サービスの経営管理　白桃書房
田尾雅夫　2007　セルフヘルプ社会　有斐閣
田尾雅夫　2007　顧客満足のためのモチベーション・アップ法　PHP研究所
田尾雅夫・久保真人　1986　バーンアウトの理論と実際　誠信書房

人名索引

A
Adams, J. S. *49*
Adizes, I. *124*
Adler, N. J. *264*
Alderfer, C. P. *47*
Allen, N. J. *70-73,76,77*
Allport, G. W. *23*
Amsel, A. *54*
Anderson, N. *12,13*
安藤瑞夫 *12,13*
Argyle, M. *105*
Aristoteles *3*
Arnold, J. *190*
Arthur, M. B. *205*
Arthur, J. B. *174*
淡路円治郎 *12*

B
馬場昌雄 *109*
Barney, J. B. *170*
Barrick, M. R. *26*
Bass, B. M. *11,133*
Bhattacharya, M. *180, 181*
Beatty, D. *177*
Becker, B. *174*
Becker, H. S. *68*
Beehr, T. A. *211*
Beeman, D. *250*
Bergman, M. E. *71*
Beutell, N. J. *225,226*
Bieri, J. *34*
Bion, W. *67*
Blanchard, K. H. *113,114, 134-137*
Bretz, R. D. *167*

Buck, R. *44*

C
Cable, D. M. *167*
Campbell, J. P. *42*
Coch, L. *91*
Cohen, L. E. *111*
Collett, P. *35*
Collins, J. C. *144,145,150*
Cooper, C. L. *211-213, 216*
Cooper-Hakim, A. *65,66*
Copper, C. *88*
Csikszentmihalyi, M. *59*
Cupaivolo, A. A. *305*

D
Dalton, G. W. *188,194*
Dawis, R. V. *31,32*
de Gaulle, C. *133*
Deal, T. E. *143,145,149, 153*
Deci, E. L. *54,55*
Dember, W. N. *44*
DeMrie, S. M. *167-169*
DiMaggio, P. J. *233*
Donabedian, A. *277,278*
Dowling, M. J. *305*
Driver, M. J. *199,200*
Dunnette, M. D. *12*

E
Earl, R. W. *44*
Erikson, E. H. *31*
Etzioni, A. *68*

F
Feldman, D. C. *86*
Fiedler, F. E. *134,135,137*
Fitzgerald, L. F. *189*
Folkman, S. *216,218*
Franken, R. E. *42,47*
French, J. R. P., Jr. *91, 128*
French, W. L. *106,107, 113,114*
Freud, S. *67*
Friedman, D. E. *233*
Fromm, E. *67*
福島知子 *309*
Furnham, A. *35*
古川久敬 *93-95*

G
Ganster, D. C. *235*
Gerhart, B. *174*
Gerstner, Jr. L. V. *86*
Ghosn, C. *90,155*
Goffman, E. *295*
Golman, D. *126*
Gouldner, A. W. *64*
Graen, G. *128,129*
Green, S. G. *38*
Greenhaus, J. H. *225-227*
Guilford, J. P. *25*
Gysbergs, N. C. *189*

H
羽生善治 *51,59*
Hall, D. T. *190,191,205*
花田光世 *72*
Handy, C. *202,203*

Hansenfeld, Y.　289
Heider, F.　36
Hersey, P.　113,114, 134-137
Hershenson, D. B.　31
Herzberg, F.　7,10,162
Heskett, J. L.　145
Higgins, E. T.　43
平野光俊　197
廣井 甫　24
廣石忠司　163
Hodgetts, R. M.　258
Hofer, C. W.　176
Hofstede, G.　260,261
Holland, J. L.　27,28
Homans, G. C.　8
Horney, K.　67
保坂 隆　215
細川 汀　208
Hovland, C. L.　101
Hunter, J. E.　16
Huselid, M. A.　174

I
Iacocca, L.　114
Imanari, T.　252
稲盛和夫　98
Ingham, H.　104
板谷和子　150
Ivancevich, J. M.　104
岩出 博　172

J
James, W.　5
Janis, I. L.　92
Jenkins, C. D.　215
Johnson, L. B.　133
Judge, T. A.　167
Jung, C. G.　25

K
Kahn, R. L.　108
金井篤子　214,220,221
金井壽宏　56

金田秀治　144
Kanfer, R.　42
Kanter, R.　68
春日キスヨ　295
Katz, D.　108
Katz, R.　93,94,126,127
川上哲也　59
川人 博　209
Kelley, H. H.　36
Kennedy, A. L.　143,145, 149,153
城戸康彰　97,150
Kilbourne, B. S.　234
桐原保見　11
Klein, M.　67
Kochan, T. A.　174
Kotter, J. P.　145
Krech, D.　26
Kristof-Brown, A.　167
久保真人　301
国友隆一　98

L
Lauver, K.　167
Lazarus, R. S.　216,218
Lazear, E.　55
Leavitt, H. J.　11
LeDoux, J.　43
Levy, P. E.　74,75
Lewin, K.　130
Likert, R.　10
Lipsky, M.　289,292
Locke, E. A.　50,52
Lofquist, L. H.　31,32
Luft, J.　104
Luthans, F.　258

M
MacDuffie, J. P.　174
Marshall, J.　211-213
Martin-Alcazar, F.　181
Maslow, A. H.　10,18,46, 47,162
Mathieu, J. E.　75

松原敏浩　72,101,127,139
松下幸之助　118,119,148
Matteson, M. T.　104
Mayo, E.　8,161
McClelland, D. C.　10
McGregor, D. M.　10,47, 162
Meyer, J. P.　70-73,76,77
Meyer, J. W.　233
Miles, R.　176
南川英雄　115
Mintzberg, H.　122,123
三隅二不二　12,131,132, 135
Mitchell, T. R.　38
水野 智　280
Morrow, P. C.　65,66
Mosley, D. C.　250
Mount, M. K.　26
Mowday, R. T.　69,72
Mullen, B.　88
宗方比佐子　73
Münsterberg, H.　5,11,12, 18
Murray, H. A.　46

N
Nadler, D. A.　154,155
Newman, J. E.　211
Nicholls, J. G.　45
Nicholson, N.　42
二村英幸　29
野村禎一　11

O
大野耐一　148
Organ, D. W.　77
Osipow, S. H.　189
Osterman, P.　174
大津 誠　248,252

P
Parasuraman, S.　226,227
Peters, T. J.　143,146

Pinder, C. C.　*42*
Pleck, J. H.　*227*
Porras, J. I.　*144,145,150*
Porter, L. W.　*69,72*
Porter, M. E.　*176,178*
Powell, G. N.　*227*
Powell, W. W.　*233*

Q
Quinn, R. E.　*122-124*

R
Raven, B. H.　*128*
Richardson, M. S.　*190*
Riley, D.　*226*
Robbins, S. P.　*17,83,103*
Roethlisberger, F.　*8,161*
Rogers, E. M.　*110,112*
Rogers, R. A.　*110,112*
Roosevelt, F. D.　*133*
Rosen, S.　*55*
Rousseau, D. M.　*205*
Rowan, B.　*233*
Ryan, K.　*77*

S
Sackett, D. L.　*286*
Salancik, G.　*69*
佐野　守　*17*
佐藤博樹　*163,200*
佐藤卓利　*309*
佐藤　厚　*200*
Schein, E. H.　*3,10,143,
147-149,156,190,193,
195-198*
Schendel, D. E.　*176*
Schermerhorn, J. R. Jr.
14,16,112,259

Schmidt, F. L.　*16*
Seligman, M. E. P.　*52*
Shannon, C. E.　*101*
Shapiro, C.　*55*
柴田昌治　*144*
重田博行　*309*
清水宏保　*59*
Small, S. A.　*226*
Snell, S. A.　*180,181*
Snow, C. H.　*176*
Spearman, C.　*25*
Spencer, L. M.　*126*
Stagner, R.　*64*
Stiglitz, J.　*55*
末盛　慶　*228*
Super, D. E.　*25,31,189,
192,193,199*

T
Taoka, G. M.　*250*
田尻俊一郎　*208*
高木晴夫　*163*
高橋弘司　*74*
髙橋　潔　*56*
高野　登　*152,154*
高尾尚二郎　*74*
武　豊　*59*
竹内規彦　*175,178,179*
田中寛一　*11*
田尾雅夫　*74,301,304,306*
Taylor, F. W.　*5-7,11,18,
123*
Thomas, L. T.　*235*
Thurstone, L. L.　*25*
Tosi, H. L.　*14*
豊田喜一郎　*148*

U
上畑鉄之丞　*208*
上野陽一　*11*
Uhl-Bien, M.　*128*
Ulrich, D.　*177*

V
Van Maanen, J.　*190*
Verquer, M. L.　*167*
Viswesvaran, C.　*65,66*
Vroom, V. H.　*49,50*

W
Werbel, J. D.　*167-169*
若林　満　*10,14,17,72,
102,129,138,139,219,
221*
渡辺直登　*72,73,191*
Waterman, R. H.　*143,146*
Weaver, W.　*101*
Weiner, B.　*37*
Weber, M.　*123*
White, R. W.　*44,45*
Whitehead, T. N.　*8*
Wood, R. E.　*38*
Woods, E. T.　*60*
Wright, P. M.　*180,181*

Y
山口真一　*185*
Yerkes, R. M.　*7*
Yip, G. S.　*252*
吉田　悟　*226-228*

Z
Zajac, D.　*75*
Zuckerman, M.　*44*

事項索引

あ
ISO9001　280
アイオワ実験　130
愛着　62
アセスメント・センター　125
アドボカシー　297, 300
アメーバ経営　98
暗黙のパーソナリティ観　34
EQ（Emotional Quotient）　126
ERG 理論　47
育児休業　224
意志　55
医師　274, 288
依存型　67
一体感　62
医療　268
　──過誤　284
　──技術部　272
　──事故　284
　──保険制度　269
印象形成　33
インフォーマル・コミュニケーション　107
インフォーマル・ネットワーク　109
HRM・企業業績関係　172
SF-36　282
SL 理論　136
X 理論　10, 47
エンパワーメント　85
OCQ　72
OJT　84, 108, 200
Off-JT　200

か
介護サービス　289, 290
介護福祉士　300
介護保険　289
介入　293
外的キャリア　192
回避動機　43
価値観　259
活性化　95
下方向コミュニケーション　107
過労死　208
看護師　274, 288
看護部　272
患者満足度調査　281
感情傾向　30
完全失業率　210
企業遺伝子　84
帰属過程　36
期待　49
　──理論　50
機能別部門化　255
規範　85, 86
　──的コミットメント　70
基本的な帰属の過誤　37
規模　89
客観的キャリア　192
キャリア
　──・アンカー理論　196
　──・コンセプト　199
　──・ストレス　214
　──・パースペクティブ　215
　──・パターン　199
　──発達の段階モデル　193
　──マネジメント　191
　──プランニング　191
休憩効果実験　8
共感　300
凝集性　88
強制勢力　128
競争戦略　176
業務独占　274
居宅　294
QUALYs　282
クライエント　289, 292
　──支配　289
グローバル製品　253
クロス・ファンクショナル・チーム　90
ケア・マネジメント　296
ケア・マネジャー　297
計画化　249
経済心理学（広義）　12, 13
経済的
　──インセンティブ理論　54
　──合理性　232
　──報酬　53
継続的コミットメント　70
形態論的適合仮説　173
権威主義的性格　30
健康関連 QOL　281
権力の距離　260
コーピング　227
公式集団　84
構成　89, 90
構造モデル　197

事項索引　315

硬直化　93
行動的コミットメント　70
行動に基づく葛藤　227
公平性　49
衡平理論　51
項目反応理論　79
コスト・リーダーシップ戦略　176
個人 - 環境適合（P-E fit）　167
個人 - 集団適合（P-G fit）　167
個人 - 職務適合（P-J fit）　167
個人 - 組織適合（P-O fit）　167
個人差モデル　196
個人主義　261
コミットメント　62
　──・モデル　173
コミュニケーション　101
　──監査　113
　──・スキル　114
　──・ネットワーク　109
コンティンジェンシー適合仮説　176
コントロール・モデル　173
コンピテンシー　126

さ
SERVQUAL　281
在宅介護　289
サイド・ベット　68
採用　150
　──・配置管理　163
差別化戦略　176
差別的出来高給制度　6
参加　91
産業心理学　12
産業・組織心理学　13
3次元コミットメント尺度　73
360度フィードバック　125
3要素モデル　70
GOHAI　282
SHELモデル　284
自我志向動機　45
時間に基づく葛藤　226
指揮　249
事業所内託児施設　231
事業部制　256
資源ベース理論　169
自己
　──啓発　201
　──申告制度　201
自国文化中心主義　258
自己実現人　10
仕事裁量　236
システム4　10
次世代育成支援対策推進法　224
施設　294
持続的競争優位　169,170
質問紙調査法　16
支配志向動機　45
社会的
　──交換　68
　──スキル　30
　──報酬　53
社内
　──公募制度　201
　──FA制度　202
集団　83
　──移行　93
　──式知能検査（Army test）　7
　──浅慮　92
　──での意思決定　92
集中戦略　176
柔軟性　180
主観的キャリア　192
準拠勢力　128
消去　53
少子化　224

昇進　151
情動的コミットメント　70
上方向コミュニケーション　107
情報勢力　128
照明実験　8
職業
　──興味検査　27
　──的コミットメント　64
　──的発達　31
職場構造の変化　202
職務設計　6
助産師　276
ジョハリの「心の4つの窓」　103
自立化　146
人材
　──開発　164
　──柔軟性　180
　──マネジメント施策　166
　──マネジメント政策　165
人事
　──考課　34
　──心理学　14
　──評価（personnel assessment）　164
シンボリック・マネジャー　149
診療所　269
診療放射線技師　276
診療報酬制度　271
診療部　272
垂直的なキャリア移動　197
水平的なキャリア移動　197
水平方向コミュニケーション　107
Skindex29　282
スタッフ部門　255

ストリート・レベル　292
ストレインに基づく葛藤　226
スピルオーバー　226
斉一性　86
性格　25
　──の診断　26
成功・失敗の原因帰属　37
精神工学　5
精神分析　67
正当性勢力　128
制度理論　233
正の強化　53
性役割分業　225
接近動機　43
専門家勢力　128
戦略的人的資源管理（SHRM）　169
相互交流分析　113
創造性　25
ソーシャル・サポート　294
組織
　──化　249
　──外コミュニケーション　106
　──行動（Organizational behavior）　10, 14
　──コミットメント　64
　──市民行動　76
　──使命　264
　──社会化　151
　──心理学　14
　──ストレス　207, 211
　──ストレス・モデル　213
　──ストレッサー　213
　──統合機能　262
　──内コミュニケーション　106
　──文化　143, 262
　──文化の生成　147

　──文化の変革　154

た
退却的行動　77
対処（coping）　217
対象関係論　67
対人認知　32
態度　26, 259
　──的コミットメント　69
ダイナミック・ケイパビリティ　180
ダイバーシティ　232
タイプA
　──行動パターン　215
　──性格　30
多国文化中心主義　258
タビストック研究　19
短時間勤務制度　224
地域文化中心主義　258
地球文化中心主義　258
知能　25
長時間労働　221, 236
直行直帰　294
DLQI　282
低価値化　232
適合性　180
適性　25, 39
　──心理学　7
同一視　62
投書箱　280
統制　249
闘争／逃避型　67
同調性　86
トータル・インスティテューション　295
共働き世帯数　225

な
内的キャリア　192
内発的
　　──動機づけ理論　55
　　──報酬　53
内部資源　169

二重忠誠　64
日本的経営　171
ニューキャリア　205
認知的複雑性　34
NUMMI　171

は
パーソナリティ　23
バーンアウト　301
バウンダリレスキャリア　205
罰　53
バンク捲線作業実験　8, 9
PM理論　131
非言語的コミュニケーション　105
非公式集団　85
ビジョナリー・カンパニー　150
非正規雇用　210
非生産的行動　77
ピッカー患者経験調査　281
ビッグ・ファイブ（特性5因子モデル）　26
ヒヤリ・ハット事例　283
ヒューマン・サービス　288, 292
　──労働　293
ビュロクラシー　289
病院　268
　──機能評価　277
　──事務部門　273
標準作業　6
標準時間　6
Family to Work Conflict　226
ファミリー・フレンドリー　225
　──企業表彰制度　230
フィードラーの状況即応モデル　134
VFQ25　283
フィギュアヘッド　122

face time　*240*
フォーマル・コミュニケーション　*107*
不確実性の回避　*260*
部下の成熟度　*136*
父権主義　*234*
部分強化　*53*
普遍的仮説　*172*
部門化　*255*
ぶら下がり　*89*
フラット化　*85, 96*
フレックスタイム　*224*
プロジェクト・チーム　*85*
プロティアンキャリア　*205*
プロフェッショナリティ　*296*
プロフェッショナル　*288*
プロフェッション　*288, 306*
文化　*260*
　──の変革　*147*
文脈的アプローチ　*181*
ペアリング型　*67*
ベストプラクティス　*173*
変革的リーダーシップ理論　*133*
放射的なキャリア移動　*198*
報酬制度（compensation）　*164*
報酬勢力　*128*

ホーソン
　──研究　*8*
　──効果　*9*
　──実験　*87*
ホームヘルパー　*290*
ホームヘルプ　*289*
　──労働　*290, 292*
保健師　*276, 300*
保険診療　*270*

ま

マトリックス組織　*256*
マネジメント　*248*
メタ・アナリシス　*16*
メンタルヘルス風土　*219*
目標　*50*
　──設定理論　*52*
モティベーション　*42*
　──の強度　*43*
　──の持続性　*52*
　──の方向性　*48*
モラール　*236*

や

薬剤師　*276*
役割
　──曖昧性　*213*
　──間葛藤　*225*
要介護者　*293*
欲求
　──階層理論　*46*
　──理論　*46*
4M-4E マトリックス表　*284*

ら

ライセンス契約　*251*
ライフキャリア　*189*
ライフスパン・モデル　*192*
ライン部門　*255*
least preferred coworker　*134*
リーダー　*122*
　──・スキル　*126*
　──・メンバー関係　*128*
リーダーシップ　*121*
　──の状況理論　*134*
リエゾン　*122*
利己的帰属バイアス　*37*
臨床検査技師　*277*
ローカス・オブ・コントロール　*29*
労災認定　*208*
労使関係　*165*
労働集約的　*299*

わ

ワークキャリア　*189*
ワーク・コミットメント　*64*
Work to Family Conflict　*226*
ワーク・ファミリー・コンフリクト　*225*
ワーク・ライフ・バランス　*4, 231*
Y 理論　*10, 47*

【執筆者一覧】（五十音順，＊は監修者，＊＊は編者）

大津　誠（おおつ・まこと）
南山大学名誉教授
担当：第13章

金井篤子（かない・あつこ）
名古屋大学大学院教育発達科学研究科教授
担当：第11章

城戸康彰（きど・やすあき）＊＊
産業能率大学経営学部教授
担当：第5章・第8章

田尾雅夫（たお・まさお）
愛知学院大学経営学部教授
担当：第15章

髙橋　潔（たかはし・きよし）
神戸大学大学院経営学研究科教授
担当：第3章

竹内規彦（たけうち・のりひこ）
早稲田大学大学院商学研究科准教授
担当：第9章

林　文俊（はやし・ふみとし）
椙山女学園大学文化情報学部教授
担当：第2章

藤本哲史（ふじもと・てつし）
同志社大学大学院総合政策科学研究科教授
担当：第12章

松原敏浩（まつばら・としひろ）＊＊
愛知学院大学経営学部客員教授
担当：第1章・第6章・第7章

水野　智（みずの・さとし）
元日本赤十字豊田看護大学教授
2008年没
担当：第14章

宗方比佐子（むねかた・ひさこ）
金城学院大学人間科学部教授
担当：第10章

若林　満（わかばやし・みつる）＊
名古屋大学名誉教授
2006年没

渡辺直登（わたなべ・なおたか）＊＊
慶應義塾大学大学院経営管理研究科トヨタチェアシップ基金教授
担当：第4章

経営組織心理学

2008 年 6 月 20 日	初版第 1 刷発行	定価はカヴァーに表示してあります
2015 年 3 月 25 日	初版第 6 刷発行	

監　修　若林　　満
編　者　松原　敏浩
　　　　渡辺　直登
　　　　城戸　康彰
発行者　中西　健夫
発行所　株式会社ナカニシヤ出版
　〒606-8161　京都市左京区一乗寺木ノ本町15番地
　　　　　　　　Telephone 075-723-0111
　　　　　　　　Facsimile 075-723-0095
　　　　Website http://www.nakanishiya.co.jp/
　　　　Email　iihon-ippai@nakanishiya.co.jp
　　　　　　　　郵便振替　01030-0-13128

装幀＝白沢　正／印刷・製本＝ファインワークス
Copyright ⓒ 2008 by T. Matsubara, N. Watanabe & Y. Kido
Printed in Japan.
ISBN978-4-7795-0243-9

　　お断り：本書に記載されている個々の企業名は──正式名称としては株
　　　式会社等が付されている名称ですが──社会一般に呼称されて
　　　いる名称を用いています。

　　◎本書のコピー，スキャン，デジタル化等の無断複製は著作権法上での例外を
　　除き禁じられています。本書を代行業者等の第三者に依頼してスキャンやデジ
　　タル化することは，たとえ個人や家庭内での利用であっても著作権法上認めら
　　れておりません。